AF489477

ספר
עץ חיים
לרבינו
חיים ויטאל ז"ל
שׁקִיבל ממרן האר"י זלה"ה
שׁער השׁבירה
שׁער ט' פרק ז'
דמ"ז ע"א – דמ"ז ע"ב
תש"פ
SimchatChaim.com
בהוצאת
שׂמחת חיים

בס"ד

הקדמה

ירפא **ה**מאציל **ו**יושיע **ה**בורא את כל חולי בני ישראל, וישלח להם רפואה שלימה, רפואת הנפש ורפואת הגוף, בכל אבריהם ובכל גידיהם לעבודתו יתברך.

בי"ב במנחם אב תשס"ה, הובהלתי לבית החולים, הרופאים לא נתנו לי סיכוי לחיות יותר מכמה שעות בגלל מספר תסבוכות. עם כל זאת בזכות התפילות של בני ישראל הקדושים, ברחמיו הרבים, ריחם עלי הקדוש ברוך הוא, ונשארתי בחיים.

עם כל זאת, הובחנה אצלי מחלה קשה בכליות, ונאמר לי שהצטרך למכונת דיאליזה. בשבילי זה היה שוק!!! אף פעם לא הייתי אצל רופא, או בבית חולים. כך בעל כרחי התחברתי למכונת דיאליזה, ומכונה זאת הייתה[1] קשורה בי ככלב במשך שמונים חודשים בדיוק, כמנין **יסוד**, במשך 10-12 שעות ביום.

בשבת פרשת **ויחי יעקב** י"ב טבת תשע"ב, בזכות בני ישראל, שכולם אהובים כולם ברורים כולם גיבורים כולם קדושים... וכולם פותחים את פיהם באהבה שלוש פעמים ביום, ואומרים - **ברוך אתה... רופא חולי עמו ישראל**, וכללותם כל האברכים, תלמידי הישיבות, רבנים וחכמים, חסידים, מקובלים עם תינוקות של בית רבן, זקנים עם נערים, בחורים וגם בתולות, בארץ הקודש ובעולם. ומצד שני בנות ישראל היקרות מפז, שהתפללו וקבלו עליהם כל מיני קבלות, מהפרשת חלה עד צניעות וכיסוי הראש, עם הרבנים, המנהלים, המורים, המורות **והתלמידות של בית יעקב דטורונטו** שכל יום התפללו, וכללו בתפילתם שבקעה את כל הרקיעים אותי, ונושעתי אני הקטן. הושתלה בי כליה. והתנתקתי ממכונת הדיאליזה.

אמר המלך דוד - לולי[2] תורתך שעשעי אז אבדתי בעניי. מה שנתן לי חיות היא התורה הקדושה, בשעות הרבות שהיתי מחובר למכונת הדיאליזה)כ12 שעות ביום(, ערכתי סדרתי וכתבתי במחשב את קונטרסים שלמדתי במשך שנים. וקונטרסים אלו הפכו לחיבור, ואחרי התלבטויות ובקשות מבני גילי, החלטתי בעזרתו יתברך להדפיס קונטרסים אלו.

ידוע הוא כי כל דברי האר"י זלל"ה ותלמידיו נאמן ביתו, רבינו חיים ויטאל הם סתומים וחתומים באלפי שרשראות ומנעולים, והרב ז"ל גלה טפח וכיסה אלפים אמה, וכלל דבריהם הוא משלים, עם כל זאת העוסק במשל פועל בעלמות העליונים בנמשל. לכן צריך זהירות גדולה לא להגשים את המשלים, בסוד המבואר בספר הזוהר הקדוש - **ועליהו אתמר** ועליהם נאמר - **ארור האיש אשר יעשה פסל ומסכה וגומר, ושם בסתר, מאי בסתר** מהו בסתר - **בסתרו דעלמא** בסתר העולם. **ובגין דא אמר קודשא בריך הוא לא תעשון אתי** ומפני זה אמר הקדוש ברוך הוא לא תעשון אתי **אלה"י כסף ואלה"י זהב, והכי אוקמוה חבריא לא תעשון אתי כדמות שמשי שמשמשין אותי** וכך העמידוהו החברים לא תעשון אתי כדמות שמשי שמשמשים אותי במרום, **לציירא בסתר דילי שום ציור או דמיון** לצייר בסתר שלי שום ציור או דמיון, **דכל מאן דצייר לעיל לקודשא בריך הוא** שכל מי שמצייר למעלה לקדוש ברוך הוא, **בסתר**)**דאיהי שכינתיה, כלילא מעשר ספיראן** שהיא שכינתו, כלולה מעשר ספירות(, **שום ציור, וצלם, ודמות, כגוונא דמציירין בשמשין דיליה** שמציירים בשמשים שלו, **נשמתיה אתלבשא בההוא צלמא** נשמתו מתלבשת באותו צלם....

1

גמרא סוטה ד"ג ע"ב - גמרא סוטה ד"ג ע"ב – רבי אלעזר אומר, **קשורה בו ככלב**, שנאמר - ולא שמע אליה לשכב אצלה להיות. עמה לשכב אצלה בעולם הזה. להיות עמה לעולם הבא.

2

תהלים קי"ט צ"ב

וכן הוא בסוף ענף ד' דשער א' בספר עץ חיים שער ההקדמות, וז"ל הטהור - ואמנם דבר גלוי הוא כי אין למעלה גוף ולא כח גוף חלילה. וכל הדמיונות והציורים אלו לא מפני שהם כך חס ושלום. אמנם **לשכך את האוזן** לכשיוכל האדם להבין הדברים העליונים, הרוחניים, בלתי נתפסים, ונרשמים בשכל האנושי. לכן ניתן רשות לדבר בבחינת ציורים ודמיונים, כאשר הוא פשוט בכל ספרי הזוהר. וגם בפסוקי התורה עצמה כולם כאחד עונים ואומרים בדבר הזה, כמו שאמר הכתוב עיני הוי"ה המה משוטטים בכל הארץ. עיני הוי"ה אל צדיקים. וישמע הוי"ה. וירח הוי"ה. וידבר הוי"ה. וכאלה רבות. וגדולה מכולם מה שאמר הכתוב - ויברא אלהי"ם את האדם בצלמו בצלם אלהי"ם ברא אותו זכר ונקבה וגו'. **ואם התורה עצמה דברה כך** גם אנחנו נוכל לדבר כלשון הזה, עם היות שפשוטו הוא שאין שם למעלה אלא אורות דקים בתכלית הרוחניות, בלתי נתפשים שם כלל, וכמו שאמר הכתוב - כי לא ראיתם כל תמונה, וכאלה רבות. ואמנם יש עוד דרך אחרת כדי להמשיך ולצייר בה הדברים העליונים, והם בחינת כתיבת צורת אותיות, כי כל אות ואות מורה על אור פרטי עליון, וגם תמונת זו דבר פשוט הוא כי אין למעלה לא אות ולא נקודה, **וגם זה דרך משל וציור לשכך את האוזן** כנזכר.....

ולכן כל המבואר כאן בחיבור זה הוא כדי **לשכך את האוזן**. והתרשימים שבסוף החיבור הם כדי **לשבר את העין**, לכן אין שום ביאור והסבר שלם, ואין שום תרשים שלם בתכלית השלמות.

ידוע כי[3] דברי תורה עניים במקומן ועשירים במקום אחר, שכל סוגיה חסרה[4] במקומה, וחלקיה מפוזרים במקומות אחרים. **זאת ועוד** הרב ז"ל מערבב בדרוש אחד כמה וכמה סוגיות, כאשר בפשטות דבריו נראה שכל הדרוש הוא דרוש אחד, ולא מחולק לסוגיות שונות, ושמועות שונות, **ביאור** דברי הרב ז"ל כאן הם **בעומק, והוא בעצם ליקוט** עד איפה שידי הקצרה הגיעה, מכל חלקי ספר עץ חיים, ושמונה השערים המצויינים לרב ז"ל, מבוא שערים ושאר ספרי הרב ז"ל, והוא גם על פי הקדמת רחובות הנהר למרן הרש"ש, דרושי פנימיות וחיצוניות, דרוש הדעת, סוגיות ערכין, סוגיות דכללות והתכללות, פרטות וכללות, וסוגיות עובי ואורך, ועל פי ביאור גדולי רבותינו חכמי המקובלים לדורותם זלה"ה זי"ע.

ידוע כי[5] אין בר בלי תבן, כך אין ספר בלי טעויות, ועוד יודע אני כי דל ועני אני, **ואין**[6] **עני אלא בדעה.** לכן מבקש אני בכל לשון של בקשה אם יש לכל אחד שאלות, הערות, הארות, תיקונים, נא לשלוח ל - <u>book@simchatchaim.com</u> והשתדל לענות, ולתקן את הצריך תיקון.

בברכה והצלחה בלימוד התורה הקדושה

ובעיקר בפנימיות התורה, תורת האר"י הח"י.

ורפואה שלימה לכל חולי ישראל.

אח"י

ב"ה

3

גמרא ירושלמי, ראש השנה פ"ג הלכה ה' די"ז ע"א – דברי תורה עניים במקומן, ועשירים במקום אחר.

4

תורת חכם דע"ב ע"ב – חסר לשון הוא, כמו שיראה המעיין.

5

גמרא ברכות נ"ה א' – מה לתבן את הבר נאם ה', וכי מה ענין בר ותבן אצל חלום, אלא אמר ר' יוחנן משום ר' שמעון בן יוחאי ,כשם שאי אפשר לבר בלא תבן, כך אי אפשר לחלום בלא דברים בטלים.

6

גמרא נדרים מ"א ע"א – אין עני אלא בדעה .

הקדמה קצרה לחיוב לימוד תורת הקבלה

ישמחו **ה**שמים **ו**תגל **ה**ארץ ירעם הים ומלאו. שזכינו בדור שלנו שפנימיות התורה, שהיא היא תורת הקבלה, מתפשטת לכל, וכל מקום בעולם היום לומדים בתורת הח"ן. הדור שלנו יש הרבה התעוררות ללמוד סתרי התורה הקדושה, הנקראת חכמת הקבלה. בירושלים של המאה ה-18 בישיבת **בית אל** היו בקושי מנין של מקובלים, והיום תורת הקבלה מופצת בכל מקום בארץ ובעולם. לעניות דעתי אחת הסיבות העיקריות לשינוי זה הוא רצונם של בני התורה, החוזרים בתשובה ועמך לדעת את סוד החיים, למה ברא הקדוש ברוך הוא את העולם, ואת טעמי המצות, ר"ל אי אפשר היום בדור שלנו, להסביר על פי הפשט את הסיבה מדוע אסור לאכול בשר וחלב, מדוע צריך להניח תפילין, למה לשמור דווקא שבת ולא יום שלישי, אי אפשר להגיד כל הזמן **זאת גזרת הכתוב, כך רוצה הקדוש ברוך הוא**, האנשים מחפשים הסברים למצות, לסיפורי התנ"ך, לגלגולי נשמות, ועוד. ורק על ידי עסק בפנימיות התורה, אדם מסיג את ההסברים לקושיות שיש לו. **זאת ועוד** חיים אנחנו בדור של חומריות, והאנשים מחפשים את הרוחניות שבחיים, אז מה עושים, נוסעים למזרח, להודו, סין, תאילנד למצוא רוחניות, ולא יודעים **ששורש כל הרוחניות בעולם נמצאת בתורה הקדושה**, עם כל זאת כאשר הלומד את פשט התורה, **הוא לא מכיר** את הקדוש ברוך הוא, והוא בלי יראת שמים ושמחה אמתית. כותב הרב המקובל האלוה"י רבינו יהודה פתייה בפרושו הנפלא על עץ חיים - כי לימוד עץ חיים הוא עמוק מאד מאד, כי הוא **מים שאין להם סוף**, והוא קשה מאד גם לחכמים ההוגים בו תמיד, וכל שכן למתחילים. כי הוא חזק מצור, וקשה מברזל, שאי אפשר לחצוב ממנו מאומה, אם לא על ידי כלי מחצב חזקים כציפורן שמיר. וכל המתחיל בלימוד עץ חיים, אם לא יהיה לו רב, או לפחות איזה מפרש המפרש לו כוונת הפרק ההוא לפי פשוטו, נבול יבול, ואינו יכול לעמוד על הפרק כי אם לאחר יגיעה רבה, ושקידה עצומה, וכולי האי ואולי. כי הרבה פעמים יסבור המעיין שהבין הענין ההוא כראוי, ואחר שילמוד עוד איזה פרקים אחרים, ירגיש כעצמו שלא הבין את הבין פרקים הקודמים, והניסיון יעיד על זה, עד כאן דברי קודשו. עם כל זאת חייב כל אדם לעסוק בתורת ה**חיים**.

צדיק אתה הוי"ה וישר משפטיך. כתב הרב רבינו חיים ויטאל ז"ל בהקדמה לשער ההקדמות - והנה מה שכתב בתחילת דבריו, ואפילו כל אינון דמשתדלי באורייתא כל חסד דעבדי לגרמייהו וכו', עם היות שפשטו מבואר ובפרט בזמנינו זה, בעונותינו היום אשר התורה נעשית קרדום לחתוך בה אצל קצת בעלי תורה, אשר עסקם בתורה על מנת לקבל פרס, והספקות יתירות, וגם להיותם מכלל ראשי ישיבות, ודיני סנהדראות, להיות שמם וריחם נודף בכל הארץ, **ודומים במעשיהם לאנשי דור הפלגה הבונים מגדל וראשו בשמים**, ועיקר סיבת מעשיהם היא מה שנאמר אחר כך הכתוב - **ונעשה לנו שם**... והנה על הכת הזאת אמרו בגמרא כל העוסק בתורה שלא לשמה, נוח לו שנהפכה שלייתו על פניו, ולא יצא לאויר העולם. ואמנם האנשים האלה מראים תימה וענוה באמרם כי כל עסקם בתורה הוא לשמה. והנה החכם הגדול התנא רבי מאיר ע"ה העיד עליהם שלא כך הוא, באומרו לשון כללות - כל העוסק בתורה לשמה זוכה לדברי הרבה וכו', **ומגלים לו רזי תורה, ונעשה כנהר שאינו פוסק**, והולך וכמעיין המתגבר מאליו, בלתי הצטרכו לטרוח ולעיין בה, ולהוציא טיפין טיפין של מימי

התורה מן הסלע, הנה זה יורה שאינו עוסק בתורה לשמה כהלכתה, ומי זה האיש אשר לא יזלו עיניו דמעות בראותו המשנה הזאת, **ורואה חסרונו ופחיתותו**, עד כאן לשונו. לכן כל אחד צריך לטעום מעץ החיים.

חצות לילה אקום להודות לך על משפטי צדקך. כתב רבינו אליהו מני זצ"ל רבו של הרי"ח הטוב, בספרו הקדוש כסא אליהו שער ד' וז"ל - ואם זיכך הוי"ה ללמוד בחכמת האמת, הנה עצה היעוצה היא שכל סדר הלימוד בנגלה תתנהג בו ביום דווקא. **אבל בלילה תלמוד בחכמת האמת, והעיקר הלימוד** אחר חצות, כי זה הלימוד צריך ישוב דעת הרבה, וכשיקוץ האדם אז דעתו מיושבת עליו יותר. גם גה הלימוד צריך הסתר והצנע, **וכל דבר שיהיה בלילה ובפרט אחר חצות יהיה נסתר יותר מן היום**. ותעשה ועד עם החברים בבית המדרש אם הוא צנוע, **או בביתך ותלמדו בכל לילה**, עד כאן לשונו. וישב ללמוד האדם בלילה תחת עץ החיים.

קראתי בכל לב ענני הוי"ה חקיך אצרה. בהקדמה[7] לשער ההקדמות מבאר הרב ז"ל - ואמנם אל יאמר אדם אלכה לי ואאסוק בחכמת הקבלה, מקודם שיעסוק בתורה במשנה ובתלמוד, כי כבר אמרו רבינו ז"ל - אל יכנס אדם לפרדס **אלא אם כן מלא כריסו בבשר ויין**, והרי זה דומה לנשמה בלתי גוף, שאין לה שכר ומעשה וחשבון, עד היותה מתקשרת בתוך הגוף, בהיותו שלם מתוקן במצות התורה בתרי"ג מצות. **וכן בהפך** בהיותו עוסק בחכמת המשנה והתלמוד בבלי, ולא ייתן חלק גם אל סודות התורה וסתריה, כי **הרי זה דומה לגוף היושב בחושך**, בלתי נשמת אדם נר הוי"ה המאירה בתוכה, **באופן שהגוף יבש בלתי שואף ממקור חיים**, אשר זהו ענין אומרו במקום אחר ההוא הנזכר לעיל וז"ל - דאילין אינון דעבדי לאורייתא יבשה, ולא בעאן לאשתדלא בחכמת הקבלה וכו'. באופן כי התלמידי חכמים העוסקים בתורה לשמה, ולא לשמו, לעשות לו שם. צריך שיעסוק בתחילה בחכמת המקרא, והמשנה, והתלמוד, כפי מה שיוכל שכלו לסבול. ואחר כך יעסוק לדעת את קונו בחכמת האמת, וכמו שציווה דוד המלך ע"ה את שלמה בנו - דע את אלה"י אביך ועבדהו. ואם האיש הזה יהיה כבד וקשה בענין העיון בתלמוד, מוטב לו שיניח את ידו ממנו, אחר שבחן מזלו בחכמה זאת, ויעסוק בחכמת האמת. וזה שמבואר כל תלמיד חכם שאינו רואה סימן יפה בתלמוד בחמשה שנים, שוב אינו רואה, עד כאן דברי קודשו. ומזה כל אחד ואחד חייב להדבק במקור החיים.

חסדך הוי"ה מלאה הארץ חקיך למדני. בשער הגלגולים, בקדמה ט"ז כתב הרב ז"ל - עוד צריך שתדע, כי האדם צריך לקיים כל התרי"ג מצות, במעשה, ובדבור, ובמחשבה. וכמו שאמרו ז"ל על פסוק - זאת התורה לעולה ולמנחה וכו', כל העוסק בפרשת עולה, כאלו הקריב עולה וכו'. וכוונו בזה שהאדם מחוייב לקיים כל התרי"ג מצות בדבור, וכן על דרך זה במחשבה. ואם לא קיים כל התרי"ג בשלשה בחינות הנזכרות, מחוייב להתגלגל עד שישלים אותם. **עוד דע**, כי האדם מחויב לעסוק בתורה בארבעה מדרגות, **שסימנם פרד"ס**, והם, פשט, רמז, דרוש, סוד וצריך שיתגלגל עד שישלים אותם. ובהקדמה י"א כותב הרב ז"ל, וז"ל - שהאדם **מחוייב לעסוק בתורה בארבעה מדרגות שבה**, והיא זאת, דע, כי כללות כל הנשמות הם ששים רבוא ולא יותר. והנה התורה היא שרש נשמות ישראל, כי ממנה חוצבו, ובה

ע"ח ד"א ע"ד.

נשרשו. ולכן יש בתורה ששים רבוא פירושים, וכלם כפי הפשט. וששים רבוא ברמז. וששים רבוא בדרש. **וששים רבוא בסוד**. ונמצא, כי מכל פירוש מן הששים רבוא פרושים, ממנו נתהווה נשמה אחת של ישראל, ולעתיד לבא כל אחד ואחד מישראל, ישיג לדעת כל התורה כפי אותו הפירוש המכוון עם שרש נשמתו, אשר על ידי הפרוש ההוא נברא ונתהווה כנזכר. וכן בגן עדן אחר פטירת האדם, ישיג כל זה. וכן בכל לילה כאשר האדם ישן, ומפקיד נשמתו ויוצאה ועולה למעלה, הנה מי שזוכה לעלות למעלה, מלמדים לו שם אותו הפירוש, שבו תלוי שרש נשמתו. ואמנם הכל כפי מעשיו ביום ההוא, כך באותה הלילה ילמדוהו, פסוק אחד, או פרשה פלונית, כי אז מאיר בו יותר פסוק ההוא משאר הימים. ובלילה האחרת יאיר בנשמתו פסוק אחר, כפי מעשיו של אותו היום, וכולם על דרך הפירוש ההוא אשר תלויה בו שרש נשמתו כנזכר, עד כאן דברי קודשו. ור"ל שכל יהודי ויהודי חייב להשיג את שורש נשמתו, וללמוד את סוד **החיים**.

יבאוני רחמיך ואחיה כי תורתך שעשעי. מבואר במדרש משלי - אמר רבי ישמעאל, בוא וראה כמה קשה יום הדין שעתיד הקדוש ברוך הוא לדון את כל העולם כולו בעמק יהושפט. בזמן שתלמידי חכמים באים לפניו, אומר לכל אחד מהם - כלום עסקת בתורה, אמר לו הן, אומר לו הקדוש ברוך הוא הואיל והודית, אמור לפני מה שקרית, ומה ששנית בישיבה, ומה ששמעת בישיבה. מכאן אמרו - כל מה שקרא אדם יהא תפוש בידו, ומה ששנה כמו כן, שלא תשיגהו בושה ליום הדין. מכאן היה רבי ישמעאל אומר - אוי הלה לאותה בושה, אוי לה לאותה כלימה, ועל זה ביקש דוד מלך ישראל בתפילה ובתחנונים לפני המקום ואמר - הוי"ה בוקר תשמע קולי בוקר אערך לך ואצפה. בא לפניו מי שיש בידו מקרא ואין בידו משנה, הקדוש ברוך הוא הופך את פניו ממנו, ושרי גיהנם מתגברים בו כזאבי ערב, ונוטלין אותו ומשליכין אותו לתוכה. בא לפניו מי שיש בידו שני סדרים או שלושה, אז הקדוש ברוך הוא אומר לו - בני, כל ההלכות למה לא שנית אותם, ואם אומר הקדוש ברוך הוא הניחוהו, מוטב, ואם לאו עושין לו כמידת הראשון. בא לפניו מי שיש בידו הלכות, הקדוש ברוך הוא אומר לו - בני, תורת כהנים למה לא שנית, שיש בה טומאה וטהרה, וטומאת שרצים וטהרת שרצים, טומאת נגעים וטהרת נגעים, טומאת נתקים ובתים וטהרת נתקים ובתים, טומאת זבים ולידה וטהרת זבים ולידה, טומאת מצורע וטהרתו, סדר וידוי יום הכיפורים, וגזירות שוות, ודיני ערכים, וכל דין שדנו ישראל לא דנו אלא מתוכו. בא לפניו מי שיש בידו תורת כהנים, אומר לו הקדוש ברוך הוא - בני, חמישה חומשי תורה למה לא שנית, שיש בהם קריאת שמע, ותפילין, ומזוזה. בא לפניו מי שיש בידו חמישה חומשי תורה, אומר לו - בני, למה לא למדת הגדה, ולא שנית, שבשעה שהחכם יושב ודורש, אני מוחל ומכפר עוונותיהם של ישראל, ולא עוד אלא בשעה שעונין אמן יהא שמיה רבה מברך, אפילו נחתם גזר דינם אני מוחל ומכפר להם עוונותיהם. בא לפניו מי שיש בידו הגדה, אומר לו הקדוש ברוך הוא - בני, תלמוד למה לא שנית, שנאמר - כל הנחלים הולכים אל הים והם אינינו מלא, זה התלמוד, שיש בו חכמות הרבה. בא מי שיש בידו תלמוד, הקדוש ברוך הוא אומר לו - בני, הואיל ונתעסקת בתלמוד, **צפית במרכבה, צפית בגאוה**, שאין הנייה בעולמי, אלא בשעה שתלמידי חכמים יושבים ועוסקים בתורה, מציצין ומביטין ורואין והוגין המון התלמוד הזה - **כסא כבודי היאך הוא עומד. רגל הראשונה במה היא משמשת, שנייה במה היא משמשת, שלישית במה היא משמשת, רביעית במה היא משמשת, חשמל היאך הוא עומד, ובכמה פנים הוא מתהפך בשעה אחת, לאי זה רוח הוא משמש, הברק היאך הוא עומד, כמה פנים של זוהר נראין בין**

כתפיו, לאיזה רוח משמש, כרוב היאך הוא עומד, לאי זה רוח הוא משמש. גדולה מכולם עיון כיסא הכבוד, היאך הוא עומד, עגול הוא כמין מלבן, ומתוקן הוא, כמה גשרים יש בו, כמה הפסק בין גשר לגשר, וכשאני עובר באיזה גשר אני עובר, ובאי זה גשר האופנים עוברים, ובאיזה גשר הגלגלים עוברים. גדולה מכולם מצפורני ועד קודקודי, היאך אני עומד, כמה שיעור בפיסת ידי, וכמה שיעור אצבעות רגלי. גדולה מכולם כיסא כבודי, היאך הוא עומד, לאיזה רוח הוא משמש, באחד בשבת לאיזה רוח הוא משמש, בשני בשבת לאיזה רוח הוא משמש, בשלישי בשבת לאיזה רוח הוא משמש, ברביעי בשבת, בחמישי בשבת, בששי בשבת לאיזה רוח משמשין, וכי לא זהו הדרי, זהו גדולתי, זהו הדר יופי, שבניי מכירין את כבודי במידה הזאת. ועליו אמר דוד - מה רבו מעשיך הוי"ה, כולם בחכמה עשית, מלאה הארץ קניניך. עד כאן לשון המדרש. ממדרש זה לומדים על חובת כל אחד ואחד מישראל את לימוד כל חלקי הפרד"ס, ובעיקר את בחינת הסוד שבתורה, הנקרא[8] מעשה מרכבה, ובמעשה בראשית. ומבאר הרב בית לחם יהודה על השינוי שיש בפסוקים במעמד הר סיני, בפסוק אחד כתוב - ויחן שם **ישראל** תחת ההר. ומספר פסוקים יותר מאוחר כתוב וירא **העם** וינועו מרחק. וידוע כי כאשר כתוב בתורה **ישראל**, מדובר **בבני ישראל**, וכאשר כתוב **העם**, מדובר על **הערב רב**. וז"ל הרב בית לחם יהודה - ובזוהר בהעלותך דף קנ"ב ע"א קרי להעוסקים בחכמת האמת, אינון דהוי קיימי בטורא דסיני. וז"ל - חכמין עבדי דמלכא עלאה אינון דקיימו בטורא דסיני, לא מסתכלי אלא בנשמתא, דאיהי עיקרא דכלא אורייתא ממש וכו'. ונראה בעיני אם מותר, משמע אותן שאינן יודעים סודות התורה לא עמדו על הר סיני, עד כאן לשונו. ונראה לי בביאור כוונתו כי בתחילה כשיצאו ישראל לקראת האלהי"ם, היו מתייצבים בתחתית ההר, ואחר כך נאמר וירא העם וינועו ויעמדו מרחוק, כי היו יראים פן תאכלם האש הגדולה הזאת וימיתו. והיה מקצת מהעם שהיו ששים ושמחים לקראת השכינה, ולא רצו לזוז ממקומם הראשון, ולעמוד מרחוק, אפילו אם ימיתו ממש. ועליהם הוא מה שכתבה בזוהר הנזכר - אינון דקיימו בטורא דסיני, כלומר ולא נעו ועמדו מרחוק, אלא עמדו בטורא דסיני מתחלה ועד סוף, ולכן הם זוכים לחכמת האמת. ואותם הנשמות אשר נעו עם העם ועמדו מרחוק, כן הם עושים גם עתה, שנסים ועומדים מרחוק לחכמת האמת מיראתם, פן תאכלם האש הגדולה הזאת. ולכן על כל אחד ואחד מבני ישראל הקדושים מחויב לעמוד תחת עץ החיים.

יראיך יראוני וישמחו כי לדברך יחלתי. בספר הזוהר הקדוש מבואר מדוע התפילות של בני ישראל לא נענות, וז"ל תיקוני הזוהר תיקון מ"ג - **בראשית תמן את"ר יב"ש** במלת בראשית יש אותיות את"ר יב"ש, **ודא איהו ונהר יחרב ויבש** היסוד הנקרא נהר יחרב ויבש ממי השפע, ואין לו מה להשפיע למלכות, **בההוא זמנא דאיהו יבש** באותו הזמן שהיסוד הוא יבש, **ואיהי יבשה** המלכות הנקראת יבשה, היא יבשה כי לא מקבלת שפע מהיסוד, אז כאשר **צווחין בנין לתתא** מתפללים וצועקים בני ישראל, **ביחודא ואמרין** וביחוד שאומרים בני ישראל **שמע ישראל** שיבא ז"א הנקרא ישראל להתיחד עם נוקבא בשעת התפילה דעמידה, עם כל זאת **ואין קול** של התפילה או הקריאת שמע שעוזרים לזיווג דזו"ן **ואין עונה** ואין מי שיענה וימלא את הבקשות בתפילתם. **הדא הוא דכתיב** וזהו שכתוב - **אז** בני ישראל יקראונני בני ישראל בעת צרתם בקריאת שמע ובתפילה, **ולא אענה** ואני לא אענה אותם בתפלתם, מפני

שלא לומדים ומתעסקים בפנימיות התורה. **והכי מאן דגרים דאסתלק** וכל מי שגורם הסלקות פנימיות תורת **הקבלה וחכמתא מאורייתא דבעל פה ומאורייתא דבכתב** מהתורה שבעל פה והתורה שבכתב, **וגרים דלא ישתדלון בהון** וגורמים גם לאחרים שלא יתעסקו וילמדו את חכמת הקבלה, **ואמרין דלא אית אלא פשט באורייתא ובתלמודא** ואומרים שאין בתורה ובתלמוד אלא פשט התורה, בלי פנימיות הסוד, **בודאי כאלו הוא יסלק נביעו מההוא נהר** בודאי נחשב לו כאילו הוא מסתלק את נביעת שפע החכמה והבינה מן היסוד, **ומההוא גן** ומן הנובקא הנקראת גן, **ווי ליה** לאותו יהודי **טב ליה דלא אתברי בעלמא** טוב לו שלא היה נברא, **ולא יוליף ההיא אורייתא דבכתב ואורייתא דבעל פה** ולא היה לומד תורה שבכתב ותורה שבעל פה, כי דינו כעם הארץ שלא למד כלל, ועוד **דאתחשב ליה כאלו אחזר עלמא לתהו ובהו** שנחשב לו כאילו החזיר את העולם לתהו ובהו, ר"ל לסוד שבירת הכלים לפי שמגביר הקליפות כאשר החריב הנהר והגן יבשים, **וגרים עניותא בעלמא ואורך גלותא** וגורם עניות בעולם ומאריך את הגלות השכינה וביאת המשיח. עד כאן דברי הזוהר הקדוש. וכותב רב חיים ויטאל זלה"ה בהקדמה וז"ל - אמנם שעשועות של הקדוש ברוך הוא בתורה, והיותו בורא בה את העולמו, היתה בהיותו עוסק בתורה בבחינת הנשמה הפנימית שבה, הנקרא - רזי תורה, הנקרא מעשה מרכבה, **היא חכמת הקבלה** כנודע אל היודעים, וטעם הדבר הוא להיותו עולם האצילות העליון מאד, טוב ולא רע, דלא יכיל להתערבא עמיה קליפה, ועליה אתמר - וכבודי לאחר לא אתן, כנזכר בספר התיקונין דף ס"ו תיקון י"ח, וכן בספר הזוהר בפרשת בראשית דף כ"ח ע"א עיין שם. ולכן גם התורה אשר שם [**אח**"**י** - בעולם האצילות] איננה רק מופשטת מכל לבושי הגופנים, מה שאין כן למטה בעולם היצירה, עולם דמטטרו"ן, הנקרא עבד טוב, והוא הנקרא עץ הדעת טוב מסטרא, ומסטרא דסמא"ל שהוא קליפין דיליה, **נקרא עבד רע**, כי התורה אשר שם, הם שית סדרי משנה **הנקראים שפחה** כנזכר לעיל, וכנזכר בפרשת בראשית שם דף כ"ז ע"א. ולכן נקראת משנה, לפי ששם יש שינויים הפוכים **טוב מסטרא דעבד טוב**, היתר, כשר, טהור. **רע מסטרא דעבד רע**, איסור, טמא, פסול. גם הוא מלשון כי מרדכי היהודי משנה למלך, שהיה שפחה הנקרא עבד מלך, מלך גם נקרא מלשון שינה, כנזכר בפרשת פינחס דף רמ"ד ע"ב - קם זמנא תנינא ואמר, מארי מתניתין נשמתין ורוחין ונפשין דילכון אתערו כען ואעברו שינתא מניכון דאיהו, ודאי משנה אורח פשט, דהאי עלמא ואנא לא אתערנא בכו, אלא ברזין עילאין דעלמא דאתי דאתון בהון, לא ינום ולא ישן. וזה יובן במה שמבואר יותר למעלה שם - **ורבנן דמתניתין ואמוראי, כל תלמודא דלהון על רזין דאורייתא סדרו ליה.** ונמצא כי המשנה והש"ס הם הנקרא גופי תורה. והנה דבריהם כחלום בלי פתרון, **ורזייה וסתריה הפנימים הנקרא נשמת התורה, הם הם פתרון החלום הנפתר בהקיץ**, בסוד - אני ישנה ולבי ער, וכמו[9] שאמרו חכמים ז"ל - **במחשכים הושיבני כמתי עולם, זה תלמוד בבלי**, אשר איננו מאיר אלא על ידי ספר הזוהר, **הם הם רזי תורה וסתריה** אשר עליהם נאמר - ותורה אור. ואין ספק כי כמו שהיוצר נקראת עבד ושפחה בערך האצילות, ונקרא קליפין ולבושין דחול, כנזכר בהקדמת ספר התיקונין ד"ג ע"ב וז"ל - וביומי דחול לביש עשר כתות דמלאכיא דמשמשי לעשר ספירות דבריאה. ואם כן אין לתמוה כי התורה אשר שם שהיא המשנה, תהיה נקרא שפחה וקליפין דתורה דאצילות, וזה סוד כל הבשר חציר הנזכר לעיל במאמר הראשון, כי כמו שהחטה שהיא בגימטריא כמנין כ"ב אותיות התורה, הגנוזה תוך

כמה קליפין ולבושין שהם הסובין והמורסן והתבן והקש והעשב, הנקרא חציר, כן המשנה אצל סודות התורה נקרא חציר, וזה נרמז בספר הזוהר פרשת כי תצא ברעיא מהמנא דף רע"ה ע"ב - **אצל רבנן ווי לאינון דאכלין תבן דאורייתא, ולא ידעי בסתרי אורייתא, אלא קלין וחמורין דאורייתא, קלין אינון תבן דאורייתא, וחמורין אינון חטה דאורייתא, ח"ט ה' אלנא דטוב ורע וכו'**. ואלו באתי להרחיב דרוש זה לא יספיקו מאה קונטרסין בלי ספק בלי שום גוזמא, האמנם החכם עיניו בראשו כי דברי אמת אני אומר, ואל יתמה האדם בראותו ספר הזוהר איך קורא אל המשנה שפחה וקליפין, כי עסק המשנה כפי פשטיה, **אין ספק שהם לבושין וקליפין חיצונים בתכלית אצל סודות התורה הנגנזים**, ונרמזים בפנימיותה כי כל פשטיה הם בעלם הזה בדברים חומרים תחתונים..... על כן על כל בני ישראל לאכול מעץ החיים.

מה אהבתי תורתך כל היום היא שיחתי. ומבאר הרב ז"ל בהקדמה לשער המצות, כי עסק לימוד פנימיות התורה הוא חלק בלתי נפרד מתלמוד תורה, וז"ל - גם בענין עסק התורה שהיא אחת מרמ"ח מצות עשה, אם לא השלים אותה, **שהוא ענין עסקו בפרד"ס התורה**, שהוא ראשי תיבות **פשט רמז דרש סוד**, בכל בחינה מהם כפי אשר יוכל להסיג, **עד מקום שידו מגעת**, לטרוח ולעשות לו רב שילמדנו. ואם לא עשה כן, הרי חסר מצוה אחת של תלמוד תורה, שהיא גדולה ושקולה ככל המצות, וצריך **להתגלגל** עד שיטרח הארבעה בחינות של פרד"ס כנזכר. וכן מבאר הרב בית לחם יהודה בהקדמתו הקדושה, וז"ל - ומה מאד נמלצו **[אח]"י** - מלשון מליצה] בזה דברי הנביא ירמיה)סימן כ"ב(באומרו - אל תבכו למת וכו'. שהוא מדבר עם הציבור המתקבצים להספיד על איזה צדיק הנפטר רח"ל, על שנחסר צדיק אחד מהמדור שהיה מנין בזכותו עליהם. וקאמר להו הנביא אל תבכו וכו', **לפי שרובם של צדיקים אינם זוכים לעסוק בכל ארבעה חלקי הפרד"ס, ואם כן מוכרחים הם לחזור ולבוא בגלגול כדי להשלים לימודם בארבעה חלקים**, כי אפילו הוא עסק בשלוש חלקי הפרד"ס, לא יצא ידי חובתו, ועליו נאמר הן כל אלה יפעל א"ל שלש פעמים עם גבר, להחזירו בגלגול. ואם כן הויא פסידא דהדרא. ואפשר שבו ביום שנפטר הוא חוזר ומתגלגל, כנזכר בזוהר ריש פרשת אמור, יעו"ש. ואם כן אין לכם פסידא כל כך. אמנם בכו בכו להלך, לאותו צדיק שכבר עסק בארבעה חלקי הפרד"ס. כי תיבת להלך היא חסר ו', ואם תחשוב תיבת להלך ארבעה פעמים עם ארבעה הכוללים, שהם כנגד ארבעה חלקי הפרד"ס, הם בגימטריא פרד"ס. **שזה הצדיק לא ישוב עוד וראה את ארץ מולדתו, כי על ארבעה לא אשיבנו**. שזהו פסידא דלא הדרא באמת, ונחסר לגמרי מן העולם הזה, עד כאן לשונו. ולכן חובה על כל אדם לעסוק בכל חלקי הפרד"ס, ובפרט בחלק הסוד, הנקרא פנימיות התורה, כמבואר בזוהר הקדוש כמובא בזוהר הקדוש פרשת נשא דף קכ"ד - **בהאי חבורא דילך דאיהו ספר הזוהר יפקון ביה מן גלותא ברחמי**, בזכות הלימוד בספר הזוהר הקדוש, יצאו בני ישראל מהגלות **ברחמים**. ועוד כל מי שחשקה נפשו ללמוד, אסור למנוע זאת ממנו, בסוד הפסוק[10] - אל תמנע טוב מבעליו, ועל כל אדם להיכנס לפרד"ס החיים.

אשרי האיש אשר לא הלך בעצת רשעים ובדרך חטאים לא עמד ובמושב לצים לא ישב. דע כי יהיו הרבה אנשים רשעים, שינסו למנוע מבני ישראל הקדושים ללמוד בכללות תורה, ובפרט

10

משלי ג' כ"ז – אל תמנע טוב מבעליו בהיות לאל ידך לעשות.

את תורת הקבלה, מכל מיני סיבות ומניעות, והשטן מדבר מגרונם של אלו הרשעים. ואלו דברי קודשו של בעל שבט מוסר רבינו אליהו הכהן האתמרי זצלה"ה - ובהביטך בן אדם מה שעבר על אחרים למה תרדוף אתה אחר כל אלה הדברים הזרים, להשביע נפש מרורים ולמוסרה ביד צרים המה המקטרגים הצוררים, ולמה לא תחמול על נפשך ועל נועם תבנית צלם גופך למוסרו בידן ולהשליכו בתוך גחלי רתמים בטיט היון של גיהנם, להשחירו ולהתיכו כאשר ניתך הזפת בפני האש, אשר על כן תן עצה אתה בנפשך **לברור בדרך החיים בעסק התורה והמצות**, וגם להצטער עצמך זמן קצוב הם חיי עולם הזה, כדי שתתענג זמן רב בלתי סוף ותכלית, ואל יעלה על דעתך כאשר עלה בדעת הרבה שנאבדו בידם באומרם כיון שמכיר אני בעצמי שאין בדעתי להבין ולהשכיל, איני עוסק בתורה, טועה הוא בדבר, שהרי הוא מחוייב לעשות מה שנצטוה לעשות, ואם יבין יבין, **שהרי והגית בו יומם ולילה כתיב** ולא כתיב ותבין בו, וכן תמצא בדברי התנא אם למדת תורה הרבה נותנין לך שכר הרבה, ואינו אומר אם הבנת הרבה, אלא למדת אמרו, ותשתדל להבין ואם תבין תבין, ואם לא שכר לימודך בידך, וכמאמר התנא לפום צערא אגרא, ומה גם שאמרו האדם איני לומד מפני שאיני מבין, **הוא פיתוי היצר**, יתמיד בלימודו וסוף הבינה לבא, שבראות קדוש ברוך הוא **חשקו בתורתו ודבקותו בה, פותח לו מעייני החכמה**, דכתיב - כי הוי"ה יתן חכמה מפיו דעת ותבונה. והנני מוסר לך דבר אשר תרדוף אחריה, ויהיה חיים לנפשך וענקים לגרגרותיך, **לעולם יהיה עיקר לימודך בדבר של תורה שליבך חפץ יותר**, אם בגמרא גמרא, ואם בדרוש דרוש, ואם ברמז רמז, **ואם בקבלה קבלה**, ורמז לדבר כי אם בתורת הוי"ה חפצו, כלומר תורת הוי"ה תלויה בדבר שלבו חפץ לעסוק בו, וכמו שמבאר האר"י זלה"ה בספר דרושי הנשמות והגלגולים פרק שלישי, וז"ל - יש בני אדם שכל חפצם ועסקם בפשטי התורה, ויש שעסקם בדרוש, ויש ברמז, ויש גם כן בגימטריות, **ויש בדרך האמת**, הכל כפי מה שעליו נתגלגל בפעם ההוא, כיון שהשלים פעם אחרת בשאר העניינים, אין צורך לו שבכל גלגול יעסוק בכולם, עד כאן לשונו. **ואל תביט ותשגיח לדברי המתנגדים על מה שחשקת לעסוק בתורה** בגמרא או בפשט או בדרוש וכו', באומרם לך למה אתה מוציא כל ימיך בפרט זה של תורה ולא בפרט זה, משום שעל מה שחשקת ללמוד, על דבר זה זה באת לעולם, ואם תשים דעתך לדבריהם, יכריחוך להתגלגל בזה העולם פעם אחרת ולעבור נפשך בחרב חדה של מלאך המות ולטעום טעם מיתה, ולכן לא תשמע לדברי המשחית נפשך, **כי דע שהשטן מתלבש באלו האנשים לדאוג ולהצטער ולהכאיב נפש הלומד ועוסק בתורה**, בחלק שאָוְתָה נפשו לעסוק, כדי להבדילו משם שלא ישלים נפשו, על מה שבא להשלימה, ולהכריחו גלגולים אחרים, וכשם שבדבר שחושק יותר האדם ללמוד, משם יבין שעל דבר זה נתגלגל להשלים, כך צריך האדם שידע שורש נשמתו ומהיכן נמשך ועל מה בא לתקן ולהשלים, כמו שאמר בזוהר שיר השירים הגידה לי את שאהבה נפשי וכו'. **וכדי שיבין יראה באיזה מצוה תקיף יצרו יותר לבטלה יתחזק בה לקיימה, כי בוודאי על מצוה זו נתגלגל**, וכדי שלא ישלים חוקו מנגדו יצרו לבטלה להוציאו מן העולם בידיים ריקניות... ולכן לא תשמע לדברי רשעים אלו, אלא תשמע לדברי חיים.

חבר אני לכל אשר יראוך ולשמרי פקודיך. בסוף[11] עץ חיים מובא מספר כללים למהרח"ו, וז"ל - להאר"י זלה"ה. הרמב"ן וחבריו ודברי ראשונים כמו רבי נחוניא בן הקנה לא הזכירו

11

ע"ח ח"ב דקי"ט ע"א.

רק עשר ספירות, ולא גילו ענייני פרצוף כלל. **ודע שהרמב"ן והראשונים היו יודעים בפרצוף**, אלא שדברו בהעלם גדול, לרוב הגלות שלא ניתן רשות לגלות, ולהתפשט האורות הגדולים, מאחר שגברו הקליפות, וכל זר לא יאכל קדש. **אמנם בעקבות משיחא כמו בדורינו זה התחילו האורות להתפשט להיות כבראשונה**, כמו שהיה בזמן העולם מתוקן ולהתתקן מעט. ומתחלה היו האורות סתומים, היה העולם מקולקל, וכל מה שנתקלקל נסתם בגלות, ולא היו משיגין אלא עשר ספירות בסתום, בסוד הנקודות, כל אחד כלול מעשר, ובענין הפרצופים לא נתגלה להם כלל, לפי שמצאו בדברי הראשונים סתומים, ולא ידעו עומק הדברים, וחשבו שכך הוא ודברו בעשר ספירות כל אחד כלול מעשר ובחינות הרבה, ולפי שראיתי מי שחולק על דברים אלו לאמור שלא מצינו אלא עשר ספירות, ומהיכן יש לשלוט כח לאמור כמה פרצופים שנמצא יותר מעשר ספירות, ומספר רב והלא הראשונים כתבו בספר יצירה - עשר ולא תשע, עשר ולא י"א, לזה באתי לפתוח לך כחודא דמחטא, אולי תזכה להבין מקצת, וכולו לא תשורנו עין, וזהו. ובהקדמתו[12] הקדושה כותב הרב ז"ל - והנה אין בכל דור ודור שלא נמצאו בו אנשים יחידי סגולה ששרתה עליהם רוח הקודש, והיה אליהו הנביא ז"ל נגלה עליהם, **ומלמד אותם סתרי החכמה הזאת**, וכמו שנמצא כתוב בספרי המקובלים, גם בעל ספר הרקנטי כתב בפרשת נשא בפרשת ברכת כהנים...... ואנשי לבב שמעו לי, אל יהרסו אל הוי"ה, **לראות בספרי האחרונים הבנויים על פי השכל האנושי**, ושומע לי ישכון בטח ושאנן מפחד רעה. ולכן אני הכותב הצעיר חיים וויטאל, רציתי לזכות את הרבים **בהעלם נמרץ והמשכילים יבינו**, וקראתי שם החבור הזה על שמי **ספר עץ חיים**, וגם על שם החכמה הזאת העצומה, חכמת הזוהר, הנקרא עץ חיים, ולא עץ הדעת כנזכר לעיל, בעבור כי בחכמה הזאת טועמיה חיים זכו, ויזכו לארצות החיים הנצחיים, **ומעץ החיים הזה ממנו תאכל, ואכל וחי לעולם**. ואשכילך ואורך דרך זו תלך דע מן היום אשר מורי זלה"ה החל לגלות זאת החכמה, **לא זזה ידי מתוך ידו אפילו רגע אחד**, וכל אשר תמצא כתוב באיזה קונטריסים על שמו ז"ל, ויהיה מנגד מה שכתבתי בספר הזה, **טעות גמור הוא, כי לא הבינו דבריו, ואם יש בהם איזה תוספות שאינו חולק עם ספרינו זה, אל תשית לבך בקבע אליו, כי שום אחד מהשומעים את דברי קדשו, לא ירדו לעומק דבריו וכוונתו, ולא הבינום**, בלי שום ספק. ואם יעלה בדעתך לחשוב שתוכל לברור הטוב ולהניח הרע, אל בינתך אל תשען, כי אין הדברים האלו מסורים אל לב האדם כפי שכל אנושי, והסברא בהם סכנה עצומה, ויחשב בכלל קוצץ בנטיעות חס ושלום, לכן הזהרתיך ואל תסתכל בשום קונטרסים הנכתבים בשם מורי זלה"ה, זולתי במה שכתבנו לך בספר הזה, **ודי לך בהתראה זאת**, אלו הם דברי קודשו. ועלינו ללמוד אך ורק בתורת מורינו חיים.

אני קראתיך כי תעני אל הט אזנך לי שמע אמרתי. עוד כתב הרב ז"ל בהקדמתו תנאים כדי לזכות לחכמה הקדושה הזאת, וז"ל - אני הכותב משביע בשמו הגדול יתברך, לכל מי שיפלו הקונרטסים אלו לידו, שיקרא הקדמה זאת, ואם אותה נפשו לבוא בחדרת החכמה זאת, יקבל עליו לגמור ולקיים כל מה שאכתוב ויעיד עליו יוצר בראשית, שלא יבוא אליו היזק בגופו ונפשו, ובכל אשר לו, ולא לאחרים. תחת רודפו טוב והבא לטהר ולקרב. **ראשית הכל יראת הוי"ה, להשיג יראת העונש, כי יראת הרוממות, שהוא יראה הפנימית, לא ישיגוהו רק**

ע"ח ד"ד ע"ב.

מתוך גדלות החכמה, ועיקר מגמתו בידיעה הזה יהיה לבער קוצים מן הכרם, כי לכן נקראים העוסקים בחכמה הזאת מחצדי חקלא. **ובודאי שיתעוררו הקליפות נגדו לפתותו ולהחטיאו, לכן יזהר שלא לבוא לידי חטא אפילו שוגג**, שלא יהיה להם שייכות בו, לכן צריך ליזהר מהקלות, כי הקדוש ברוך הוא מדרדק עם הצדיקים כחוט השערה, לכן צריך לפרוש עצמו מבשר ויין כל ימות השבוע, **וצריך הזהרת סור מרע ועשה טוב**, ובקש שלום צריך להיות רודף שלום, ולא להקפיד בביתו על דבר קטן וגדול, וכל שכן שלא יכעוס ח"ו.

וצריך להתרחק בתכלית הריחוק סור מרע.

א. ליזהר בכל דקדוקי מצות, ואפילו בדברי חכמים, שהם בכלל לא תסור.

ב. לתקן המעוות קודם שיבא לעולם הבא.

ג. יזהר מהכעס, אפילו בשעה שמוכיח את בניו, לא יכעוס כלל ועיקר.

ד. גם צריך ליזהר מהגאוה, ובפרט בענין הלכה, כי גדול כחה והגאוה, בזה עון פלילי.

ה. בכל צער שיבא לו, יפשפש במעשיו וישוב אל הוי"ה.

ו. גם יטבול בעת הצורך לו.

ז. גם יקדש את עצמו בתשמיש המטה שלא יהנה.

ח. שלא יעבור כל לילה ויחשוב בכל לילה מה שעשה ביום, ויתודה.

ט. גם ימעט בעסקיו ואם אין לו פרנסה כי אם על ידי משא ומתן, יכין יום שלישי ויום רביעי, מחצי היום ואילך, ובכוונה שהוא לעבודת קונו.

י. כל דבור שאינו של מצוה והכרחי, יהיה זהיר ממנו, ואפילו דבר מצוה ימנע בשעת התפלה.

ועשה טוב

א. לקום בחצי הלילה, ולעשות הסדר בשק ואפר ובכי גדול, ובכוונה כל אשר יוציא בשפתיו. ואחר כך יעסוק בתורה כל זמן שיוכל להיות בלי שינה, ובלבד שחצי שעה קודם עלות השחר יתעורר לעסוק בתורה.

ב. ילך לבית הכנסת קודם עלות השחר, קודם חיוב טלית ותפילין, להיזהר שיהיה מעשרה ראשונים.

ג. קודם שיכנס, ישים אל לבו מצות עשה ואהבת לרעך כמוך, ואחר כך יכנס.

ד. להשלים רמז צדיק בכל יום. שהוא צ' אמנים, ד' קדושות, י' קדשים, ק' ברכות.

ה. שלא להסיח דעתו מהתפילין בעת התפילה, זולת בעת העמידה ועסק התורה.

ו. צריך שיהיה עוסק בתורה, מעוטף בטלית ותפילין.

ז. לכוין בתפלה הכוונות, כמו שנבאר בע"ה.

ח. שישים תמיד נגד עיניו שם בן ארבעה אותיות הוי"ה, ויזדעזע ממנו, כמו שכתוב - שויתי הוי"ה לנגדי תמיד.

ט. שיכוין בכל הברכות, בפרט בברכת הנהנין.

י. צריך שיהיה עמל בתורה פרד"ס, שנאמר או יחזיק במעוזי, ואל יחשוב שיגלו לו רזי התורה בהיותו ריק, כדכתיב - יהב חכמתא לחכימין, וצריך ליזהר שלא יוציא בשפתיו בחכמה זו, מה שלא שמע מאדם שראוי לסמוך עליו, וכאזהרת רשב"י וחבריו. השגת החכמה תנאי הראשון, צריך למעט דבורו, ולשתוק, כל מה שיוכל כדי שלא להוציא שיחה בטילה, כמאמר רז"ל - סייג לחכמה שתיקה. גם תנאי אחר, על כל דבר תורה שלא תבינהו, תבכה עליו כל מה שתוכל.

גם עלית הנשמה בלילה לעולם העליון, שלא תשוט בהבלי העולם, תלוי שתישן בבכיה. ומרת עצבות מגונה עד מאוד, ובפרט להשיג חכמה, והשגה אין לך דבר מונע השגה יותר מזה. גם בענין השגת האדם, אין לך דבר שמועיל כמו הטהרה והטבילה, שיהיה האדם טהור, בכל עת ומורי זלה"ה עם היות שהיה לו חולי השבר שהקור מזיק לו, עם כל זה לא היה מונע מלטבול בכל עת, עד כאן דברי קודשו. ועלינו לקיים את בקשת הרב ז"ל את הבחינות של[13] סור מרע ועשה טוב, כדי לטפס בעץ החיים.

מרן הרש"ש מעיד[14] על עצמו, וז"ל - וראיתי מה שכתבו מעלת כבוד תורתם, על ענין עבודת הוי"ה שקצרתי במקום שהיה ראוי להרחיב מעט הדיבור, אמת הוא כי לכתחילה קצרתי בו, **יען ראיתי כמה מהנזק יצא ממה שכתבו בזה המקובלים שקדמו, כי רבים חללים הפילו, וחלול כבוד הוי"ה, וכבוד התורה. הוי"ה יכפר בעדם, כי כל דבריהם לא על פי התורה הם, ואינם מיוסדים על האמת, ומהם יצאו אבות, ומאבות תולדות הריסת יסודי התורה ח"ו, הוי"ה יכפר. וכל זה לא שלמדתי בדבריהם ח"ו**, אלא שפעם אחת הוכרחתי בעל כרחי לעיין בדף אחד שכתוב בו קצור מה שכתבו בענין זה, **וכמעט שקרעתי בגדי לראות דברים אשר לא כן על הוי"ה. הוי"ה** יכפר, וכבר מילתי אמורה להם, **כי עידי בשמים כי כל עסקי ולמודי, אינו רק בדברי האר"י זלה"ה, ותלמידו מהרח"ו ז"ל לבדם, ובלעדם אין לי עסק בשום ספר מספרי המקובלים ראשונים ואחרונים, ואפילו בדברי שאר תלמידי האר"י ז"ל לא למדתי, וכשיזדמן לפני דבר מדבריהם, אני מדלגו.** כי על כן איני כמזהיר, אלא כמזכיר, למען הוי"ה אל יהי לכם מגע יד בדבריהם, ובפרט בענין זה, השמרו לכם פן יפתה לבבכם, **אלא כל לימודם לא יהיה אלא בעץ חיים ובספר מבוא שערים ובשמונה שערים המפורסמים**, שכולם דברי אלהי"ם חיים. ואני קצרתי בענין זה כל מה שאפשר, כי יראתי פן יפלו אלו דפים אלו ביד מי שעדיין לא למד דברי האר"י ז"ל כראוי, **ויחשידני שלמדתי בספרים אחרים, ולא כן הוא כאמור**, ולכן קצרתי בו, ופיזרתי בהקדמה, עד כאן דברי קודשו של מרן הרש"ש. ואנחנו תפילה שיתגלה משיח צדיקנו במהרה בימינו, ומלאה[15] הארץ דעה את הוי"ה כמים לים מכסים, דעת תורת החיים.

13

תהלים ל"ד ט"ו – סור מרע ועשה טוב בקש שלום ורדפהו.

14

נהר שלום דף ל"ד ע"א.

15

ישעיהו י"א ט' – לא ירעו ולא ישחיתו בכל הר קדשי כי מלאה הארץ דעה את הוי"ה כמים לים מכסים.

כתב רבינו גאון הקבלה רבי אליהו מני, רבו של הרי"ח הטוב, רבי יוסף חיים בעל הספר "בן איש חי", בספרו הקדוש **כסא אליהו** כי על הלומד ללמוד כל מאמר ומאמר ארבעה חמשה פעמים בלי המפרשים, וינסה להבין את המאמר בעצמו. ואחר כך ילך לראות אם כיוון לדעת המפרשים.

וכן אני הקטן מבקש בכל לשון של בקשה, ללמוד את הדרוש כמו שהוא מובא בספר עץ חיים, ארבעה חמישה פעמים, כדי לנסות להבין את הדרוש. וכל דרוש מובא בתחילת הספר במלואו.

אחר כך יכנס ללמוד את הדרוש עם ביאור הדברים, עוד ארבעה חמישה פעמים, ואחר כך יראה את המקורות להגהות, ודברי רבותינו הקדושים, עם התרשימים וטבלאות.

ואז יעלה ויצליח בלימוד תורת האר"י החי"י.

כתב רבינו **השד"ה** רבי שאול דוויק הכהן, בהקדמת ספרו איפה שלימה, על אוצרות חיים וז"ל - וכדי שיוכל לעלות לימודו למעלה, ריח ניחוח לה'. קודם כל לימוד ימסור עצמו על קדושת ה', כי זה מועיל מאוד, כמו שכתוב בשער הכוונות דף כ"ד ע"ב, כי עתה בזמנינו בעוונותינו הרבים אין יכולת לעשות זווג כתיקונו למעלה, ולסיבה זו הקץ מתארך וכו'. אמנם עם כל זה יש קצת תיקון במה שנמסור נפשינו על קידוש ה' בכל הלב, כי על ידי כן אפילו אין בנו שום מעשים טובים, והרשענו עד להפליא. הנה על ידי מסירת נפשינו להריגה, מתכפרים עונותינו כולם, ויש בנו יכולת לעלות עד אימא עילאה, כמו שאמרו חז"ל - גדולה תשובה שמגעת עד כסא הכבוד, שנאמר - שובה ישראל עד ה' וכו', עד כאן דבריו.

וזה הסדר

יקבל עליו ארבע מיתות בית דין, מארבעה אותיות הוי"ה וארבעה אותיות אדנ"י, וליחדם על ידי ארבעה אותיות אהי"ה ועל ידי עסמ"ב

סקילה	י	**א**	וליחדם על ידי **א**	יו֗ד ה֗י ויו ה֗י
שרפה	ה	**ד**	וליחדם על ידי ה֗	יו֗ד ה֗י ואו ה֗י
הרג	ו	**ג֗**	וליחדם על ידי י	יו֗ד ה֗א ואו ה֗א
וחנק	ה	**י**	וליחדם על ידי ה֗	יו֗ד ה֗ה וו ה֗ה

לְשֵׁם יִחוּד

קֻדְשָׁא בְּרִיךְ הוּא וּשְׁכִינְתֵּהּ

יאהדונהי

בִּדְחִילוּ וּרְחִימוּ   וּרְחִימוּ וּדְחִילוּ

יאההויהה   איההיוהה

לְיַחֲדָא אוֹתִיּוֹת י"ה בּו"ה, בְּיִחוּדָא שְׁלִים

יהו"ה

בְּשֵׁם כָּל יִשְׂרָאֵל, לְאַקְבָּא שְׁכִינְתָּא מֵעַפְרָא, הָרֵינִי לוֹמֵד בַּסֵּפֶר
קַבָּלָה פְּלוֹנִי שֶׁהוּא כְּנֶגֶד תִּפְאֶרֶת דז"א בְּעוֹלָם הָאֲצִילוּת שֶׁבּוֹ
שֵׁם מ"ה כָּזֶה יו"ד ה"א וָא"ו ה"א לַעֲשׂוֹת מֶרְכָּבָה. וִיהִי רָצוֹן
מִלְּפָנֶיךָ ה' אֱלֹהֵינוּ וֵאלֹהֵי אֲבוֹתֵינוּ שֶׁתְּזַכֵּךְ רוּחֵנוּ וְנַפְשֵׁינוּ שֶׁיְּהִי
רְאוּיִם לְעוֹרֵר מַיִן תַּתָּאִין עַל יְדֵי קְרִיאַת סֵפֶר הַקַּבָּלָה הַזֹּאת.
וִיהִי נֹעַם יְהוָה אֱלֹהֵינוּ עָלֵינוּ וּמַעֲשֵׂה יָדֵינוּ כּוֹנְנָה עָלֵינוּ וּמַעֲשֵׂה
יָדֵינוּ כּוֹנְנֵהוּ.

בָּרוּךְ ה' לְעוֹלָם אָמֵן וְאָמֵן, נָצַח, סֶלָה, וָעֶד.

הקדמה כללית וחשובה להיכל הנקודים

צריך לדעת כי היכל הנקודים, שהוא כולל את שער **הנקודות**, שער **השבירה**, שער **התיקון**, ושער **המלכים**. עוסק בסוגיות שלפני התיקון, ר"ל[16] לפני שמידת הרחמים התפשטה בעולמות, והתמזגה עם מידת הדין, ונתקן העולם. לכן שער זה מבאר את בחינת הדינים, ובכל מקום שיש דין מתעוררים החיצונים. לכן רבותינו המקובלים ייחסו בכובד ראש לסוגיות בהיכל זה יותר משאר הדרושים בספרי הרב ז"ל, עד כדי כך שהרי"ח הטוב כתב[17] שצריך ללמוד היכל זה **בשתיקה ובהרהור הלב**, עד כדי כך חשש הרי"ח הטו"ב מתגבורת הדינים. וכן[18] הוא בשער הכוונות בענין פטירת

16

ע"ח ש"ט פ"ו מ"ב דמ"ה ע"ג – ואז נברא העולם במידת הדין, ויצאה בת מתחלה, שהיא **שם ב"ן** בפנים דא"ק. ואחר כך יצאו ענפיו לחוץ, **דרך העין** מטבורו דא"ק ולמטה, ולא נתקיימו הענפים שבחוץ. עד שחזרו להזדווג והולידו בן, שהוא **שם מ"ה** בפנים ובחוץ, והוא מידת הרחמים, ונתקים העולם, כמו שאמרו רז"ל על הפסוק - ביום עשות הוי"ה אלהי"ם ארץ ושמים, **והבן אמרם העולם**, כי מציאת העולם הם השבעה תחתונות לבד, שהם זו"ן, אלא בראשונה היו זו"ן נקבות, מצד דין, שהוא שם ב"ן. ואחר כך היו זו"ן זכרים, משם מ"ה. **כי כל מ"ה וב"ן נקרא בשם עולם.**

17

רב פעלים חלק ב', סוד ישרים סימן ה' דר"ב ע"ב – וגדולה מזו תדע כי אפילו רבינו מהרח"ו ז"ל שהיה לו נשמה גדולה מאד, וסמך רבינו האר"י ז"ל שתי ידיו עליו, ואמר לו שהוא בא לעולם הזה בעבורו לתקנו וללמדו, עם כל זאת הוא היה אומר על דרושים שגילה לו רבינו האר"י ז"ל, שלא השיג אותם אפילו ערך טיפה מן הים, כי כן כתב בספר הכוונות בדרוש ספירת העומר, דרוש י"ב דף פ"ו ע"ג על סוד אחד בענין הקטנות שגילה אותו לרבינו האר"י ז"ל, ונענש בעבור זה, וכתב מהרח"ו וז"ל - ולכן הסוד הזה צריך להעלימו אם מפאת עצמו, ואם מפני שאין אנחנו יודעים אמיתתו אפילו טיפת גרגיר של החרדל מן הדרוש ההוא, עד כאן לשונו. ראה דברים אלו שכתב צדיק וישר ונאמן שאמר שאין אנחנו יודעים אמיתתו אפילו טיפת גרגיר של חרדל, המה יורדים בחדרי בטן של אדם שיש לו מוח בקדקודו ותופס ספרי קבלה בידו, המדברים בענין הקטנות ופגם, ובענין שבירה ומגע הקליפות וכיוצא, שצריך להחליט בדעתו על עניינים אלו, שהם אינם כפשוטן, והם סתומין וחתומים באלף עזקין, ויאחזנו פחד ורעדה בקריאתו בסודות התורה בכתבי רבינו האר"י ז"ל האמתיים, ויזהר שלא להוסיף או לגרוע בהם שום דבר מהמשרה השכל, ולא יעשה בהם חילוקים והמצאות שכליות כדרך שעושין בחכמת הפשט, ובכלל יזהר שלא יתמיד ללמוד בסוד השבירה והקטנות ובשערי הקליפות. **ואם יבא לפניו איזה ענין מאלה באמצע, לא יוציא הדברים מפיו, אלא ילמדם בהבטת העין בלבד**, כי שמעתי שנזהרין בכך כמה חסידים מקובלים.

18

שער הכוונות, ענין ספירת העומר דרוש י"ב דף ע"ב – האמנם כיון שלא נתקנו כל המוחין לכן אינו זווג גמור מעולה, **אמנם נקרא זווג דקטנות**. כיון שעדיין לא נגדל ז"א. ובזה יתבאר לך מאמר אחד מספר הזוהר בפרשת בשלח בדף נ"ב ע"ב בענין קריעת ים סוף, בפסוק מה תצעק אלי, ואמר שם רשב"י ע"ה - בהאי מלה לא תשאל ולא תנסה את הוי"ה. ובודאי שביאור המאמר הזה עמוק מאד, כיון שמצינו לרשב"י ע"ה שהפליג בהסתרת סודו, ואמר בהאי מלה לא תשאל. וביום שמורי ז"ל ביאר לנו המאמר הזה היינו יושבים בשדה תחת האילנות, ועבר עליו עורב אחד צועק וקורא כדרכו, ומורי ז"ל ענה אחריו ברוך דיין האמת, שאלתי את פיו ואמר לי כי כי אמר לו העורב ההוא כי לפי שגילה הסוד הזה לכל בני האדם בפרהסיא, **לכן נענש בעת ההיא בבית דין של מעלה**. וגזרו עליו שימות בנו הקטן, ותיכף הלך לביתו ובנו היה מטייל בחצר, ובאותה הלילה חלה את חליו, ומת אחר שלשה ימים רחמנא ליצלן. **ולכן ראוי לכל בעל נפש הרואה הדברים האלו להסתירם בתכלית ההסתר**, זולת הכלל הנודע בכל החכמה הזו כי כבוד אלהי"ם הסתר דבר, ואין מקום להאריך בזה, כי הדברים נודעים, וכל מה שיסתיר האדם הסודות מלגלותם למי שאינו ראוי הוא משובח ומכובד בפמליא של מעלה. **והעושה היפך מזה מכניס עצמו בסכנה עצומה** בעולם הזה במיתת עצמו בהכרת ח"ו, ובמיתת בניו הקטנים, נוסף על עונש נשמתו בגהינם שאין קץ לעונשו, וכמו שהזכיר רשב"י ע"ה בסוף אדרא זוטא ועיין שם. והטעם שנענש מורי ז"ל בביאור מאמר זה, וכמו שהזכיר רשב"י ע"ה עצמו שאמר בהאי

הבן של רבינו האר"י, וכן[19] בפרי עץ חיים. ומביא[20] זאת הבית לחם יהודה בריש פרק א' דשער מוחין דקטנות. ולכן צריך ללמוד בשערים אלו בכובד ראש, ובזמנים הידועים כמו שבת, יום טוב, ואחרי חצות הלילה.

דע כי בכל מקום שהרב ז"ל מבאר כי המלכים דמיתו ירדו לעולם הבריאה, הכוונה[21] היא לכל עולמות בי"ע, כאשר הכלי הפנימי ירד לעולם הבריאה, הכלי האמצעי לעולם היצירה, והכלי החיצון לעולם העשיה.

מלה לא תשאל, העניין הוא כי הנה נודע כי החיצונים נאחזין אלא במוחין של קטנות, כי הם דינין תקיפין, ובהיות האדם מתעסק בסודות התורה אם יהיה בענין זמן הגדלות העליון, או בשאר דרוש חכמת האמת ענינים למעלה, אין לאדם כל כך סכנה, **כמו בזמן שעוסק בסודות זמן הקטנות, כי בהתעסקו בהם הנה החיצונים מתעוררים בהם, ומתאחזין שם, ומזכירים עונותיו של האדם המתעסק בהם.**
19

פרי עץ חיים, שער חג המצות, פרק ח' – הוא סוד הנזכר בזוהר פרשת בשלח דף נ"ב עד סוף קריעת ים סוף, ואמר שם רבי שמעון בר יוחאי, בההוא מלה לא תשאל ולא תנסה וכו'. וענין הדבר הזה, הוא סוד עמוק מאוד, והטעם הוא דע, **בכל מקום שהקטנות עליון מתעורר, הם דינין תקיפין,** אם האדם או היותר עליון שבעולם, בכל מקום שעוסק בשער האצילות לעילא ולעילא, אין לו כל כך סכנה, **כמו מי שעוסק בקטנות, כי שם נאחזים החיצונים,** ולכן בעת שהאדם עוסק בהם, **אז החיצונים מתעוררים, ומזכירין עונותיו של אדם,** ולכן בכל פעם שמורי ז"ל **היה עוסק בשום דרוש מן הקטנות, היה נענש** ואין צריך להאריך על זה. ואפילו משה רבינו, רבן של כל הנביאים, **כי פגע בסוד קטנות, שהוא סוד המטה הנהפך לנחש,** מה כתיב ביה - וינס משה מפניו, כמו שנבאר בע"ה, **כי סוד קטנות נקרא נחש,** ולכן הסוד הזה ראוי להעלימה, אף על פי שאין יודעין בו, כי אם חלק אחד מרבי רבבות שיש בו.
20

בית לחם יהודה שכ"ב, שער מוחין דקטנות פ"א דק"ז ע"ב – בע"ה כתב יד כתוב כשגילה הרב פרק זה מת בנו משה, עד כאן לשונו. ור"ל וכל אדם צריך להזהר שלא יאריך בו, וטוב שילמוד אותו **בשבת, וביום טוב, ובראש חודש, ובלילה אחר חצות.**
21

ע"ח ש"ט פ"ז מ"ב דמ"ו ע"ב – והנה כאשר יצאו כל האצילות מבחינת ב"ן לבד, והיה כולל עתיק, וא"א, ואו"א, וזו"ן. ואז יצאו תחלה כל הכלים שלהם זה תחת זה עד סיום עולם האצילות, ואחר כך יצאו אורות דב"ן כל פרטי אצילות, ויצא תחלה כתר דעתיק דאצילות, שבו נכללין כל האורות, ונתקיים, ואחר כך יצאה חכמה דעתיק בכלי שלו, ובו היו כלולים כל שאר האורות ונתקיים, ואחר כך יצאה בינה דעתיק, ובו כלולין כל שאר האורות ונתקיים, ואחר כך יצאו שבעה תחתונות דעתיק,)נ"א דדעת(הדעת למטה כל אחד כלול בכלי שלו, ובו כלולים כל שאר האורות, והיה נשבר, **וירד פנימיות הכלי לבריאה, וחיצוניות הכלי ירד ביצירה, וחיצוניות של חיצוניות בעשייה,** ואחר כך האור ההוא נשאר בלי כלי, ושאר האורות ירדו בכלי השני של השבעה תחתונות, וגם הוא נשבר על דרך הנזכר לעיל,)נ"א נשאר ע"ד הנ"ל(והאור שלו נשאר בלי לבוש, ושאר האורות ירדו לכלי שלמטה ממנו, וכן על דרך זה עד שנגמרו שבעה תחתונות שלו, ואחר כך נכנס הכתר דאריך אנפין בכלי שלו. ....

נהר שלום דכ"ד ע"ד – והנה ידוע כי מיתת המלכים היתה בזו"ן דפרטות, ר"ל בזו"ן דעתיק, ובזו"ן דא"א, ובזו"ן דאבא, ובזו"ן דאימא, ובזו"ן דז"א, ובזו"ן דנוקבא, וכל פרצוף מאלו הפרצופים כלול מכל הפרצופים הנזכרים. וזה היה בפרט האחרון דפרטי פרטות, וכמבואר לעיל בהקדמה, וזה היה בפנימיות וחיצוניות דפנימיות, ובחיצוניות ופנימיות דחיצוניות, דפנים ודאחור. **והכלים עם הרפ"ח ניצוצות דמלכים דעתיק דעתיק נפלו לעתיק דבי"ע, ודא"א לא"א דבי"ע, ודאו"א לאו"א דבי"ע, ודזו"ן לזו"ן דבי"ע. באופן זה כי הכלים הפנימיים דמלכים הנזכרים נפלו לפרצופי הבריאה. והכלים האמצעיים נפלו ליצירה. וכלים החיצוניים שלהם לעשיה.** ונתבאר בשער השמות ובכמה מקומות, כי כדי לברר הכלים ושארית הרפ"ח דכל פרט, יורדים כל הפרצופים העליונים דאצילות בימי החול בסוד גלות השכינה, ומתלבשים בפרצופים שכנגדם למטה בבי"ע. עתיק דאצילות בעתיק דבי"ע, וא"א בא"א, ואו"א באו"א, וזו"ן בזו"ן. כלים פנימים שלהם בבריאה, ואמצעיים ביצירה, וחיצוניים בעשיה. ובי"ע הנזכר מתלבשים בבי"ע דחול, וזה לצורך שארית בירורי כלים ואורות דמלכים דזו"ן דעתיק, וא"א, ואו"א, וזו"ן דאצילות שנפלו לבי"ע על סדר הנזכר. **כי הכלים הפנימים**

ידוע כי ג"ר נקראים פנים בערך ו"ק, והוא כי כל[22] פרצוף נחלק לג' חלקים חב"ד חג"ת נה"י, כאשר חב"ד נקראים כלים פנימיים, חג"ת כלים אמצעיים, ונה"י נקראים כלים חיצוניים. גם הם נקראים[23] נר"ן, כאשר נה"י הוא בכללות נקרא נפש, חג"ת רוח, וחב"ד נשמה. הרב ז"ל מבאר[24] בכל המקומות על שבירה, מיתה, וירידת **פנים ואחור** דשבעה

של מלכי עתיק, וא"א, ואו"א, וזו"ן דאצילות נפלו לבריאה. וכלים האמצעיים של המלכים הנזכרים ליצירה. וכלים החיצוניים שלהם לעשיה, כנודע. ועל כן בימי החול יורדים הכלים דפרצופים העליונים דאצילות על דרך הנז"ל, לברר בחינותיהם שנשארו בבי"ע.

רחובות הנהר ד"ב ע"ב – ובהגיע האור לגבול האצילות, אירע בהם ענין ביטול המלכים, ונפלו הכלים פנימי אמצעי וחיצון עם אורות דרפ"ח, **לבי"ע התחתונים** דאותה הספירה.

22

ע"ח ח"ב ש"ל דרוש א' מ"ב דכ"ו ע"א – דע כי ז"א יש לו שלוש פרצופים, וכל אחד כלול מעשרה ספירות, והם זה תוך עשרה, תוך עשרה, ועשרה אחרים בפנימיות כולם. ואלו השלושה פרצופים הם כולם בחינת כלים, והם שלושים כלים, וכולם הם ביחד גוף אחד, וכלי אחד, ובתוכו יש האורות, שהם נר"ן וכו', ובהיות שלושתן יחד זה תוך זה הם שום שים בקומתן, אבל לפעמים אין לז"א רק פרצוף החיצון מהם בלבד, ולפעמים שניהן, ולפעמים שלשתן. ובתחילה מתחיל הז"א להיות בו **פרצוף החיצון**, ואז הוא שיעור קומתו הוא שליש גדלותו לבד והוא **כשיעור קומת נה"י** אחר הגדלות האחרון. ואחר כך נכנס בו **פרצוף אמצעי**, ומתלבש בתוך החיצון, ואז נגדל ז"א ב' שלישי קומתו, **שהם נה"י וחג"ת**, בין בחינת פרצוף החיצון ובין פרצוף האמצעי, כי אמצעי גורם אל החיצון שיגדל כמוהו. ואחר כך נכנס בו **הפרצוף הפנימי**, ומתלבש בתוך האמצעי, ואז גם ב' הפרצופים החיצון ואמצעי נגדלים כאורך הפרצוף הפנימי, ואז נשלם ז"א כשיעור קומתו לג' הפרצופים. והוא כאלו נמשיל משל, **כי החיצון שיעור קומתו כשיעור נה"י דז"א בגדלות, והאמצעי כשיעור נה"י וחג"ת דגדלות, והפנימי כשיעור נה"י חג"ת חב"ד בגדלותו**. ולכן בבא האמצעי מגדיל את החיצון כמוהו, ובבא הפנימי מגדיל שניהן כמוהו.

ע"ח שי"ט פ"י מ"ב דצ"ה ע"ב – והנה הכלים הם שלושה, בחינת חיצון ואמצעי ופנימי.

ע"ח ח"ב ש"ל דרוש ב' מ"ב דכ"ז ע"א – באופן כי יש לכל פרצוף עשר ספירות, הנקרא עשר כלים, ונחלקים לשלוש חלקים. והם עשר כלים חיצוניות, מדור אל הנפש. עשר כלים אמצעים מלובשים תוך חיצוניות, והם מדור אל הרוח. ועשר כלים פנימים מלובשים תוך הכלים אמצעים, והוא מדור אל הנשמה. והם השלושים כלים, אבל גובה קומתן אינם אלא עשרה, לפי שהם עשר תוך עשר, ועשר תוך עשר.

23

נהר שלום, דרוש הדעת דמ"א ע"א ע"ג – ונבאר עתה כל זה בפרטות פרצוף אחד שהוא זעיר, וממנו תקיש בכללות כל הפרצופין יחד, דע כי ז"א הוא פרצוף אחד כולל עצמות וכלים, **והכלים שבו הם נכללים בשלושה**, כי הכבד למטה, וכולל עשר מדות שהם כל האיברים, ומתלבש על ידי הורידין שבו, בכל הגוף. והלב גבוה ממנו, וכולל עשר מדות, ומתלבש תוך בחינת הכבד, על ידי הדפקים שבו, ומתפשט בכל הגוף, והמוח גבוה מכולם, וכולל עשר מדות, מתלבשים תוך בחינת הלב, על ידי הגידים, המתפשטים ממנו, ומתפשט בכל הגוף, ועל דרך זה ממש נחלק העצמות בשלושה, נשמה ורוח ונפש, מתלבשים זה בתוך זה, ומתפשטים בכל הגוף, לכן הכבד משכן הנפש, והלב משכן הרוח, והמוח משכן הנשמה.

24

ע"ח ש"ח פ"ב פ"ב מ"ת ל"ו ע"ג – אמנם השבעה מלכים תאין מתו, לפי שכליהם נעשו מהסתכלות עין בחוטם פה לבד, והיה חסר מהם אור האזן העליונה. והנה גם בג"ר עצמם יש בהם חילוק בין זו לזו, והוא)נ"א והנה(כי מן הכתר לא ירד ממנו אפילו האחוריים, אלא האחוריים של נה"י בלבד. אבל באו"א של הנקודים ירדו האחוריים שלהם לבד, ונשארו הפנים במקומה. וטעם הדבר הוא כי אלו האורות שנמשכים עד שבולת הזקן נחלקו לשלושה, כי הכתר לקח מבחינת האזן עצמה ממה שהראייה שואבת בהסתכלות באור האזן, ומכל שכן שנכללים בו שני אורות אחרים, ומזה נעשה כלי לכתר נקודים. ואבא לקח ממה שהראייה שואבת מאורות החוטם, וגם אור הפה נכלל בו. והנה הכתר שלקח מן האזן הארתו גדולה מאד לא נשבר כלי שלו, אבל או"א שאין לוקחין רק מן החוטם ופה נשברו האחוריים של כליהם. והנה או"א אם היו מקבלים אור זה של חוטם ופה של א"ק, בהיותו למעלה קרוב אל מקום נקבי האזן, אף על פי שלא היו מקבלין מאורות האזן עצמה, רק קצת הארה היו מתקיימין האחוריים של כליהם, אבל כיון שאין מקבלין רק מסיום האזן שהוא מקום שבולת

התחתונות דנקודים, לפי פשט הדברים נראה שחב"ד חג"ת ונה"י דמלכים נשברו ומתו וירדו לעולמות בי"ע. עם[25] כל זאת רק חג"ת נהי"מ דמלכים נשברו ומתו, שהם הבחינה החיצונה והאמצעית, הנקראת[26] גם החיצונה והתיכונה, והסיבה[27] שהרב ז"ל קורא לחג"ת נה"י פנים ואחור היא שמדובר בערכין, **כי חג"ת נקראים אחור בערך חב"ד,**

הזקן, לכן אף על פי שלוקחין קצת הארה אינו מועיל להם, ולכן נשברו האחוריים של כליהם. אבל הכתר כיון שלוקח אור האזן ממש אף על פי שלקחו סיומו כיון שהוא לוקח עצמותו, די בזה ולא נשבר אפילו האחוריים של כלים דידיה. מה שאין כן באו"א שאינם לוקחין רק הארה בעלמא, וגם שהוא ברחוק מקום. והרי נתבאר שלושה בחינות אלו, והם כי הכתר נתקים כולו. ואו"א נשברו ונפלו האחוריים שלהם. **וזו"ן נפלו פנים והאחוריים שלהם,** והנה זהו הטעם שנרמז בפסוק והארץ היתה תהו ובהו, אשר הוא מדבר בענין מיתת המלכים של הנקודים כנזכר לעיל.

ע"ח ש"ח פ"ו מ"ד דט"ל ע"ג – וכבר נתבאר לעיל כי אלו שבעת מלכים לקחו אורם מגוף א"ק שתחת שבולת הזקן, ולא מלעלה. נמצא שהם חסרים בחינת שלושה אורות עליונים שהם אח"פ, **כי לכן נשברו הפנים והאחוריים שלהם,** ואלו הם בחינת ג' תגין שיש למעלה על כל אות מאלו השבעה הנזכר לעיל. כי הם מורים על הסתלקות האורות והחיות מן הכלים, שהם אותיות, ונשאר האור למעלה מהם ולא בתוכם, כדרך צורת התגין על האותיות. אבל האותיות בד חי"ה הם אחוריים דאו"א שירדו.

ע"ח ש"ט פ"ג מ"ב ע"ד – ונבאר עתה איך בעת מיתת המלכים אלו ירדו הכלים שלהם לעולם הבריאה כנזכר לעיל, משאין כן בארבעה אחוריים דאו"א. כי הנה נתבאר החילוק שהיה בין או"א לשבעה המלכים, שהם זו"ן, ואמרנו כי השבעה מלכים שהם זו"ן מתו ממש, וירדו אל עולם הבריאה, הכלים שלהם ואחוריים של או"א נתבטלו ולא מתו, אלא שירדו למטה בעולם אצילות עצמו, ושם ביארנו טעם לזה, ואמרנו שהיה לסיבה שהשבעה מלכים לא קבלו אורות אח"פ דא"ק, רק מגופא דיליה ואילך. והנה לטעם זה עצמו היה גם כן שינוי אחר בין ג"ר שהם כח"ב, אל השבעה מלכים התחתונים, כי הג"ר יצאו בקצת תיקון בראשונה, והוא כי כאשר יצאו בראשונה נתפשטו כסדר ג' קוין, מה שאין כן שבעה תחתונות שיצאו זו למטה מזו, וזה שכתוב באדרא רבא – עד אימת ניתב בקיימא דחד סמכא, ר"ל נתקן התיקון שהוא דרך קוין, אבל קודם שהיו זה על גבי זה, הוי קיומא דחד סמכא. וכבר ביארנו כי התיקון האצילות הוא בהיות ששה קצות עשוי בבחינת ג' קוים קשורים זה בזה, בסוד השלישי המכריע ביניהן, ואז נקרא רשות היחיד. אבל בהיותן זה על גבי זה והם נפרדין אחת מחברתה, אז נקרא רשות הרבים. ולכן הג"ר נתבטלו אחוריהם ולא מתו, **ושבעה מלכים מתו פנים ואחור,** כי יצאו בלי תיקון כלל.

ע"ח ש"ט פ"ז מ"ב דמ"ו ע"ד – ויצאו שבעה תחתונות מדעת ולמטה בלבד, וכולם יצאו מן בינה דז"א הכלולה תוך אימא עילאה כנזכר לעיל, שלא יצאה, **ואז כל השבעה מתו פנים ואחור,** וירדו בבי"ע.
25

ע"ח ח"ב ש"ל דרוש א' מ"ב דכ"ו ע"ד – גם תבין כי פרצוף האמצעי אף כי נקרא אחור בערך השלישי הפנימי מכולם, **אמנם לפעמים נקרא פנימי בערך החיצון שבכולם.** ובזה תבין מה שנתבאר אצלינו כי בעת מיתת המלכים של ז"א היה בו אחור ופנים, והוא לסבת היות בו תמיד נה"י חג"ת, ו"ק, שהם פרצוף החיצון ואמצעי כנזכר לעיל, **ואז החיצון נקרא אחור, ואמצעי פנימי בערך החיצון,** והבן זה.
26

ע"ח ש"ט פ"ח מ"ב דמ"ז ע"א – ודע כי באצילות המלכים לא יצאו בזו"ן רק השבעה מלכיות, שבשתי בחינות, **החיצונה והתיכונה,** והם **המלכות דנה"י חג"ת,** ולכן נקרא המלכים נקודות, כי נקודה היא מלכות כנזכר לקמן.
27

נהר שלום די"ב ע"ד – והענין בקיצור נמרץ, ידוע כי כל העולמות מראש א"ק עד סוף העשיה, כלולים מחיצוניות ופנימיות, וכל אחד משניהם נחלק לחיצוניות ופנימיות, **ואין לך שום בריה שאינה כלולה מחיצוניות ופנימיות,** אמנם החיצוניות דכללות כל העולמות הם העיגולים דכל העולמות, והפנימיות הוא היושר דכל העולמות, וכל אחד נחלק לחיצוניות ופנימיות, שהם הכלים והאורות, גוף ונשמה, כי הכלים שהם העשר ספירות דכל פרצוף, נקרא חיצוניות בערך הפנימיות, שהם האורות והנרנח"י, המלובשים בהם. וכן בפרטות העשר ספירות הנחלקים לשלושה פרצופים, נה"י חג"ת וחב"ד, מתלבשים זה בתוך זה. **כי פרצוף דנה"י המלבוש לפרצוף חג"ת נקרא חיצוניות בערך פרצוף החג"ת המתלבש בתוכו, ופרצוף החג"ת נקרא פנימיות אליו.** ופרצוף החג"ת נקרא חיצוניות בערך פרצוף החב"ד המתלבש בו, והחב"ד הוא פנימיות

ונקראים פנים בערך הנה"י. לכן צריך **לזכור ולדעת** כי בכל מקום שנזכר פנים ואחור דז"א דמקרה המלכים, מדובר אך ורק בו"ק דז"א.

זאת ועוד כאשר מבואר כי המלכים הם בחינת ב"ן דעסמ"ב דב"ן, שהוא בחינת המלכויות דעסמ"ב דב"ן, הכוונה היא שהב"ן הזה כולל את מ"ה וב"ן דב"ן, כי[28] אין לך ניצוץ שנברא, שאינו כלול מזכר ונקבה. ולכן[29] בחינת המלכים דמיתו הם מ"ה וב"ן דב"ן דעסמ"ב דב"ן, רק שאנחנו מזכירים רק את בחינת הב"ן בלי המ"ה. ובתיקון יצא מ"ה החדש, הכולל מ"ה וב"ן דמ"ה, וכן בשם מ"ה החדש אנחנו מזכירים רק את שם מ"ה בלי הב"ן, ופשוט הוא.

גם צריך לדעת כי שמבואר לפי פשט דברי הרב ז"ל, שנשברו ומתו הכלים דמלכים, מובן כי לכל הבחינת הפנים ואחור שהם חג"ת נהי"ם דשבעה המלכים, קרה מקרה המלכים, אבל[30] **בעומק דברי** הרב ז"ל מדובר רק בפרצוף האחור, והוא פרצוף הנה"י. ר"ל המלכים שנשברו ומתו הם חג"ת נה"י דנה"י דנקודים.

ועוד דבר חשוב גם[31] בחינת עולמות אבי"ע יצאו בנקודים, שהם **בעומק הדברים** אבי"ע דאבי"ע, כמו שיתבאר לקמן.

אליו. וכל זה הפרצוף הכלול מחב"ד וחג"ת ונה"י נקרא חיצוניות בערך הפרצוף העליון המתלבש בו, וכן על דרך זה מפרצוף לפרצוף, עד א"ס.
28

ע"ח ש"ט פ"ו דמ"ו ע"ב – דע כי אין לך ספירה וספירה, אפילו בעשר ספירות הפרטיות שבכל פרצוף ופרצוף, שאין בו **בחינת זכר ונקבה, והם ב"ן דנקודות ומ"ה החדש,** ואמנם אין ענין ב"ן הזה והנקבה זו בחינת מלכות העשירית שיש בכל ספירה וספירה, שהיא בחינה עשירית שבכל ספירה וספירה, אלא שיש בכל ספירה עשר בחינות, וכולם דמ"ה, ועשר בחינות וכולם דב"ן, והתשע ראשונות דמ"ה וב"ן הם נקרא ט' בחינות הראשונות של ספירה ההוא, והבחינה עשירית שהוא מלכות שבאותו ספירה עצמה, היא כלולה ממ"ה וב"ן. **כלל הדברים בקיצור נמרץ כי אין לך שום ניצוץ קטן בכל האצילות, שאין בו מ"ה וב"ן.**
גמרא בבא בתרא דע"ד ע"ב – אמר רב יהודה, אמר רב, כל מה שברא הקדוש ברוך הוא בעולמו, **זכר ונקבה בראם.**
29

רחובות הנהר ד"ג ע"ב – ובתחילה יצא שם ב"ן, שהוא שבעה קצוות זו"ן, שהם **מ"ה וב"ן דב"ן** דא"ק, והם השבעה מלכים דב"ן דמיתו, ואינם רק שבעה מלכים, אלא נפרטו לעשר ספירות, שהם עסמ"ב, והם עתיק, וא"א, ואו"א, וזו"ן דב"ן דאצילות. ואחר כך בתיקון יצא שם מ"ה החדש, שהוא שבעה קצוות זו"ן, שהם **מ"ה וב"ן דמ"ה** דא"ק, ונפרטו גם הם לעסמ"ב על דרך הנזכר לעיל.
30

ע"ח ח"ב ש"ל דרוש ה' מ"ב דכ"ח ע"ב – ונבאר עתה מה שהיה בעת מיתת המלכים, קודם העיבור, כי היה אז ז"א מבחינת ו"ק לבד, של זה הפרצוף הראשון, שכל עצמו אינו רק נה"י לבד. **ונמצא שהוא חג"ת נה"י של פרצוף דאחור.** ונמצא שהם ו"ק, אבל אינם רק נה"י לבד, ובזה לא יחלקו הדרושים הכתובים אצלינו.
31

ע"ח שי"ט פ"ה מ"ב דצ"ב ע"ב – והנה המלכים שמלכו בארץ אדום הם עשר ספירות דב"ן הכולל הנזכר לעיל. ונקודה ראשונה היא כתר דב"ן. והיא נוקבא דעתיק ודא"א, ונקודה שניה הוא אבא, צד ב"ן שבו. ונקודה שלישית אימא צד ב"ן שבה. וכל אחד משלוש נקודות אלו, היו כלולים מעשרה נקודות שלימות. אך אחר כך יצאה נקודה רביעית, ולא יצאה כלולה מעשרה נקודות, רק בשלשה נקודות התחתונות שבה לבד, ולכן נקרא בשם ו' נקודות, ועם ג"ר הרי תשעה נקודות. אחר כך יצאה נקודה חמישית, ולא יצאה כלולה מעשרה נקודות שלה, רק נקודה אחת לבד, חלק עשירית שבנקודה ההיא. הרי נמצא ששרשם אינם רק חמשה נקודות עשרה נקודות דב"ן, ואלו יצאו ראשונה ונשברו ומתו. **ודע כי לא די אלו שיצאו בבחינת האצילות, שהם הפנים דב"ן, אלא גם אחוריהם שהם בי"ע יצאו עמהם. אך כולם נקראו פנימים בערך בי"ע שהם חיצונות.** והענין כי בבריאה היה בחיצונית הפנים דב"ן, ויצירה חיצונית

בזמן התיקון יצא מהמצח דא"ק המלך השמיני, והוא **הדר ואשתו מהיטבאל**, הנקרא מ"ה החדש, כדי לתקן את המלכים דמיתו. לפי פשט דברי הרב ז"ל יצא רק היסוד דא"ק, **בעומק** דברי הרב ז"ל שם מ"ה החדש יצא בשיעור קומה שלם, של עסמ"ב, והשבעה[32] תחתונות דשם מ"ה החדש תקנו את המלכים שנשברו ומתו. ופשוט[33] הוא שלכל נקודה בעובי יש את שם מ"ה הפרטי דאותה נקודה.

עוד צריך לדעת כי עד פרק ו' דשער השבירה, הרב ז"ל מבאר את מקרה המלכים בכללות בנקודה אחת, עם כל זאת צריך[34] לדעת כי מהעין דא"ק יצאו חמשה[35] נקודות דכללות העומדות בעובי, שהם א"א או"א וזו"ן, ועמדו מהטבור דא"ק ולמטה, ובכל אחד ואחד מנקודות אלו היה מקרה המלכים בפרטות[36], כאשר הג"ר נשארו באצילות דאותה נקודה דכללות, ובשבעה תחתונות נשברו ומתו, וירדו לבי"ע דאותה נקודה.

דאחוריים דב"ן, ועשייה חיצונית יותר חיצון דאחוריים דב"ן. וכאשר נשברו, לא נתקנו כל מה שנשברו, רק מעט, ולא יושלמו להתברר עד ביאת המשיח במהרה בימינו אמן.

32

ע"ח ש"ט פ"ח מ"ב דמ"ז ע"ב – ואחר כך יצאו בחינת חג"ת נה"י שבז"א, נקרא הדר, ויצאו בחינת חג"ת דנה"י דנוקבא, ונקרא מהיטבאל אשתו, ואלו יצאו בתיקון אדם, כנזכר באדרא דף קל"ה ע"ב, והבן זה מאוד.

33

כרם שלמה ש"ט פ"ז אות ד' – ומה שכתב ואחר כך יצא שם מ"ה, ונתחבר עם ב"ן בכל ספירה וספירה כנזכר לעיל, בכל הפרטים. ר"ל כשיצא שם **מ"ה** יצא כנגד **כל הפרטים** דכל האצילות, דהיינו מראש עתיק עד סוף מלכות דאצילות. אבל לא יצא כנגד השבעה תחתונות לבד דכל פרצוף שנשברו, אלא יצא כנגד כל העשר ספירות **דעתיק**, ונתחבר עם עשר ספירות **דב"ן** דעתיק. וכן כנגד כל העשר ספירות דא"א, ונתחבר כנגד כל העשר ספירות דא"א. וכן העשר ספירות דאו"א וזו"ן. ואז נעשו העשר ספירות דעתיק וא"א מכתר שלהם, עד המלכות שבהם, כולם כלולים **ממ"ה ומב"ן**, אף על פי שבהג"ר שלהם לא היה בהם ירידה ומיתה ח"ו, על כל פנים כשיצא שם **מ"ה** יצא בשלמות. וכן או"א וישסו"ת וזו"ן, כולם כלולים משם **מ"ה וב"ן**, מכתר שלהם עד מלכות שבהם.

34

ע"ח ש"ט פ"ו מ"ב דמ"ה ע"ג – אמנם כפי האמת הם חמשה בחינות, כי הכתר למעלה מהארבעה, הוא ועמו הם חמשה פרצופים, הכוללים עשר ספירות כנודע, **והנה בכל אחד מאלו החמשה פרצופים יש בו עשר ספירות גמורות.**

35

רחובות הנהר ד"ב ע"ב – ידוע כי **חמשה נקודות יצאו מעינים דא"ק מבחינת ב"ן**, וכולן יצאו שלימות, כל אחת שלימה בכל חלקי הנקודה ההיא. באופן שכל אחת ואחת כוללת חמשה פרצופים, עתיק וא"א ואו"א וזו"ן. **וסדר שבירת הכלים היה בכל נקודה ונקודה מהם, דכל אחד ואחד מהם הג"ר עתיק וא"א שבו נתקיימו, ושבעה תחתונות זו"ן שבו נשברו**, כמבואר כל זה באורך בעץ חיים שער ט' פרק ו' ופרק ז', ופרק ג' משער י"ז, ובכמה מקומות משער הלקוטים, ומשער מאמרי הרשב"י ע"ה, וכן במבוא שערים ש"ב ח"ג פ"ו, יעו"ש.

36

נהר שלום דכ"ד ע"ד – והנה ידוע כי מיתת המלכים היתה בזו"ן דפרטות, ר"ל בזו"ן דעתיק, ובזו"ן דא"א, ובזו"ן דאבא, ובזו"ן דאימא, ובזו"ן דז"א, ובזו"ן דנוקבא, וכל פרצוף מאלו הפרצופים כלול מכל הפרצופים הנזכרים. וזה היה בפרט האחרון דפרטי פרטות, וכמבואר לעיל בהקדמה, וזה היה בפנימיות וחיצוניות דפנימיות, ובחיצוניות ופנימיות דחיצוניות, דפנים ודאחור. **והכלים עם הרפ"ח ניצוצות דמלכים דעתיק נפלו לעתיק דבי"ע, ודא"א לא"א דבי"ע, ודאו"א לאו"א דבי"ע, ודזו"ן לזו"ן דבי"ע. באופן זה כי הכלים הפנימיים דמלכים הנזכרים נפלו לפרצופי הבריאה. והכלים האמצעיים נפלו ליצירה. וכלים החיצוניים שלהם לעשיה.** ונתבאר בשער השמות ובכמה מקומות, כי כדי לברור הכלים ושארית הרפ"ח דכל פרט, יורדים כל הפרצופים העליונים דאצילות בימי החול בסוד גלות השכינה, ומתלבשים בפרצופים שכנגדם למטה בבי"ע. עתיק דאצילות בעתיק דבי"ע, וא"א בא"א, ואו"א בא"א, וזו"ן בזו"ן. כלים פנימיים שלהם בבריאה, ואמצעיים ביצירה, וחיצונים בעשיה. ובי"ע הנזכר מתלבשים בבי"ע דחול, וזה לצורך שארית בירורי כלים

היו מספר[37] סיבות למקרה המלכים דמיתו, והם מפוזרים לאורך ורוחב ספרי הרב ז"ל.

ואורות דמלכים דזו"ן דעתיק, וא"א, ואו"א, וזו"ן דאצילות שנפלו לבי"ע על סדר הנזכר. **כי הכלים הפנימים של מלכי עתיק, וא"א, ואו"א, וזו"ן דאצילות נפלו לבריאה. וכלים האמצעיים של המלכים הנזכרים ליצירה. וכלים החיצוניים שלהם לעשיה**, כנודע. ועל כן בימי החול יורדים הכלים דפרצופים העליונים דאצילות על דרך הנז"ל, לברר בחינותיהם שנשארו בבי"ע.
רחובות הנהר ד"ב ע"ב – ובהגיע האור לגבול האצילות, אירע בהם ענין ביטול המלכים, ונפלו הכלים פנימי אמצעי וחיצון עם אורות דרפ"ח, **לבי"ע התחתונים** דאותה הספירה.
37

ט"ז סיבות למקרה המלכים

א. השבע מלכים יצאו מבחינת מלכויות, נפש, עגולים. ע"ח ש"ח פ"א, ע"ח ש"ט פ"ה, מבוא שערים ש"ב ח"א פ"ג.

ב. הג"ר יצאו בצורת סגולתא, וכל אחת כלולה מעשר, ומתפשטים בסוד קוין קשורים זה בזה, והז"ת יצאו בבחינת חד סמכא, ונפרדים זה מזה בסוד רשות הרבים, ולא בסוד מיתקלא. ע"ח ש"ט פ"ג, ע"ח ש"ט פ"ה, ע"ח שי"א פ"ה.

ג. כלי הו"ק לא יכלו לסבול יותר אורות מחלקם, והם קיבלו כל אחד חלקו וחלק חברו התחתון ממנו, ולא כן כשהיו בג"ר היו מתבטלים בערכם. ע"ח ש"ח פ"ה, מבוא שערים ש"ב ח"א פ"ו.

ד. האור של העשר ספירות פרצוף שלם, והכלים קטנים, נפרדים, וחסרים. ע"ח ש"ט פ"ה, ע"ח ש"י פ"ה, מבוא שערים ש"ב ח"ב פ"ב.

ה. הג"ר יצאו בגוף אחד, והיה בהם כח לקבל האור, השבע תחתונים יצאו נפרדות וחסרות, ולא יכלו לקבל האור שלהם. מבוא שערים ש"ב ח"ב פ"ג.

ו. הג"ר אין הדין ניכר בהם, והם רחמים, השבע תחתונים דינים נתגלו בהם, ולא יכלו לסבול אור הרחמים. מבוא שערים ש"ב ח"ב פ"ג.

ז. הנקודים יצאו מבחינת חיצוניות סמ"ב דס"ג וחיצוניות עסמ"ב דב"ן, שהם הענפים, והשורשים נשארו בפנימיות א"ק, ולא היה בכח הענפים לקבל את האור. ע"ח ש"ה פ"א, מבוא שערים ש"ב ח"ב פ"ג.

ח. הג"ר קבלו במקום שבולת הזקן אור האוזן, וגם אורות חוטם פה, והז"ת קבלו אורות החוטם פה משבולת הזקן ועד מקום הטבור. ע"ח ש"ח פ"ב, ע"ח שי"א פ"ה, מבוא שערים ש"ב ח"ב פ"ג.

ט. מלכי הנה"י דינין תקיפין, רצו להתגבר על מלכי החג"ת שהם רחמים. שער ההקדמות הקדמה אחת בטרם שנאצל עולם האצילות דל"ג ע"ג. ע"ח ש"ט פ"ה דמ"ה ע"א.

י. הג"ר דו"ק נשארו בפנימיות המאציל. מבוא שערים ש"ב ח"א פ"ה.

י"א. הג"ר לא נתקנו כפרצוף, לכן האור שיצא מהם לז"ת לא יכלו לקבלו. ע"ח שמ"ז פ"ה, שער ההקדמות דרושי אבי"ע דרוש ג' דע"ג ע"ג.

י"ב. לא היתה אהבה בין ספירה לספירה, וכל ספירה היתה יראה מהספירה שמעליה ומהספירה שמתחתיה. ע"ח שי"א פ"ה, שער ההקדמות הקדמה אחת בטרם שנאצל עולם האצילות דל"ב ע"ג.

י"ג. הסיגים מעורבים בכלים, והם גורמים פירוד. מבוא שערים ש"ב ח"ב פ"ג.

י"ד. לא נכנס האור על ידי התלבשותו בנה"י דישסו"ת בסוד כ"ל צמ"א, אלא באופן ישיר, ורק בתיקון התלבשו האורות בנה"י דישסו"ת. שער ההקדמות דרוש ה' בזמן העיבור השני דמוחין דל"ח ע"ב.

ט"ו. לא נתכללו אחד עם השני, וכל אחד מהמלכים היה בחינה בפני עצמה. ע"ח ש"ט פ"ג, מבוא שערים ש"ב ח"ב פ"ג.

ט"ז. תכלית כוונת המאציל היתה להוציא ולעשות בחינת קליפות הנבראים, כדי לתת שכר לצדיקים, ועונש לרשעים. ע"ח שי"א פ"ה.

שער ט' פרק ח'

ודע כי באצילות המלכים לא יצאו בזו"ן רק הז' מלכיות שבב' בחינות החיצונה והתיכונה והם המלכות דנה"י חג"ת ולכן נקרא המלכים נקודות כי נקודה היא מלכות כנ"ל)ולכן(ולא די בזה אלא שאפילו אלו לא היו מלובשים זה תוך זה ומקושרים יחד גם לא היו נחלקים לקוין כל הרחמים לקו ימין וכל הגבורות לקו שמאל והמכריעים לקו אמצעי אמנם היו כל א' וא' נחלקין בפ"ע לכן מתו אך עתה שנתלבשו זה בתוך זה וכן היה ע"ד קוין לכן נתקיימו ושים מעייני דעתך בזה. ודע שהמלכים יצאו תחלה בחי' העגולים שבהם לבדם שהיא בחי' ז' מלכיות שבהם ולכן נקרא מלכים שהם בחי' ב"ן של מלכות והם בחי' נפש לבד ויצאו הו' נקודות שבז"א)נ"א שבזו"ן(שהם הז' מלכיות שיש בזו"ן כי השש מלכות הם בז"א והז' הם מלכות שבמלכות ולכן לא נתקיימו ואח"כ בעת התיקון יצא מלך הח' והוא הדר והוא יסוד כנודע באד"ר והוא גבוה מהז' מלכים שכולם בחי' מלכות שיש בזו"ן ולכן יצאו המלכות בסוד העגולים בסוד נקבה תסובב גבר ואח"כ יצא הדר שהוא בחי' יסוד שבכל א' מז"ת והיה כלול מהו"ק כולם שהם חג"ת נה"י שבהם והרי הם עתה ז' מלכים ראשונים שמתו וז' שניים דהדר וכולם כלולים בו שהוא התחתון שבהם והם סוד ב' שבתות ז' וז' והבן ככתוב אצלינו וזהו הדר הכולל ו"ק נקרא שם מ"ה והוא רוח והוא יושר והוא זכר ונקבה בחי' חג"ת נה"י שבמלכות יצאה עמו עתה כי המלכות שבמלכות היא שיצאת תחלה והיתה מלך האחרון שמת ונמצא שבחי' ז' מלכיות שיש בו"ק דז"א ובספי' מלכות דנוקבא דז"א אלו הם הז' מלכים שיצאו תחלה ומתו ואח"כ יצאו בחי' חג"ת נה"י שבז"א נקרא הדר ויצאו בחינת חג"ת דנה"י דנוקבא ונקרא מהיטבאל אשתו ואלו יצאו בתיקון אדם כנזכר באדרא דקל"ה ע"ב והבן זה מאוד. וב' בחי' אלו הם ביושר דרך קוין ולכן נקרא אדם כנודע ושניהם נקרא שם מ"ה הכללי ועכ"ז נחלקין לב' שגם בשם מ"ה יש בחי' ב"ן כנודע ומ"ה הם ו"ק דז"א וב"ן הם ו"ק נוקבא ואמנם שבעה מלכיות דזו"ן שהם בחי' ז' מלכים קדמאין הם מ"ה וב"ן דב"ן דב"ן הכללי שגם בשם ב"ן יש מ"ה וב"ן אלו נקרא ב"ן ונעשה מהם עגולים. כלל עולה ששם ב"ן הכללי הוא הנפש והוא ז' מלכיות שיש בזו"ן ואלו יצאו בבחי' עגולים והם מ"ה וב"ן שבשם ב"ן הכללי ואח"כ יצאו הדר ומהיטבא"ל והם מ"ה וב"ן שבשם מ"ה הכללי והם ו"ק זו"ן ואלו נעשה פרצוף אדם ביושר ובסיבתם נתקיימו גם העגולים כי הם בחי' רוח המקיים הנפש. והנה בעת העיבור שהוא התיקון אז אותן המלכים נתבררו ונתקנו בסוד העיבור תוך העגולים דאו"א והבן זה ואח"כ נעשו עגולים ג"כ ולא נשברו פעם ב' וגם בחי' הדר מהיטבאל היו בחי' ו"ק ונכנסו בעיבור בתוך או"א ביושר)שלהם(ויצאו זו"ן דיושר בבחי' ו"ק לבד שהוא ענין הרוח לבד לקיום הנפש שהם העגולים ואח"כ בהגדלת ז"א נגדלו גם ג"ר ז"א וג"ר דנוק' שהם בחי' יחידה חיה נשמה ואז נשלמה בכל הפרטיה. ובזה תבין למה הז"א אין בו רק ט' ספי' שהמלכות שבו הוא בחי' עגולים ויושר אין בו רק ט' ספירות וכן בנוקבא.

[93 דמ"ז ע"א]

פֶּרֶק זֹ'

דרוש זה מקורו מספר קהילת יעקב וצריך לכתוב מ"ב בראש הדרוש.

צריך לדעת כי[38] כל שיעור קומה כלול משלוש[39] בחינות, חב"ד, חג"ת, נה"י. כאשר בחינת חב"ד הוא פרצוף הפנימי, ופרצוף חב"ד מתלבש בפרצוף חג"ת, שהוא הפרצוף התיכון, ופרצוף חג"ת מתלבש בפרצוף נה"י, שהוא הפרצוף החיצון. פרצופים אלו נקראים גם[40] עיבור נה"י, יניקה חג"ת, גדלות חב"ד. והם הם נר"ן. וכל בחינה מהם **מתחלקת** לשלוש בחינות דחב"ד, חג"ת, נה"י. **עוד צריך לדעת** כי יש מספר שמועות בדברי הרב ז"ל. בכל ספר אוצרות חיים שהוא מ"ת, המלכים[41] דמיתתו הם[42] **ס"ג דס"ג**, ולא מוזכר שם ב"ן כלל. במקום[43] אחד מבואר כי המלכים הם בבחינת **כלי חיצון** בלבד. ובמקום[44] אחר מבואר שהמלכים הם **המלכויות דו"ק דב"ן**. ועוד מבואר במקום[45] אחר כי ז"א היה

---

38 **ע"ח ש"כ פי"א מ"ב דק"א ע"ג** – והנה הז"א יש בו כלים, והוא גוף, והוא חיצוניות. ונחלק לשלוש בחינות, חיצון תיכון ופנימי. והחיצון נעשה בעיבור ראשון, ושני ביניקה שהוא התיכון, והפנימי בעיבור שני גדלות. ובכל אבר מרמ"ח איברים יש בעוביו שלוש בחינות אלו, ראש תוך סוף. בין בעור לבדו, בין בבשר לבדו, ובין בגידין לבדן, בין בעצמות לבדן. בכל אחד מהם יש בו שלושה כלים, זה לפנים מזה, והתחברות שלשתן הוא עובי אחד דעור, או של הבשר, וכיוצא בהם. אמנם בכל כלי מאלו צריך שישרה בתוכם אור פנימי המחיה אותן, ודרך כללות נקראו אלו האורות נשמת כלים. אמנם דרך פרטים נחלקים גם הם שלוש בחינות אחרות, דוגמתן נפש כנגד כלי החיצון, ורוח נגד התיכון, ונשמה כנגד הפנימי.

39 **תרשים ח – א.**

40 **ע"ח ח"ב שכ"ה דרוש ח' מ"ק די"ג ע"ב** – וכבר בארנו כי יש חיות ומוחין אל הקטן, בכל שלוש זמנים, הן בעיבור, הן ביניקה, הן בבחינת מוחין. ובארנו זה בסוד מוחין דקטנות, כי הלא בכל ספירה וספירה יש שלוש בחינות לבושים, **חיצון ואמצעי ופנימי**, ובתוך לבושים אלו יש אור רוחני, **וגם הוא מתחלק לשלוש חלקים נר"ן**, ואין להאריך.

41 **ע"ח ש"ח פ"א מ"ת דל"ה ע"א** – אבל הנקודות דס"ג הם עיקריות דס"ג עצמו, **שהם ס"ג דס"ג, ושם היה ביטול ומיתה**. וזה שכתוב - הכל ס"ג יחדיו, **כי בשם ס"ג היה כל הביטול**, וס"ג עצמו מורה על זה, שהוא מלשון נסוגו אחור, **שהוא ביטול המלכים.**

42 **תרשים ח – ב.**

43 **ע"ח ח"ב ש"ל דרוש ד' מ"ח דכ"ח ע"ב** – ונבאר עתה מה שהיה בעת מיתת המלכים קודם העיבור, כי היה אז ז"א מבחינת ו"ק לבד של זה הפרצוף הראשון, **שכל עצמו אינו רק נה"י לבד, ונמצא שהוא חג"ת נה"י של פרצוף דאחור**, ונמצא שהם ו"ק אבל אינם רק נה"י לבד.

44 **ע"ח שי"א פ"ט מ"ב דנ"ה ע"ג** – ז"א היה בו תחלה בימי המלכים ו"ק, ובתוכם מוחין **דנפש דנה"י דאימא החיצוניות, כשנולד קודם התיקון**. ואחר כך נשברו ונפרדו, והאורות דנה"י עלו למעלה, וו"ק הכלים ירדו למטה בבריאה. ובתיקון נתעברו עיבור ראשון, והיו מתבררין מעט מעט הכלים דו"ק, שהיו כולם בתוך אימא. וכל בחינת הכלים מתבררין לטובה והיו)ספר כתב יד - המתבררים לטובה והיו נכנסין וכו', שהוא הולד(נכנסין בהם המוחין, שהם הולד עצמו, ומה שלא נתברר מן הכלים ונשארו מעורבין טוב ורע נשארו בבטן אימא, ואז כשנולד הולד הזה, **לפי שנגמר בחינת הכלים הצריכין לבחינת כלי הנפש.**

ששה מלכויות. ובמקום[46] אחר מבואר כי כשנאצל ז"א היה בבחינת **פרצוף ואמצעי וחיצון**, כמו הסוגיא בפרקין. [**אח"י** - ונראה לי כל השמועות נכונות, והם הו"ק דמלכויות דב"ן של הפרצוף האמצעי והחיצון של הפרצוף דאחור דנקודים, שהם ו"ק דב"ן דעסמ"ב דב"ן דחג"ת נה"י דנה"י דנקודים. ואשאת"מ].

כבר נתבאר לעיל[47] כי מהעין דא"ק יצאו חמשה נקודות, ובכל נקודה מהחמשה נקודות שבעובי, יצאו[48] בעשר ספירות גמורות. כאן[49] הרב ז"ל מבאר רק את בחינת השבעה תחתונות, ומתעלם מהג"ר דכל נקודה, ומבאר את שבעה המלכויות

ע"ח שי"ט פ"ו מ"ב דצ"ב ע"ב – והנה בעיבור ראשון דזו"ן התחילו להתברר **ו"ק דב"ן, שהם המלכים שמתו**, וזה בכח שיצאו עתה ונתערבו עמהם ו"ק דמ"ה. ונודע כי כל קצה הוא כלול מעשר ספירות, והנה תחלה בעת הזווג נתבררו **ששה מלכויות שבו"ק דב"ן**, ואלו היו ניתנין חציים הימיני ביסוד דאבא, וחציים השמאלי ביסוד דאימא, ואז ירדה טיפת מ"ד, שהם שלוש מלכויות משלוש קצוות דמ"ה החדשים ימינים, ונשתתפו יחד, וניתנו כולם תוך אימא.
45

ע"ח ש"כ פי"א מ"ב דק"א ע"ג – תחלה **היה ז"א ששה מלכויות**, או ששה כתרים של ו"ק. ולכן היה רשות הרבים, כי כל אחד בחינה בפני עצמה, ואין זו כלולה בזו. ועל ידי העיבור נכלל זה בזה)בהם(, ונתגלו חג"ת בכל ששה תחתונות מששה נקודותיהן, ונעשו ו"ק כל אחת כוללת בחינת ז"א, ו"ק דו"ק. ובמוחין דו"ק דגדלות נשלמו ו"ק כל אחד כלול מעשר.
46

ע"ח ח"ב ש"ל דרוש א' מ"ת דכ"ו ע"ב – ודע כי כשנאצל ז"א, נאצל בשני הפרצופים, **חיצון וגם האמצעי**, הנקרא בחינת ו"ק, נה"י וחג"ת. אמנם בעיבור ראשון שבעת התיקון כנודע, אז לא נתקן רק פרצוף החיצון כשיעור קומתו לבד, שהוא שיעור נה"י, ואז גם פרצוף השני היה מלובש בתוכו, והיה שוה כקומת החיצון, **כי אי אפשר לז"א שיהיה פחות מו"ק**, אלא שעדיין לא נתקן. וזה סוד תלת כליל בתלת. ואחר כך על ידי היניקה, נתקן גם פרצוף השני, ואז הראה כחו ועצמותו, ואז נגדל הז"א כשיעור קומתו של פרצוף השני, שהוא קומת ו"ק, נה"י חג"ת, ונתגדלו שני הפרצופים.
47

תרשים ח – ג.
48

ע"ח ש"ט פ"ו מ"ב דמ"ה ע"ג – והנה גם בשם ב"ן כלולים מארבעתן. וכבר ידעת כי ארבעה אלו כלולין מעשר ספירות. ונמצא כי שם ב"ן נחלק לעשר נקודות, ולארבעה בחינות, אמנם כפי האמת הם חמשה בחינות, כי הכתר למעלה מהארבעה, הוא ועמו הם **חמשה פרצופים הכוללים עשר ספירות כנודע.** והנה בכל **אחד מאלו החמשה פרצופים, יש בו עשר ספירות גמורות.**

ע"ח ש"ט פי"ז מ"ב דמ"ו ע"ב – ועל דרך זה ב"ן זה בכל העשר ספירות שבכל פרצוף, ועל דרך זה כל החמשה פרצופים שבהם כלולים ממ"ה וב"ן, **ובעת אצילות עולם הנקודים יצאו כל החמשה פרצופים כל אחד כלול מעשר ספירות**, וכולם משם ב"ן.

רחובות הנהר ד"ב ע"ב – ידוע כי חמשה נקודות יצאו מעינים דא"ק מבחינת ב"ן, **וכולן יצאו שלימות, כל אחת שלימה בכל חלקי הנקודה ההיא**, באופן שכל אחת ואחת כוללת חמשה פרצופים, עתיק וא"א, ואו"א, וזו"ן. וסדר שבירת הכלים היה בכל נקודה ונקודה מהם דכל אחת ואחת מהם, **הג"ר עתיק ואו"א ואו"א שבו נתקיימו, ושבעה תחתונות זו"ן שבו נשברו.**
49

רחובות הנהר ד"ב ע"ג – גם נודע כי המלכים יצאו בתחילה כלים דנפש לבד, שהם המלכות דכל מלך, וכל מלכות כלולה מעשר. וגם הג"ר יצאו בבחינת כלים דנפש, אלא שכל אחת מהג"ר כלולה מעשר מלכיות, וכל מלכות כלולה מעשר. אמנם זה הכללות שהיה בהם עדיין לא היה מבורר ומתוקן כראוי, עד שיצא שם מ"ה החדש ותיקנם בבחינת פרצוף כראוי, כמו שנבאר בע"ה. **והכלים דשבעה תחתונות דזו"ן דעתיק, וא"א, ואו"א, וזו"ן דכל נקודה, נפלו הפנים שלהם לבריאה, והאמצעי ליצירה, והחיצון לעשיה, כל פרצוף לפרצוף שכנגדו בבי"ע. כלים דזו"ן דעתיק דעתיק לעתיק דבי"ע, ודא"א לא"א דבי"ע**, וכן כולם. **וכלים דאחוריים דג"ר שהם א"א ואו"א דעתיק וא"א ואו"א וזו"ן נפלו למקום זו"ן דכל אחד מהם באצילות עצמו**, ולא אתקרי בהו מיתה.

של שבעה תחתונות דכל נקודה דעובי. **בעומק דברי הרב ז"ל**, כבר נתבאר לעיל בפרק ז' משער זה, כי[50] כל מלכות הפרטית דכל השבעה תחתונות שבכל נקודה דעובי, כלולה מעשר ספירות פרטיות. ובחינה[51] התיכונה והחיצונית הם חג"ת נהי"מ דכל מלכות פרטית דכל[52] נקודה דעובי. **כאן** הביאור הוא לפי פשט הסוגיא, והחכם יבין מדעתו.

ודע[53] **כי**[54] **באצילות המלכים** שהוא עולם הנקודים, **לא**[55] **יצאו בזו"ן רק השבעה מלכיות** דשם ב"ן, **שבשתי בזוינות הזויצונה**[56] **והתיכונה**[57], **והם**[58] **המלכות**

50

תרשים ח – ה.
51

תרשים ח – ד.
52

ע"ח ש"ט פ"ז מ"ב דמ"ה ע"ד – ונמצא כי כל השבעה תחתונות שבכל פרצוף ופרצוף, דחמשה פרצופים שבשם ב"ן, הם שבעה מלכים, באופן שהם חמשה פעמים שבעה מלכים. וכל בחינה מאלו יש פנים ואחור בכלים, וכן באור, והכל מבחינת ב"ן. **וכל מלך מאלו כלול מעשר ספירות**, ונכללות בארבעה בחינות שהם הוי"ה של הספירה ההוא, שהם חבת"ם שבאותו הספירה.
53

שמן ששון ש"ט פ"ח אות א' דכ"ג ע"ב – ודע כי באצילות המלכים, לא יצאו בזו"ן רק המלכויות שבשתי בחינות חיצוני ותיכון כו'. ז"ל בספר אור זרוע - דע כי כל ספירה מספירות ז"א, נחלק לשלוש חלקים **הפנימים נקרא חב"ד, והתיכון נקרא חג"ת, והחיצוני נקרא נה"י.** **וזה נקרא מוחין דיניקה** [בהגהה להרי"פ צריך לגרוס יניקה] **ועיבור**, כמו שכתוב בדרושי הצלם. וכשנאצל ז"א נאצל בבחינת כלים חיצוני ותיכון, ולא בשלימותם, כי חג"ת כוללים כל עשר ספירות רק בבחינת מלכות דחסד, ומלכות דגבורה, עד היסוד. **וקשה** דבשער המלכים פרק ט' כתב שז"א לא היה בו בזמן המלכים רק בחינת כלי חיצוני, יע"ש. **ועוד קשה** דבפרק ו' משער אנ"ך כתב כי בזמן המלכים היו ששה מלכים דו"ק דב"ן, כמו שכתב כאן, ובפרק ה' משער התיקון **יש ענין אחר** וז"ל - כל זעיר ששה כלים, האחד מחסד דחסד כו'. ובתיקון נוסף בחג"ת כו'. וזה היינו דלא כמו שכתוב כאן. ובפרק י"א משער המוחין כתב דז"א היה ששה מלכים או ששה כתרים וכו'. וכבר זה מובן מעט על מה שכתב פרק א' משער המלכים שהאורות היו בבחינת כתרים כו'. ובשער ל' פרק א' כתב שנאצל בשתי פרצופים חיצון ואמצעי וכו'. ובדרוש ד' שם כתב שבעת מיתת המלכים היה ז"א מבחינת ו"ק **דפרצוף חיצון לבד**. וכן כתב בפרק ו' בשער מ' שז"א יצא בחינת ו"ק דב"ן. משמע שכולם יצאו בשלימות. **ומי כהחכם ויודע פשר דבר**, עד כאן לשונו. עיין להרב שר שלום בשער ל' פרק א' ופרק ד', דשם כתב **דהעיקר** כמו שכתוב בפרק א' שהיה בז"א ו"ק **דפרצוף חיצון ואמצעי**, שבכללותם נקראים ו"ק דז"א, יע"ש שהאריך בזה.
54

כרם שלמה ש"ט פ"ח אות א' – ומה שכתב כי באצילות המלכים לא יצאו וכו'. מפני שהיה להם לצאת כל אחד מעשר ספירות, ועכשיו לא יצאו כי אם בחינת המלכות דכל קצה וקצה, **שהוא אחד מעשרה שבאותו קצה**. אבל בעת התיקון יצאו שאר התשע ספירות שחסרו מהם בעת היציאה, והם נקראים **תשע ספירות דב"ן של תוספת**, מלבד מ"ה החדש השייך לאותה בחינה.
55

כרם שלמה ש"ט פ"ח אות א' – מה שכתב **לא יצאו כי אם בחינת המלכויות**. פירוש, כי מה שכתבו כי השבעה תחתונות של זו"ן דכל פרצוף ירדו הכלים שלהם לעולם הבריאה, אין פירושו כל העשר ספירות של כל קצה וקצה דשבעה תחתונות ירדו לבריאה, אלא בלאו הכי לא יצאו בין בחינת האורות, ובין בחינת הכלים, כי אם המלכויות דהו"ק שלהם. והכלים דשבעה מלכיות אלו של השבעה קצוות ירדו לבריאה, והאורות שלהם נשארו באצילות. **וידוע** כי העשר ספירות הם נחלקים לשלוש בחינות **הפנימי, והאמצעי, והחיצון**. דהיינו שלוש ספירות **החב"ד** הם פרצוף **הפנימי**, והוא מתלבש תוך פרצוף **החג"ת**. ופרצוף החג"ת הוא בתוך פרצוף **הנה"י**. ולכן פרצוף **החג"ת** נקרא בחינה **התיכונה** של ז"א, ופרצוף **הנה"י** נקרא בחינה **החיצונה**. וזהו מה שכתב כאן - **לא יצאו בזו"ן רק שבעה מלכיות דהשתי בחינות החיצונה והתיכונה.**

דְּנְ֫הִ֫"מ וֹזֹגֹ"ת ר"ל **בבחינה התיכונה** הם מלכות דחסד, מלכות דגבורה, מלכות דתפארת. **ובבחינה החיצונה** הם מלכות דנצח, מלכות דהוד, מלכות דיסוד, ומלכות דמלכות. והתשע הספירות העליונות דכל בחינה נשארו תוך פנימיות א"ק, עד זמן התיקון, **ולכן[59] נְקְרָאִים הַמְּלָכִים** האלו **נְקוּדוֹת**, כִּי[60] **נְקוּדָה הִיא מַלְכוּת** בכל שיעור קומה, והיא בחינת העשיה דאותו שיעור קומה, בערך אבי"ע דאותו שיעור קומה, **כַּנִּזְכָּר לְעֵיל,** וכל[61] אחד כלול מבחינת מ"ה וב"ן, הנקראים[62] מ"ה וב"ן דב"ן.

56

בית לחם יהודה ש"ט פ"ח דל"ח ע"ב – החיצונה והתיכונה והם המלכיות דנהי"ם וחג"ת. כמו כן כתב בפרק ג' דשער כ"ז, ובפרק א' דשער ל', יעו"ש. ופירושו כי מלכיות הנהי"ם הם נקראים חיצונה, ומלכויות דחג"ת נקראים תיכונה, אבל הכח"ב דז"א שהם פנימית לא יצאו, אלא נשארו בבינה שבאותה הנקודה, וכל דברי רז"ל האמורים הכא הם בשבעה מלכים של נקודה אחת מחמשה נקודות הכוללים, הנזכרים בפרק ו' ובפרק ז' דלעיל, ולפי שסדר אחת לכל חמשה נקודות הכוללים, משום הכי מדבר בסתם.

57

הגהות וביאורים)ב(– ז"ל בספר אור זרוע - דע כי כל ספירה מספירות ז"א נחלק לשלוש חלקים, הפנימי נקרא חב"ד. והתיכון נקרא חג"ת. והחיצון נקרא נה"י. וזה נקרא מוחין דיניקא ועיבור, כמו שכתב בדרושי הצלם. וכשנאצל ז"א נאצל בבחינת כלים חיצון ותיכון, ולא בשלמותם. כי חג"ת כוללים מעשר ספירות, רק בבחינת מלכות דחסד, מלכות דגבורה, עד היסוד. **וקשה,** דבשער המלכים פרק ט', כתב שז"א לא היה בו בזמן המלכים רק בחינת כלי חיצון וכו'. והביא עוד סתירות, וסיים - ומי כהחכם ויודע פשר דבר, עד כאן לשונו. ועיין להרב שר שלום בשער ל' פרק א' ופרק ד', דכתב דהעיקר שהיה בז"א ו"ק בפרצוף חיצון ואמצעי, שבכללותם נקרא ו"ק דזעיר אנפין, ועיין שם שהאריך בזה. שמן ששון.

58

כרם שלמה ש"ט פ"ח אות א' – וחזר ופירש מהו פירוש **של החיצונה והתיכונה,** וכתב **והם המלכיות דנה"י וחג"ת.**

59

כרם שלמה ש"ט פ"ח אות א' – ומה שכתב ולכן נקרא המלכים נקודות, מפני שבמקום אחר כתב כי מה שנקראו בשם **נקודות** מפני שהב"ן הוא בחינת הנקודות **דארבעה מדרגות הטנת"א דס"ג.** אבל כאן נותן טעם אחר מפני שהמלכויות נקראים בבחינת **נקודה.** והוא על הכלל הנזכר במקום אחר כי **פרצוף** הוא עשר ספירות, **וספירה** היא בחינת הכלולה מעשר נקודות או אבי"ע, **והנקודה** היא בחינת העשיה של אותה ספירה. וידוע הוא כי הספירה]א"ה לענינות דעתי צריך לגרוס **העשיה**[היא בחינת מלכות. נמצא כי הנקודה היא בחינת המלכות, ולכן כתב **כי הנקודה היא בחינת המלכות.**

60

ע"ח ח"ב ש"ל פ"ז מ"ב דל"ב ע"ב – והבן זה מאד מאד **ענין נקודה בכל מקום מה ענינה, שהיא עשייה,** של הבחינה ההוא. אך לשון ספירה הוא בהיותה שלימה בכל חלקי אבי"ע שבה, והבן היטב שלוש חלקות אלו, נקודה וספירה ופרצוף. **כי נקודה היא עשייה שבספירה,** וספירה הוא בחינת **הספירה שלימה מאבי"ע שבה,** ופרצוף הוא **קשר עשר ספירות,** וכל ספירה מהם שלימה מאבי"ע, **וזכור מאד מאד כלל זה.**

61

ע"ח ש"ט פ"ו מ"ב דמ"ה ע"ג – כי מציאת העולם הם השבעה תחתונות לבד, שהם זו"ן. אלא בראשונה היו זו"ן **נקבות מצד דין,** שהוא שם ב"ן. ואחר כך היו זו"ן **זכרים** משם מ"ה. כי כל מ"ה וב"ן נקרא בשם עולם.

רחובות הנהר ד"ה ע"ב – כל ספירה, וכל ניצוץ, **כלול ממ"ה וב"ן, מחוברים חיבור גמור.** אמנם כל צד המ"ה נקרא דכורא, יען הוא משפיע ומתקן לצד הב"ן, הנקרא נוקבא. וכל חסדים הם ממ"ה, וגבורות הם מב"ן.

62

תרשים ח – ז.

(לא גורסים **ולכן**) **ולא**[63] **די בזה** שיצאו המלכים בבחינת נקודות, שהם המלכויות דכל ספירה דהג"ת נהי"מ, **אלא שאפילו אלו לא**[64] **היו מלובשים**[65] **זה תוך זה** בסוד[66] רשות היחיד[67], אלא יצאו בסוד רשות הרבים[68], הנקרא חד סמכא, ולא[69] היו **מקושרים יזוד**, **גם**[70] השבעה תחתונות **לא היו**

63

כרם שלמה ש"ט פ"ח אות א' – ומה שכתב ולא די בזה. פירוש, לא שיצאו בבחינת מלכויות לבד, אלא לא היו מלובשים זה בזו. פירוש, כי אם היו מלובשים זו בתוך זו היו מאחזים זו לזו, ולא היו נשברים, אף על פי שהיו בבחינת מלכויות לבד.

64

בית לחם יהודה ש"ט פ"ח דל"ב ע"ד – גם לא היו מלובשים זה תוך זה ומקושרים יחד. כמו כן כתב בריש פרק ה' דשער התיקון, יעו"ש. ורוצה לומר שלא היו מלובשים ומקשרים, סופו של עליון בתוך ראשו של תחתון, וכמו שמבואר בדברינו בפרק ה' דשער המלכים בד"ה - והוא כי שלוש נקודות, יעו"ש.

65

ע"ח ש"י פ"ג דמ"ח ע"ד – אבל עתה נתוסף תיקון גדול, והוא כי נקודת הכתר נמשכה ונתפשטה ממקומה עד למטה, קרוב אל סיום רגלי א"ק כמו שנבאר בע"ה, וזה ההתפשטות הוא כל שיעור הנקרא בשם עולם אצילות, ונקודה זו היא נקראת נוקבא)נ"א נקודה(דעתיק יומין, וכן על דרך זה עתיק יומין דדכורא, הנעשה מטעמים דמ"ה, כנזכר לעיל גם הוא מתפשט לשיעור הנזכר לעיל. וכן עשו כל השאר, א"א ונוקבא, ואו"ן, וזו"ן, **והלבישו זה את זה** עד בחינת זו"ן, באופן שכל רגלי הפרצופים דאצילות בין דעתיק בין דא"א בין דאו"א בין דזו"ן כולן שוין בסיומם, והם מסתיימים יחד מעט למעלה מסיום רגלי א"ק, ושם הוא סיום האצילות כולו. **ועל ידי כך נעשה נשמה זה לזה, וזה מלביש לזה**. וגם כי על ידי זה יוכלו הנבראים לקבל אורות העליונים, שהם עתה מכוסים **ומתלבשים זה תוך זה**, וגם כי הכלים שלהם הגדילו על ידי שנתפשטו עד למטה, ובזה יש בהם כח לקבל האורות שלהם, בהיותן כלים גדולים.

66

ע"ח ש"ט פ"ג דמ"ב ע"ד – והנה לטעם זה עצמו היה גם כן שינוי אחר בין ג"ר שהם כח"ב, אל השבעה מלכים התחתונים. כי הג"ר יצאו בקצת תיקון בראשונה, והוא כי כאשר יצאו בראשונה נתפשטו כסדר שלוש קווין, משאין כן שבעה תחתונות שיצאו זו למטה זו. וזה שמבואר באדרא רבא - עד אימת ניתב בקיימא דחד סמכא, ר"ל נתקן התיקון שהוא דרך קוין. אבל קודם שהיו זו על גבי זו הוי קיומא דחד סמכא, וכבר ביארנו כי התיקון האצילות הוא בהיות ו"ק עשוי בבחינת שלוש קוים קשורים זה בזה, בסוד השלישי המכריע ביניהן, ואז נקרא **רשות היחיד**. אבל בהיותן זו על גבי זו, והם נפרדין אחת מחברתה, אז נקרא **רשות הרבים**.

67

תרשים ח – ח.

68

תרשים ח – ט.

69

ע"ח שי"א פ"ה מ"ת דנ"ב ע"ג – עוד שינוי אחר היה בהם אשר בו יתבאר מלת בלתי תיקון מה עניינו, והוא כי שלוש נקודות הראשונים מלבד מה שיצאו, כל אחת מהם כלולה מעשר. **עוד זאת היתה בהם שהיו עשר שבו מחוברות יחד ולא נפרדות זו מזו**. אמנם ששה נקודות דז"א מלבד היותן שש חלקי נקודה אחת, וחסרו מהם הג"ר שבהם, **עוד שינוי אחר בהם שהיו נפרדות זה מזה, ולא מחוברות**, באופן ששתי שינוים נמצאו בשבעה תחתונות מן הג"ר, שהם א"א או"א.... אבל אלו השישה חלקים נקודות של ז"א, **יצאו נפרדות זו מזו, שלא כדרך קוין, רק זו על גבי זו, נפרדות ולא מקושרות יחד**, ואז היו נקראים אלו השישה **רשות הרבים, כי לא היה בהם יחוד והתקשרות ואחדות**, רק כדמיון אנשים נפרדין איש לדרכו פנה, ולא היה ביניהם אהבה וחיבה, ולכן לא יוכלו לסבול אלו הכלים שלהם בחינת האורות ומתו. כמו שכתוב - חבור עצבים אפרים הנח לו]**אח"י** - ר"ל אפילו ששבט אפרים עובדי עבודה זרה, הנקראת **עצבים**, בסוד - עצביהם כסף וזהב מעשה ידי אדם, הנח לו, כי בני שבט אפרים מחוברים זה בזה[, כל כי **החבור גורם קיום והעמדה**, ומשל הדיוט אומר אם תקח עשר קנים, כל אחת לבדו ישתברו, ואם תקח שלוש לבד ביחד, יתקיימו ולא ישתברו.

29

נֶחֱלָקִים לְשָׁלוֹשׁ קַוִּין אלא עומדים בחד סמכא, זו על גבי זו. ואם היו עומדים בסוד הקוין, כָּל הבחינות של הרוזֹמים היו לְקַו יָמִין חח"נ, וְכָל הבחינות של הַגְּבוֹרוֹת היו לְקַו שְׂמֹאל בג"ה, וְהַמַּכְרִיעִים בחינות כדתי"מ היו לְקַו אֶמְצָעִי. אָמְנָם הָיוּ כָל השבעה תחתונות אָזֹזֹד וְאָזֹזֹד נֶחֱלָקִין בִּפְנֵי עַצְמוֹ, לָכֵן[71] נשברו וּמֵתוּ השבעה תחתונות.

אַךְ עַתָּה בזמן[72] התיקון שֶׁנִּתְלַבְּשׁוּ כל[73] הפרצופים זה בְּתוֹךְ זה, וְכֵן[74] הָיָה עַל דֶּרֶךְ קַוִּין של חח"נ בג"ה כדתי"מ לָכֵן[75] נִתְקַיְּמוּ, וְשִׂים בְּעֵינֵי דַעְתְּךָ בֹּזה.

הרב ז"ל מבאר כאן כי בחינת המלכים שיצאו, היא בחינת עגולים, שהם נפש. כבר נתבאר לעיל כי כל עולם ועולם יש שתי בחינות, שהם עגולים ויושר שהם סוד נפש ורוח, חוץ[76] מעולמות האח"פ שיצאו בבחינת יושר בלבד. גם בעולם

70

בית לחם יהודה ש"ט פ"ח דל"ב ע"ד – גם לא היו נחלקים וכו'. פירוש, כי לא די שלא היו מקושרים זה תחת זה כדאמרן, אלא אפילו בבחינת שלוש קוים בלא קישור לא היו.

71

בית לחם יהודה ש"ט פ"ח דל"ב ע"ד – לכן מתו. לפי שלא היו בבחינת קוין, אלא בקיימא דחד סמכא, וזהו טעם רביעי לסיבת מיתת המלכים, מלבד טעם הראשון שכתב בריש פרק ג' דלעיל. ומלבד שתי הטעמים האמורים בפרק ה' דלעיל. ועוד יש טעם חמישי בסמוך.

72

כרם שלמה ש"ט פ"ח אות א' – אך עתה. פירוש, בעת התיקון, **שֶׁנִּתְלַבְּשׁוּ זה בְּתוֹךְ זה**.

73

תרשים ח – י.

74

כרם שלמה ש"ט פ"ח אות א' – וכן היה על דרך קוין, לכן נתקימו. פירוש, **שֶׁנַּעֲשׂוּ פַּרְצוּפִים גְּמוּרִים**, ונתלבשו זה בתוך זה. וכן היה על דרך קוין. פירוש, דבחינת כל פרצוף ופרצוף מאלו הספירות שלה היו בבחינת קוין. דהיינו **חח"ן בימין, בג"ה בשמאל, כדתי"ם באמצע**, ופשוט.

75

כרם שלמה ש"ט פ"ח אות א' – והואיל וכן הוא, **לכן נתקימו**, פירוש, הואיל והם אוחזים זה לזה. וזהו שסיים **ושים מעייני דעתך בזה**, ופשוט.

76

ע"ח ש"ח פ"א מ"ב דל"ה ע"א – ואותן האורות הנזכרים לעיל שיצאו מאח"פ של א"ק, **אין בהם בחינת עגול ויושר, רק הכל יושר לבד**. אך בחינת המצח והעין של זה האדם, שהם סוד הנקודות האלו, יש בהם בחינת עגולים ויושר דוגמת א"ק, ויוצאין מנה"י וחצי תפארת של זה הא"ק ולמטה מבחינת היושר, **ושם יוצאין תחלה העגולים של הנקודות**, והם מעגלים ומקיפים את הנה"י וחצי תפארת דא"ק, (שהם) סוד היושר שלו, ומקיפים אותו יושר והוא באמצען. והנה כבר בארנו שיש אור פנימי ואור מקיף בזה הא"ק, וכולם בסוד היושר..... ואמנם זה שאמרנו שיש בנקודים בחינת עיגולים ובחינת יושר, לא היה זה מתחלה, **אך מתחילת האצילות הנקודים נאצלו בבחינת עיגולים שלהם לבד בלתי יושר, ואלו הם בחינת נפש של הנקודים** כנזכר לעיל, ולכן היתה שבירתן, **כי לא יצא להם רק בחינת נפש לבד, שהם עגולים**. ולא יכלו לקבל אור העליון, ואז היה כל בחינת מיתת המלכים וביטולם, כמבואר באורך בפרקין. וזה סוד הפסוק - אשר עשה אלהי"ם את האדם ישר והמה בקשו חשבונות רבים, **כי א"ק היה בו בחינת יושר**, וזהו עשה את האדם ישר, והמה שהם **הנקודים בקשו חשבונות רבים, שהם העגולים, ולא נעשה בהם בחינת יושר**, ולכן נשברו ומתו. ואחר כך נבאר איך הם בקשו חשבונות רבים, שהם בחינת העגולים, ולמה יצאו הנקודות כך בעגולים יותר **מִשְּׁאָר אורות של אח"פ, שכולם לא יצאו אלא בדרך יושר**.

הנקודים יש את שתי הבחינות דיושר ועגולים. **עם כל זאת** מרוב סוגיות הרב ז"ל מובן שהשבירה של המלכים היתה[77] ביושר, הרי המלכים עמדו **בחד סמכא**, הרב[78] כרם שלמה מבאר סוגיא זאת לפי הפשט, והוא כי תחילה יצאו בחינת המלכיות דשבעה תחתונות, שהם שם ב"ן, בחינת[79] הנפש, והם בחינת העגולים, ובזמן התיקון יצא שם מ"ה שהוא בחינת היושר, שם מ"ה, בחינת הרוח, ויצאו התשע ספירות העליונות דב"ן, הנקראות יושר בערך למלכות. **בעומק ולפי**[80] **תורת הערכין**, מבאר[81] הרב תורת חכם, **כי בעיגולים יש יושר דעיגולים, ויש עיגולים דעיגולים, ושתי**

---

[77]

ע"ח ש"ח פ"ח דל"ח ע"ב – אבל בנקודים יצאו תחלה עשר כלים **זה למטה מזה**, ונעשה על ידי הסתכלות העינים בשלוש אורות של אח"פ כנזכר לעיל. לכן אחר שיצאו העשר כלים והונחו במקומן, **זה תחת זה.**

ע"ח ש"ט פ"ג דמ"ב ע"ד – והנה לטעם זה עצמו היה גם כן שינוי אחר בין ג"ר שהם כח"ב, אל השבעה מלכים התחתונים. כי הג"ר יצאו בקצת תיקון בראשונה, והוא כי כאשר יצאו בראשונה נתפשטו כסדר שלוש קוין, משאין כן שבעה תחתונות שיצאו זו למטה זו. וזה שכתוב באדרא רבא - עד אימת ניתב בקיימא דחד סמכא, ר"ל נתקן התיקון שהוא דרך קוין, **אבל קודם שהיו זה על גבי זה, הוי קיומא דחד סמכא.** וכבר ביארנו כי התיקון האצילות הוא בהיות ו"ק עשוי בבחינת שלוש קוים קשורים זה בזה, בסוד השלישי המכריע ביניהן, ואז נקרא רשות היחיד. **אבל בהיותן זה על גבי זה**, והם נפרדין אחת מחברתה, אז נקרא רשות הרבים.

ע"ח ש"ט פ"ז מ"ב דמ"ו ע"ב – והנה כאשר יצאו כל האצילות מבחינת ב"ן לבד, והיה כולל עתיק וא"א ואו"א וזו"ן, **ואז יצאו תחלה כל הכלים שלהם זה תחת זה**, עד סיום עולם האצילות.

[78]

כרם שלמה ש"ט פ"ח אות ב' – מה שכתב עגולים שבהם, מפני שכתב לעיל שבכל עולם ועולם חוץ מאח"פ היה בהם שתי בחינות, שהם יושר ועגולים. וכאן כן בעולם הנקודות היה בהם שתי בחינות, שהם **יושר ועגולים.** ועכשיו אומר שלא יצאו כי אם בחינת העגולים שבהם לבדם ולא היושר. וידוע הוא כי היושר של אותו עולם הוא בחינת התשע ספירות העליונות של אותו עולם, והעיגולים הם בחינת המלכות שלו, לכן בכאן בז"א, גם כן שהיושר שלו הוא בחינת תשע ספירות, והעיגולים שלו הוא בחינת המלכות שלו, של כל ספירה וספירה, ולכן כשיצאו המלכיות של השבעה תחתונות שלו יצאו בבחינת העיגולים שלו. וזהו שכתב - **יצאו תחילה בחינת העיגולים שבהם לבדם, שהיא בחינת שבעה המלכויות שבהם.**

[79]

ע"ח ש"א ענף ג' מ"ב די"ב ע"ד – אמנם החילוק שיש בין העגולים ליושר הוא, **כי עשר ספירות דעגולים הם בחינת האור הנקרא נפש**, ויש בהם אור פנימי ואור מקיף. פנימי וחיצון שיש לה בחינת עשר ספירות של כלים, ובכל כלי מהם יש בו פנימיות וחיצוניות, וגם יש עשר ספירות של אורות לכל אור, יש בו אור פנימי ואור מקיף. אבל העשר ספירות דיושר, **הם בחינת האור הנקרא רוח, שהוא מדרגה גבוה על מדרגת הנפש כנודע**, גם הם כלולים מאור פנימי ואור מקיף.

[80]

תורת חכם דקמ"ח ע"ב – עוד כתבו החכמים הנזכרים סימן ו' וז"ל - אם מיתת המלכים היה ביושר או בעיגולים, כי הדרושים נראים חלוקים זה מזה, כי יש מקומות מכתב שהיו ביושר, ובמקום אחר נראה שלא היו אלא בעיגולים. ובספר מבוא שערים ש"ב ח"א פ"ג כתב כי אם היו יוצאים בתחילה ביושר, סוד הרוח, לא היו נשברים, עד כאן לשונו. ומורי הרב ז"ל כתב בהגהת עץ חיים דשער השבירה כי מוהרח"ו ז"ל הפשיט ספק זה מקונטריס דא"ק, שגם ביושר היתה השבירה, שהם מלכיות דיושר, עיין שם הטעם, עד כאן לשונו. והנה מפרק ח' דשער השבירה נראה כי יצאו מלכיות דיושר ומלכיות דעיגולים בבחינת נפש, ונשברו. ואחר כך בא הרוח שהוא היושר של שניהם ונתקיימו, כי הרוח הוא המקיים את הנפש. הרי כי מה שנשברו הוא מפני שיצאו בבחינת נפש, וכתב כי העיגולים הם בחינת המלכיות המשלים לז"א לעשר ספירות, אינו רק תשע ספירות, וכן בנוקבא. **נמצא כי המלכיות של העיגולים והיושר הם נקרא עיגולים, אלא שאלו הם עיגולים דעיגולים, ואלו עיגולים דיושר**, שאם לא נאמר כן, למה לא יש ביושר דוקא תשע ספירות. וכן כתב בדרוש הדעת כי בתחילה יצאו עיגולים דעיגולים, ואחר כך יצאו היושר דעיגולים, ונראה משם בהדיא שהשבירה היתה ביושר ובעיגולים, שכתב בתחילה מיתת המלכים דיושר, ואחר כך כתב וכן על דרך זה בעשר ספירות דעיגולים, ר"ל שגם הם כיון שיצאו בבחינת נפש נשברו, אלא שבקונטריס דא"ק קרא

בחינות אלו נקראים עיגולים. דוגמת שם ב"ן, שהוא בעצם מ"ה וב"ן דב"ן. **וכן בשם מ"ה יש יושר דיושר, ועיגולים דיושר, ושתי בחינות אלו נקראים יושר,** דוגמת שם מ"ה, הכולל מ"ה וב"ן דמ"ה. **גם נתבאר לעיל ולקמן**[82] כי[83] כל בחינה מנרנח"י נפרטת לנרנח"י פרטים, הנקראים נרנח"י דנרנח"י, כך שבחינת הנפש נפרטת לנרנח"י פרטים, וכן הרוח, וכן השאר. בחינת הנפש נקראת **עיגולים,** והרוח נקרא **יושר,** כך שבבחינת הנפש שבנפש היא בחינת **עיגולים דעיגולים,** ובחינת הרוח שבנפש הוא **היושר דעיגולים,** ושתי בחינות אלו, שהם בחינת נפש, **בכללותם נקראים עיגולים.** וכן הוא בבחינת הרוח, בנפרט לנרנח"י, כאשר הנפש דרוח הוא בחינת **עיגולים דיושר,** ובחינת הרוח דרוח הוא בחינת **היושר דיושר,** ושתי בחינות האלו, שהם בחינת רוח, **בכללותם נקראים יושר.** עם כל זאת לרב ז"ל יש שלוש ספיקות בעניין יציאת המלכים, כמו שיתבאר ב"ה לקמן[84]. **עוד**[85] **צריך לדעת** כי בסוגיא זאת הרב ז"ל מבאר רק נקודה אחת שבעובי, והיא הנקודה הרביעית, נקודת ז"א. **והחכם יבין מדעתו** על שאר הנקודות שבעובי.

ליושר דעיגולים בשם עיגולי מ"ה, וז"ל - כי העיגולים והיושר דס"ג שניהם יצאו תחילה, אלא שהיו בבחינת נפש, ואחר כך יצאו בתיקון הרוח, שהוא עיגולי מ"ה ויושר דמ"ה. הרי שהיה שבירה בשניהם, ונתקנו על ידי הרוח, שהוא בחינת היושר. **נראה כי בין המלכויות דיושר ובין המלכים דעיגולים נקראים עיגולים, בערך התשע ספירות ראשונות שלהם, הנקרא יושר בערכם.** והנה בכאן בדרוש הדעת קרא לתשע ראשונות דעיגולים בשם יושר, ובקונטרסים דא"ק קרא בשם עיגולי מ"ה, הכוונה כי אפילו התשע ראשונות דעיגולים שהם בחינת יושר, **בערך היושר הכללי נקרא גם הם בשם עיגולים,** אלא שהם דבחינת מ"ה. ובזה מתיישב מה שכתב בפרק ה' משער מ"ב, שער דרושי אבי"ע שכתב כי מהארת הלבושים יצאו העיגולים, והקשה מורי הרב ז"ל - והלא בחינת העיגולים שהם בחינת הנפש של כל פרצוף יצאו קודם היושר, שהוא בחינת הרוח של כל פרצוף, וכמו שכתב בשער העיגולים כי אחר גמר כל העשר ספירות דעיגולים אז יצאו עשר ספירות דיושר, עד כאן לשונו. **שם מדבר על בחינת המלכיות בין דיושר הנקראים בין דעיגולים בשם עיגולים, הם יוצאים תחילה,** ואחר כך היושר שלהם שהוא בחינת רוח, אבל כללות העשר ספירות דיושר יצאו תחילה, קודם העשר ספירות דעיגולים, כמו שכתב שם בדרוש הדעת שהזכרנו, והיה סדר האצילות שלהם כמו שכתוב שם בשער דרושי אבי"ע.

81

תרשים ח – י"א.
82

ע"ח ש"ך פ"ה מ"ב דצ"ז ע"ג – אך דע כלל גדול כי **הנפש לבדה כלולה מכל חמשה נרנח"י,** וכולם **נפש** לבד. ודוגמתן חמשה בחינות, וכולם נקרא **רוח,** וכן בנשמה, וכן בחיה, וכן ביחידה.
83

ע"ח ש"א ענף ג' מ"ב די"ב ע"ד – עוד צריכים אנו להודיעך בעניין אלו השתי בחינות שהם **עגולים והיושר** בציור אדם. כי הנה יש באדם התחתון חמשה בחינות אורות)שהם **הנרנח"י**(, והם)חמשה מעלות(זו למעלה מזו, והם סוד חמשה פעמים - ברכי נפשי את כו', כנזכר במסכת ברכות פרק קמא **]אח**"י - דף י' ע"א[שהם כנגד חמשה בחינות שיש לנשמה, **והם נרנח"י, שהם חמשה מדרגות זו למעלה מזו.** כמו שנתבאר במקום אחר בעניין אורות הפה דא"ק, הנקראים עקודים, עיין שם. והנה בחינת העשר ספירות דעגולים כולם יש בהם **כל הבחינות הנזכרים לעיל,** שהם אורות וכלים, והאור נחלק לאור פנימי ואור מקיף.... **וכן בחינת עשר ספירות דיושר,** בציור אדם, יש בו כל הבחינות האלו בעצמם גם כן.
84

ע"ח ש"י פ"ד מ"ק דמ"ט ע"ד – וזה מה שמצאתי כתוב מכתב יד הרב חיים ויטאל ז"ל, מקונטרס הקיצור - נסתפק לי שלוש ספיקות באחר התיקון, **או** דשם ס"ג נשאר עגולים, וממ"ה לבדו נעשה יושר לבד דכל אצילות. **או** שתחלה יצא ס"ג דעגולים, ואחר כך בעת התיקון אז יצא גם היושר דס"ג, ויושר דמ"ה, שהוא מהיטבאל מלך השמיני דהר הדר, כלול זו"ן דמ"ה, ונשארו עגולים מס"ג לבד, ויושר ממ"ה לבד, ועל כן הס"ג דיושר נקרא ב"ן, כי הס"ג דעגולים לא נשתנה שמו, והוא ס"ג כבראשונה, אך היושר דס"ג נקרא ב"ן. **או** שתחלה יצאו עגולים דס"ג, ובתיקון יצאו יושר דס"ג, הנקרא ב"ן, וגם עגולים ויושר דמ"ה, ונתחברו עגולים דמ"ה ועגולים דס"ג, וכן יושר דמ"ה עם יושר דס"ג הנקרא ב"ן. ומהקונטרס הגדול דא"ק משמע בהדיא, כי העגולים והיושר דס"ג שניהם יצאו תחלה, אך שהיו בבחינת נפש, ואחר כך יצאו בתיקון רוח, שהוא עגולים דמ"ה ויושר דמ"ה, והוא פירוש רביעי קרוב לפירוש שלישי שנסתפקתי. והראיה כי במיתת המלכים נכתב שם

32

ודע[86] בעולם הנקודים [87]**שהמלכים יצאו תחלה** ב**בזינת העגולים**[88] **שבהם לבדם,** **שהיא**[89] **בבזינת שבעה מלכיות** שבשבעה הקצוות **שבהם** ר"ל שבעה המלכויות שבז"ן דכל

שהיו בדרך קוין, שנפלו אחוריים דא"א, שהג"ר לבדו היו בדרך קוין, ועל כן לא מיתו אלא השבעה תחתונות. ונודע כי אין קוין אלא ביושר, וכן אין פנים ואחור אלא ביושר, ואמנם לפי שנכתב בראש הקונטריס שלא היה רצונינו לדבר כלל בעגולים אלא ביושר, לכן לא נתבאר שם ענין מיתת המלכים העגולים אלא דיושר לבד, ולכן לא נזכר בתיקונים אלא דא' דיושר. וכן נראה מקונטריס הקיצור שכתב כי באח"פ לא יש רק יושר, אך בענין ומצח שהם הנקודים יש יושר ועיגולים. והנה נראה כי בעין לבדו שהוא ס"ג, וכן במצח לבד שהוא מ"ה, יש יושר ועגולים בכל אחד מהם.
85

כרם שלמה ש"ט פ"ח אות ב' – ומה שכתב ויצאו השׁשה נקדות שבז"א וכו'. כאן בפרקין מדבר על השבעה קצוות שבז"א, דהיינו החג"ת נהי"ם שבז"א, שהם **כל אחד כלול מעשרה.** וביציאת המלכים יצאו המלכיות שבשבעה קצוות האלו שבז"א, והשׁשה מלכיות דהו"ק, החג"ת נה"י, נקראים **ו"ק דז"א.** והמלכות דהקצה השביעית שבז"א, היא המלכות שלו נקראת המלכות שבמלכות שלו יצאה, אבל אין זה הנוקבא הכללית של ז"א, שהיא הנקודה השביעית שבז"א. כי בה עכשיו לא אײרי הרב ז"ל, אלא כל כאן על השבעה קצוות דז"א, **ואחת מהם היא המלכות שבגופו דז"א,** שהיא הנקודה השביעית, ומזאת הנקודה יצא ממנה בחינת המלכות שלה. וזה הוא מה שכתב כאן **ויצאו השׁשה נקודות שבז"א,** שבז"א דז"א.
86

בית לחם יהודה ש"ט פ"ח דל"ב ע"ד – ודע שהמלכים יצאו תחילה בחינת העיגולים שבהם לבדם. לכאורה דבריו אלה הם היפך ממה שכתב לעיל בסמוך, שסיבת מיתת השבעה מלכים לפי שהיו בקיומא דחד סמכא, ולא בשלוש קיום, שמזה נראה שעולם הנקודים היו ביושר ולא בעגולים. כי אין קוין אלא ביושר. כמו שמבואר בסוף פרק ד' דשער התיקון, יעו"ש. ואף על פי שגם בעיגולים היה בחינת קוים, כמו שמבואר בשער א' ענף ב', וז"ל ובענף ג' בענין יו"ד עיגולים דעולם הנקודים יתבאר איך גם בבחינת עשר ספירות דעיגולים, יש בהם בחינת קוין, עם היותם עיגולים, יעו"ש. מכל מקום לא יתכן להיות הקוין שבהעיגולים ימין ושמאל ואמצע, כדמיין מה שכתוב לעיל כי אותם הקוין הם בחינת צינורות הנמשכין מזה לזה, ולא שהספירות עצמם הם עומדים בדמות שלוש קוין, כי הספירות הם בבחינת עיגולים, וצריך עיון. ועין עוד בהגהות השמ"ש דהכא.
87

השמ"ש [א] – עיין בשער התיקון מ"ב פרק ד' בשלוש ספיקות, כי שם נסתפק הרח"ו ז"ל אם השבירה היתה גם ביושר. והפשיטו מקונטרס דא"ק, שגם ביושר היתה שבירה, שהם המלכות דיושר, ע"ש הטעם **(ג.** **הגהות וביאורים (ג** _בהגהת השמ"ש_ – עיין תורת חכם דף קמ"ח ע"ב.
88

כרם שלמה ש"ט פ"ח אות ב' – מה שכתב עגולים שבהם, מפני שכתב לעיל שבכל עולם ועולם חוץ מאח"פ היה בהם **שתי בחינות,** שהם **יושר ועגולים.** וכאן גם כאן בעולם הנקודות היה בהם שתי בחינות שהם **יושר ועגולים.** ועכשיו אומר שלא יצאו כי אם בחינת העגולים שבהם לבדם, ולא היושר.
89

בית לחם יהודה ש"ט פ"ח דל"ב ע"ד – שהיא בחינת שבעה מלכיות שבהם. דע כי בפרקין דהכא סבירא ליה לרז"ל כי הא"ק הוא כלול מעסמ"ב, ובחינת המ"ה והב"ן שבו הם השבעה תחתונות שבו, וכל אחד מהשבעה תחתונות, הוא כלול גם כן משבעה תחתונות. והשבעה מלכיות שבכל ספירה וספירה מהשבעה תחתונות הם הם בחינת הב"ן שבו. והו"ק שבכל ספירה וספירה מהשבעה תחתונים הם הם בחינת המ"ה דא"ק, כמבואר כל זה הסדר בדברי רז"ל עצמו באמצע פרקין. ובתחילה בעולם הנקודים יצאו השבעה מלכיות דשבעה תחתונות בלבד, שהם בחינת הב"ן שבו, ולא נתקיימו. ואחר כך יצאו שבעה היסודות שבכל ספירה וספירה מהשבעה תחתונות, הנקראים הדר, ותקנום. ובשיטה זו נמי אזיל בפרק ב' דשער ג', ובמ"ב דפרק ג' דשער התיקון, כמו שמבואר בדברינו דהתם, וכך כתב גם כן באמצע פרק י"ז דשער ג' יעו"ש. ולפי זה יתכן לפרש כי מה שכתב הכא שהיא בחינת שבעה מלכיות שבהם וכו', תיבת שבהם קאי על שבעה תחתונות דא"ק.

אבל קשה, והלא העיגולים הם עשרה, ולא שבעה. והיכי קתני שהיא בחינת שבעה מלכיות שבהם. ויש לומר

נקודה דעובי. • **וְלָכֵן**[90] **נִקְרָאִ**ים **מְלָכִים, שֶׁהֵם** שם **בֹּזוּנַת**[91] **בִ"ן שֶׁל** כל נקודת **הַמַּלְכוּת** דנקודים, ר"ל המלכיות דעסמ"ב דב"ן, והמלכיות **הֵם** תמיד **בֹּזוּנַת הַנֶּפֶשׁ לְבַד, וַיֵּצְאוּ**[92] **הֵעָשָׂה נְקֻדוֹת שֶׁבֹּז"א (נ"א שֶׁבֹּז"ן)** דז"א שהם חג"ת נה"י. והנקודה השביעית דז"א, היא בחינת המלכות דז"א, המלכות שבגופו, יצאה גם היא בבחינת נפש. וכל[93] אחד מהשבעה נקודות דז"א[94] כלול מעשרה ספירות פרטיות, **ושבעה הנקודות האלו דז"א, שֶׁהֵם**[95] **הַשִּׁבְעָה מַלְכִיּוֹת שֶׁיֵּשׁ בֹּז"ן** דנקודת ז"א דכללות. •

כאן יש הגהה לרבינו יעקב צמח, לפי ההגהה הזאת מבין הרב יעקב צמח כי בחלוקת מ"ה וב"ן, **העתיק לקח את שבעה הכתרים שבעשר הספירות דנקודת המלכות שבכל השבעה התחתונות**, ר"ל הכתר דמלכות דחסד דב"ן, הכתר דמלכות דגבורה דב"ן, וכן בכולם עד הכתר דמלכות דמלכות דב"ן. מרן הרש"ש לא מסכים עם ההגהה הזאת, וכתב כי **העתיק לקח את הכתרים דכללות השבעה תחתונות דב"ן שיצאו מחדש בתיקון**, ר"ל הכתר דחסד דב"ן, הכתר

כי לפי שהג"ר דנקודים לא מתו, לא חש רז"ל להזכירם, יען שכל כוונת רז"ל הכא אינה כי אם לפרש בחינת שבעה מלכים שמיתו בלבד. ומשום הכי אמר שהיא בחינת שבעה מלכיות שבהם. ואחר כך ראיתי שכן כתב מהרח"ו ז"ל באמצע פרק י' דשער י"ז וז"ל - ונראה לעניות דעתי כי ודאי יצאו עשרה דמ"ה אלא כיון שעיקר התיקון הוא אל שבעה מלכים דב"ן לבד. לכן נזכרו בשם שבעה, אבל ודאי היו כלולים מעשר ספירות, כי גם ג"ר שהם עתיק וא"א וא"ו נתקנו על ידי שם מ"ה כנזכר לעיל, עד כאן לשונו. אמנם עדיין יש לומר קושיא אחריתי דאמאי לא נשברו גם הכח"ב דנקודים כמו השבעה תחתונות, הואיל וגם הכח"ב הם בחינת נפש, לטעם השבירה שכתב בסמוך.
90

כרם שלמה ש"ט פ"ח אות ב' - והואיל ויצאו בבחינת המלכיות שבהם, לכן נקראים בחינת **מלכים**, על שם המלכיות שבהם. וזהו שכתב - **ולכן נקרא מלכים, שהם בחינת ב"ן של מלכות**. ופשוט הוא שהמלכות נקראת **נפש**, וזהו שסיים - **והם בחינת נפש לבד**.
91

בית לחם יהודה ש"ט פ"ח דל"ג ע"א - שהם בחינת ב"ן של מלכיות. הלשון מסורס, וצריך לגרוס - שהם בחינת מלכיות של ב"ן.
92

בית לחם יהודה ש"ט פ"ח דל"ג ע"א - ויצאו הששה נקודות שבז"א, ודנוקבא שהם וכו'. פירוש ויצאו הששה נקודות שבז"א, ונקודת השביעית דנוקבא. ולפי שיש לטעות בלשונו, ונסבור שהם ששה נקודות בז"א וששה נקודות בנוקבא. משום הכי חזר ופירש שהם השבעה מלכיות שיש בז"ן.
93

ע"ח ש"ט פ"ז מ"ב דמ"ו ע"ד - ונמצא כי כל השבעה תחתונות שבכל פרצוף ופרצוף דחמשה פרצופים שבשם ב"ן, הם שבעה מלכים, באופן שהם חמשה פעמים שבעה מלכים. וכל בחינה מאלו יש פנים ואחור בכלים, וכן באור. והכל מבחינת ב"ן, **וכל מלך מאלו כלול מעשר ספירות**, ונכללות בארבעה בחינות שהם הוי"ה של הספירה ההוא, שהם חב"ד שבאותו הספירה.
94

כרם שלמה ש"ט פ"ח אות ב' - ומה שכתב ויצאו הששה נקודות שבז"א וכו'. כאן בפרקין מדבר על השבעה קצוות שבז"א, דהיינו החג"ת נהי"ם שבז"א, שהם כל אחד כלול מעשרה.
95

כרם שלמה ש"ט פ"ח אות ב' - וכדי שלא תטעה שכל העשר ספירות דכל אחד מהו"ק שבז"א יצאו. חזר ופירש שהששבעה מלכיות שבהם דווקא יצאו, ולא כולם. וזהו שכתב **שהם השבעה מלכיות שיש בז"ן**. ופירושו **בז"ן שבז"א**, דהיינו בהז"א דז"א, ובמלכיות דז"א עצמו, דהיינו בקצה השביעית שלו. וזהו שחזר ופירש **כי השש מלכיות הם בז"א**. פירוש, בז"א שבז"א, **והשביעית היא מלכות שבמלכות**. פירוש, שבמלכות דהז"א גם כן. ומה שקרא אותם בתחילה שש נקודות שבז"א, ולא שבע, מפני שהיא **המלכות שבגופו** לכן נחשבת בכללו. ואף על פי כן חזר ופירש בסוף וכתב שהם שבעה מלכיות וכו'.

דגבורה דב"ן, וכן בכולם, עד הכתר דמלכות דב"ן. **עיין** בהגהה לשמ"ש בפרקין. והגו"ב[96] כתב כי חזר בו הרב יעקב צמח בספר מבוא שערים.

צמה[97]. נראה[98] לעניות דעתי שהם השבעה מלכים שבשבעה קצוות דז"א, שהם הזו"ן דז"א, והם חג"ת נהי"ם דז"א. ואף על פי שהם למשם ב"ן, הם היו חז נקודה ר"ל מלכות. עם כל זאת כל נקודה כלולה מעשר נקודות פרטים. דאם לא כן איך כתב דעתיק לקח בכתרים של שבעה תחתונות דב"ן, עד כאן תשלום זו ההגה"ה[99].

כי השש מלכות דחג"ת נה"י **הם בז"א** דז"א, והמלכות היא הנקודה **השביעית**[100] דז"א, הם ר"ל והמלכות דז"א היא **מלכות** לא גורסים **שבמלכות**[101] אלא צריך לגרוס **שבמלכות**, שהיא המלכות דו"ק

מבוא שערים ש"ב ח"ב פ"ג ד"ו ע"ג הגהה לצמח)א(– בכל הספרים כתוב שהעתיק לקח השבעה כתרים דשבעה תחתונות דב"ן, וכיון שלא יצתה ממלכות שהיא מכלל השבעה, כי אם הכתר נקודה פשוטה, דהיינו אחד מעשרה חלקים כנזכר בפרק א', אם כן מה חלק כתר דנקודת מלכות לקח, שהרי אין נקודת כתר שלה כלולה מעשרה כנזכר בפרק א'. ויציאת נקודת הכתר ראשונה, ושרש התשעה נרמז באסתר, כתר מלכות בראשה, כי אסתר בחינת מלכות, וכתר יצא בראשה בתחילה. וגם זהו היתה, כי תחילה היתה אבן, בסוד נקודת כתר, ואחר כך בנו אותה הבונים, על ידי מלך הדר יסוד, אז היתה לראש **פינה**, כי פ')80(גימטריא יסוד, **וין"ה** גימטריא אדנ"י **]אח"י** - נראה לעניות דעתי שפינה מתחלקת לשתי בחינות, **פ'** דפינה, הוא בחינת היסוד, המלך השמיני הדר. **ין"ה** דפינה הוא גימטריא שם אדנ"י, שהוא שם המלכות[. ועיין בש"ה פ"א ח"א, **שמשמע שהכתרים שלקח עתיק משבעה תחתוניות, היינו מאחר שהיו ספירות, ולא בעוד שהיו נקודות, ולכן שם לא הזכיר נקודות**, ועיין שם דקאמר - **ונוקבא דז"א לקחה ספירות תחתונות ומלכות דב"ן**, חוץ מבחינת הכתר שבזו המלכות. ועיין ההפרש שיש בין **נקודה, ספירה, פרצוף**, בספר עב"י דף ט"ו, והוא כלל שעמו טעמו, נבין כמה בחינות, **ועיין.**

בית לחם יהודה ש"ט פ"ח דל"ח ע"א – צמח נראה לעניות דעתי וכו'. דאם לא כן איך כתב דעתיק לקח הכתרים של שבעה תחתונות דב"ן. עיין מה שכתוב בהגהות השמ"ש ז"ל על דברי מהרי"ץ ז"ל. אמנם עיין בדברינו בסוף פרק א' דעתיק ד"ה - כי הוא מברר וכו'. ובפרק ב' דעתיק, ד"ה - ואמנם בעתיק.

כרם שלמה ש"ט פ"ח אות ב' – וזהו גם כן כוונת **הצמח** מה שכתב על הדיבור של **שהם השבעה מלכויות שיש בזו"ן**, והוא בא לפרש שאלו הזו"ן דהז"א. פירוש, השבעה קצוות שלו, שהם החג"ת ונהי"ם כל אחד כלול מעשר ספירות, ולא יצאו המלכות של כל אחד ואחד. וזהו שכתב **הצמח** ז"ל - **נראה לעניות דעתי שהם השבעה מלכים שבשבעה קצוות. ואף על פי שהם דב"ן, שהם היו אז נקודה)**פירוש, מלכות(, **עם כל זה כל נקודה כלולה מעשרה נקודות.** עד כאן לשונו.

השמ"ש]ב[– נ"ב אמת שכל אחד היתה כלולה מעשר הנזכר לעיל. אמנם השבעה כתרים שלקח עתיק, לא של המלכויות האלו, אלא של כללות התשע ספירות העליונות של השבעה תחתונות דב"ן, אותם שיצאו עם שם מ"ה, אשר לא היתה בהם שבירה, שהם הבחינה היותר עליונות שבשבעה תחתונות דב"ן)ד(.
הגהות וביאורים)ד( ]בהגהת השמ"ש[– א"ה בספר מבוא שערים דף ס"ז ע"ב **]אח"י** - יש כאן טעות סופר, וצריך לגרוס דף ט"ו ע"ב. בדפוס דשנת תס"ד הוא בדף ו' ע"ג] חזר בו הרב צמח ז"ל, ותירץ כמו שתירץ.

בית לחם יהודה ש"ט פ"ח דל"ח ע"א – והשביעית היא מלכות שבמלכות. הנה בפרק ו' דלעיל כתב שיצא הכתר שבה בלבד, והנא קאמר והשביעית היא מלכות שבמלכות. דע כי הם שתי שמועות, כמו שכתב בפרק י"א דשער כ' ד"ה - תחילה וכו'. ולכן לפעמים תופס כשמועה זו, ולפעמים כשמועה זו.

דזו"ן, **ולכן**[102] נשברו ומתו[103] **לא נֶתקיימו** כל המלכויות דחג"ת נהי"ם דנקודת ז"א, וכן בשאר הנקודות שבעולבי.

למה מלכות שבמלכות שלא נתקיימה, נזכר בדברי הימים, ולכן נזכר שם מיתה בכל המלכים. אבל שאר הבחינות שלא מתו דהיינו קלוות הנקודות המלכות שלא מתו לא נזכרו. ועיין בפרשת וישלח, ועיין לקמן.

הרב ז"ל מבאר כאן את בחינת תיקון המלכים דמיתו, שהם[104] שבעה המלכים שמלכו בארץ אדום ונשברו ומתו, ונפלו לבי"ע. ותיקונם הוא על ידי המלך השמיני, שהוא הדר[105], אשר בו לא נזכר בתורה בחינת מיתה במלך זה. והמלך השמיני הוא סוד[106] היסוד. **ידוע** כי[107] כמו כל ספירה וספירה מתחלקת לשלוש פרקים, גם[108] היסוד נחלק לשלוש

הגהות וביאורים)ה(– נראה דצריך לגרוס מלכות שבמלכים, ור"ל מלכות ו"ק דזו"ן כנודע.

102

בית לחם יהודה ש"ט פ"ח דל"ג ע"א – ולכן לא נתקיימו, פירוש, משום שהיו בחינת נפש בלבד, וזהו טעם חמישי לסיבת שבירת הכלים. ועוד יש טעם ששי בסוף פרק ז' דשער מ"ד, שהוא מסיבת שהיו או"א בסוד אחור באחור, יעו"ש בד"ה - נעשה הזווג וכו'. ועוד יש טעם שביעי, והוא הנזכר בפרק ה' דשער ן' שהיו בסוד קרי דכורא בלא נוקבא, יעו"ש.

103

כרם שלמה ש"ט פ"ח אות ב' – ומה שכתב ולכן מתו ולא נתקימו, חוזר אריש דבריו, הואיל ויצאו בחינת העגולים שבהם, ולא היושר גם כן עמהם, לכן לא נתקימו.

104

בראשית ל"ו ל"א עד פסוק ל"ט – ואלה המלכים אשר מלכו בארץ אדום לפני מלך מלך לבני ישראל, **וימלך** באדום בלע בן בעור ושם עירו דנהבה, **וימת בלע וימלך** תחתיו יובב בן זרח מבצרה, **וימת יובב וימלך** תחתיו חשם מארץ התימני, **וימת חשם וימלך** תחתיו הדד בן בדד המכה את מדין בשדה מואב ושם עירו עוית, **וימת הדד וימלך** תחתיו שמלה ממשרקה, **וימת שמלה וימלך** תחתיו שאול מרחבות הנהר, **וימת שאול וימלך** תחתיו בעל חנן בן עכבור, **וימת** בעל חנן בן עכבור וימלך תחתיו הדר ושם עירו פעו ושם אשתו מהיטבאל בת מטרד בת מי זהב.

105

בראשית ל"ו ל"ט – וימת בעל חנן בן עכבור וימלך **תחתיו הדר** ושם עירו פעו ושם אשתו **מהיטבאל** בת מטרד בת מי זהב.

106

שער מאמרי רשב"י, אדרא רבא דמ"ד ע"ג – ונמצא כי המלך השמיני שהוא נקרא **הדר** העליון והוא ממש יסוד.

107

ע"ח שכ"ג פ"ז מ"ק דק"ח ע"ג – ונראה כי הג"ר שהם חב"ד דז"א עצמו, הם המוחין, והם הנקראו פנימית, אך החיצונות אפילו בראש עצמו נקרא ו"ק דז"א, ובזה תבין מה שכתוב במקום אחר כי לעולם אינו רק ו"ק דחיצוניות, ונגדלין ונחלקים לפרקים, ומהם עצמן נעשה ג"ר. נמצא כי בחינת החיצונית אינו רק ו"ק לבד, אלא שנחלקים לעשרה ספירות, אך המוחין הם הפנימים הם עשרה ספירות גמורות. נמצא שמתלבשים עשרה ספירות גמורות פנימים בו"ק חיצונים, ועל ידי הרושם שעושין עשרה ספירות פנימים המתלבשות בתוכם נרשם בו"ק בחינת עשרה ספירות גם כן, אך אינם רק ו"ק לבד בחיצוניות. נמצא כי החסד הקצה הראשון דחיצוניות, נכנס ספירת החכמה שלימה דפנימית בשתי שלישים הראשונים שבו, ונקרא ספירה גמורה אחת אף בחיצוניות, עם שאינו רק שתי שלישים. ושליש התחתון דחסד עם שליש ראשון דנצח דחיצוניות, נכנס בהם ספירה שלימה דחסד דפנימיות, ונקרא החיצונית גם כן ספירה גמורה על ידי הפנימיות. ושתי שלישים

פרקים, והפרק התחתון דיסוד הוא[109] עטרת היסוד, הנקרא[110] ב"ן דמ"ה דיסוד, שהוא המלכות דאותה בחינה של כל
שיעור קומה. עטרת היסוד זאת נקראת **הדר**, בסוד[111] - פרי[112] עץ הדר, ובסוד[113] - והדרת פני זקן, ר"ל כמו שיש זקן

תחתונים דנצח ה' חיצוניות, נכנס בהם ספירה שלימה דנצח דפנימיות, ונקראו חיצוניות גם כן ספירה גמורה על
ידי הפנימיות. ועל דרך זה בקו שמאל, **ובקו האמצעי**, והבן זה היטב.
ע"ח שכ"ד פ"א מ"ב דק"י ע"א – דע כי בזמן העיבור בירר מן שבעה מלכים בחינת הנה"י שלו, כי כן
האדם מתחיל לקנות הנפש, ואחר כך הרוח, ואחר כך הנשמה, וגדל ממטה למעלה, וכן האילן גדל ממטה
למעלה, וכן האדם. נמצא כי תחלה בירר הנה"י שבו, ואינם הנה"י כולם, אמנם הנה"י שיש בנה"י שלו לבדו.
פירוש, כי הנה הנצח הכללי דז"א, הוא קו ימין, ויש לו שלוש נקודות, ראש תוך סוף, שהם חח"ן, והם חכמה
שבו, וחסד שבו, ונצח שבו, וכולם בחינת נצח שבו שהם הכולל דז"א, וכל אחד מאלו השלוש כלול מחכמה חסד
נצח, כנודע כי כל אחת מהשלוש נקודות הנזכרים לעיל יש בכל אחד ואחד ראש תוך סוף. נמצא שבחכמה
דנצח כללי של הז"א, יש חח"ן, ונקרא שלשתן חכמה, והוא בחינת פרק עליון של נצח הכללי. ואחריו פרק
שני, והוא חסד דנצח הכללי, ונחלק גם הוא לשלוש, והוא חח"ן, והם בחינת פרק אמצעי שבבנצח הכללי, ונקרא
שלשתן חסד שבבנצח הכללי. ואחריו פרק שלישי והוא נצח דנצח הכללי, ונחלק גם הוא לשלוש, והם חח"ן,
ושלשתן נצח דנצח הכללי. והרי הם תשע בחינות בנצח דז"א, וזהו על דרך שהזכירו בתיקונים דף ק"ח בענין
טפת הזרע, שהוא י' אחת, כי אין דבר קטן מנקודת היו"ד, ונקודה זו יש בה שלוש קוצין, וזה ראש תוך סוף,
וכל אחת מהן יש בו שלוש קוצין, הרי הם שלוש של שלוש שלוש, וכללותן הם י', ולכן אות י' חשבונו עשרה,
והם עשרה טפין דאזדריקו מקשת, ואתפליגו לישר ניצוצין. ועל דרך זה הם תשע בחינות בהוד, **ותשע בחינות
ביסוד**, וכולם הם כ"ז בחינות, נגד כ"ז אותיות התורה, **והבן זה**...... ונחזור לענין, כי בסוד הטיפה לא ניכר רק
המלכות שבכל בחינה ובחינה, ואחר כך בעיבור הגדילה הטפה, והוא כי נתוספה עליה בחינת הנה"י שבכל
בחינה ובחינה, באופן זה כי הנה הנצח הכללי בקו ימין נצח דז"א הכללי ויש בו שלוש פרקין, וכל אחד כלול
מחח"ן. ואמנם עתה בעיבור נתוסף בז"א שלוש הנצחים, שיש בשלוש פרקין, ואלו השלוש נצחים משמשין לו
במקום חח"ן. וכן על דרך זה בקו שמאל, בהוד שלו שלוש פרקין, ונכללו בו שלוש הודות שיש בשלוש פרקין,
ושמשו לו במקום בג"ה. וכן על דרך זה בקו אמצעי, **ביסוד שלו שלוש פרקין**, ונכללו בו שלוש יסודות שיש
בשלוש פרקין, ומשמשין לו במקום דת"י. ואלו בחינות תשעה ספירות דז"א, בעת העיבור וכולם אינם רק
בחינת נצחים נצחים של נצח הכללי, והודות של הוד הכללי, **ויסודות של יסוד הכללי**.
108

תרשים ח – י"ב.
109

ע"ח ש"א ענף ה' מ"ב די"ד ע"ג – רצוני בענף זה להקדים קצת הקדמות אל כל הבא למלאות את ידו
ולהתעסק בחכמה זאת. והוא, כי כבר ביארנו לעיל כי פרצוף אדם כלול מרמ"ח אברים בעשר ספירות פרטיות
שבו, באופן זה כי כתר הוא גולגלתא. וחב"ד הם שלוש מוחין. וחג"ת הם שתי דרועין וגופא. ונה"י שתי שוקין
ואמה, ומלכות היא נקבה שלו. אמנם אם תרצה לחלק ולפרט אלו העשר ספירות הכלליות בפרטים רבים, הנה
אינם נחלקות רק לחמשה בחינות לבד, אשר כל בחינה מהם הוא פרצוף אחד שלם, כמראה אדם. וזה סדרן
הנה הכתר, הוא פרצוף אחד שלם מעשר ספירות, ונקרא א"א. וחכמה הוא גם כן פרצוף אחד מעשר ספירות,
ונקרא אבא. ובינה היא גם כן פרצוף אחד מעשר ספירות, ונקרא אימא. והו"ק מחסד עד היסוד הוא פרצוף
אחד מעשר ספירות, ונקרא ז"א. וספירה עשירית שהיא מלכות, היא פרצוף אחד מעשר ספירות, ונקרא נוקבא
דז"א. עוד צריך לדעת כי בחינת המלכות שבכל פרצוף ופרצוף, מאלו החמשה פרצופים, הוא באופן זה, **כי
מלכות אשר בפרצוף זכר, כגון אבא וז"א, הנה המלכות שבו הוא בחינת עטרה שעל הצדיק, הנקרא
יסוד**, בסוד - ברכות לראש צדיק, הנזכר בספר הזוהר פרשת ויצא דף קס"ב וז"ל - רבי ייסא זוטא הוה שכיח
קמיה דרבי שמעון, אמר ליה, מהו דכתיב - ברכות לראש צדיק, לצדיק מבעי ליה וכו'. ואם הוא מלכות
בפרצוף נוקבא, כגון אימא ונוקבא דז"א, **הנה המלכות שבה הוא גם כן בחינת עטרת היסוד שבה, כי היסוד
שבה הוא הרחם, והעטרה שבה הוא בחינת בשר התפוח שעליה**, הנקרא בדברי חז"ל, בעניני מעים, בעניני
סימני איילונות כנודע.
110

עליון בפנים של האדם, והוא נקרא הדרת פנים זקן, כך יש זקן תחתון, והוא נמצא סביב ליסוד של האדם, וגם הוא נקרא **הדרת פנים של הזקן התחתון.** אחד מהסימנים של הסריס שהוא אדם שלא יכול להביא ילדים, הוא שאין לא זקן, לא עליון ולא תחתון. ועיקר האדם הוא בעולם הוא להוליד ילדים, וזה הדרתו של האדם. הזקן התחתון נקרא – זקן תחתון, ונקרא הדרת פנים של מטה. **והדרת פנים נקרא על שמו של המלך השמיני, הדר, שהוא בחינת יסוד דא"ק.** כאן הרב ז"ל דורש על הזקן התחתון, הגמרא[114] מסתירה את הזקן התחתון, ודורשת על הזקן העליון. והמלך השמיני הדר,

---

רחובות הנהר ד"ז ע"ד - ואחר כך יוצא הארת הבינות והגבורות מוחין שנתפשטו בזו"ן, ובונים ומתקנים את יעקב ורחל, כמו שנבאר בכוונת ברכת אבות בע"ה, ואלו יעקב ורחל הם המלכויות, **הנקראים עטרת דיסוד דו"ק דמ"ה וב"ן דזו"ן הגדולים** עצמם.

111

ויקרא כ"ג מ' – ולקחתם לכם ביום הראשון **פרי עץ הדר** כפת תמרים וענף עץ עבת וערבי נחל ושמחתם לפני הוי"ה אלהיכ"ם שבעת ימים.

112

שער הכוונות, ענין סוכות, דרוש ה' דק"ה ע"ג – ונבאר עתה פרטי הלולב ומיניו, היכן רמוזים בדרך קצרה, כדי שתבין סוד הנענועין, ואחר כך נשלים ביאור פרטיו. הנה למטה יתבאר כי ארבע מיני שבלולב הם רומזים אל ארבעה אותיות ההוי"ה, והנה הוי"ה, זו כולה **היא בז"א לבדו.** בזה האופן, **יו"ד** חסד, גבורה תפארת, והם שלוש הדסים. **ה"ה** נצח והוד, והם שני ערבי נחל. **ו' יסוד**, והוא הלולב. **ה"ה האחרונה** אתרוג, **והיא מלכות שבו, שהיא העטרה שביסוד**, הנקרא ראש צדיק. אבל אינו נוקבא דז"א, כמו שחשבו רבים, כי זהו טעות מפורסם. כי המלכות דז"א עצמו המחוברת עמו,)גם היא(נרמזת בחיבור בסוד אות ה"ה אחרונה של הוי"ה. אבל הנקבה יש לה שם שלם בפני עצמה, והוא אלהי"ם או אדנ"י כנודע, ולכן נקרא **פרי עץ הדר**, ר"ל פרי של היסוד, הנקרא עץ הדר, **והפרי שבו הוא העטרה.** גם נקרא יסוד הדר בסוד הדרת פני זקן, וכמו שמבואר בפרשת תצוה. ובזה יתיישבו לך כמה מאמרים בספר הזוהר שנראין דבריהם כסותרין זה את זה, כי נמצא בזוהר שהאתרוג הוא יסוד, גם נמצא במקום אחר שהוא המלכות, ושניהם אמת. **כי היא מלכות שביסוד דז"א**, וזהו טעם איסור הפרשת האתרוג מן הלולב בעת נטילתו, **וצריך לחברם יחד, כי הלולב הוא היסוד, והאתרוג הוא העטרת הדבוקה עמו, בלי פירוד.**

חסדי דוד אות ט' דמ"ט ע"ב – א"ק יש בו עסמ"ב, והם תנת"א, וכל אחד כלול מכולם, ע"ב ס"ג מ"ה ב"ן דע"ב, הם מתפשטים מראשו ועד רגליו, דהיינו ע"ב דע"ב עד האזן, ס"ג דע"ב מהאזן עד הטיבור, ומ"ה, וב"ן דע"ב מהטיבור עד רגליו. ועסמ"ב דס"ג מלבישים לסמ"ב דע"ב, דהיינו מהאזן ועד רגליו. ועסמ"ב דמ"ה וב"ן מלבישין לסמ"ב דס"ג, ולמ"ה וב"ן דע"ב. דהיינו מאזן דס"ג ומטיבור דע"ב, **זהו פנימיות דא"ק.** וכולם הוציאו אורם לחוץ להלבישו, כי מע"ב דע"ב המגולה יצאו שערות הראש, שבהם תלויים כמה וכמה מיני עולמות הקודמים אל אבי"ע, **ואין רשות לדבר בהם**, אפילו בדרך משל, רק מהאזן ולמטה, וזה סוד לשכך את האזן, ואלו הלבישו מהקרקפתא עד האזנים דא"ק. ומע"ב דס"ג המגולה יצאו אורות אח"פ ושערות הזקן, והלבישו מהאזן עד הטיבור, וחיצוניות עסמ"ב דמ"ה וב"ן יצאו מהם נקודים וברודים דרך עינים ומצח דא"ק, והלבישו לא"ק מטיבור עד סוף רגליו, ועם חיצוניות עסמ"ב דב"ן יצאו חיצוניות סמ"ב, שהם נקודין תגין אותיות דס"ג, ולכן נקרא נקודים, יען שורשו נקודות דס"ג הנקרא נקודות דנקודות, ולכן הנקודות נקרא פעמים ב"ן ופעמים ס"ג. ועם חיצוניות עסמ"ב דמ"ה יצאו חיצוניות סמ"ב דע"ב. וטעם קריאת המ"ה ברודים, יען ב"ן הכולל היא תולדות מלכות דא"ק, וממנו הז' מלכים דמיתו, ולכן שם ב"ן נקרא נקודות, כי נקודות היא במלכות, ושם מ"ה הכולל הוא תולדות הז"א דא"ק, **שהשתלתו מהיסוד הנקרא הדר, כי הוא סוד הדרת פנים זקן, דהסריס אין לו זקן, והוא מלך הדר המחייה את המלכים**, וזהו ברודים כמו הדר.

113

ויקרא י"ט ל"ב – מפני שיבה תקום **והדרת פני זקן** ויראת מאלהי"ך אני הוי"ה.

114

גמרא שבת דקנ"ב ע"א – אמר ליה)אדם שהיה סריס(ההוא גוזאה)גוזאה – הוא סריס, אדם שלא יכול להביא ילדים(לרבי יהושע בן קרחה)שהיה קרח(, מהכא לקרחינא כמה הוי)מה המרחק מכאן עד לקרחינא - מלשון קרחת(, אמר ליה)ענה לו רבי יהושע בן קרחה, באותה לשון(כמהכא לגוזניא)מכאן עד גוזניא - מלשון סריס(, אמר ליה)הסריס(צדוקי)שהיה גם צדוקי(, ברחא קרחא בארבעה)עז קרח נמכר בארבעה דינרים(, אמר ליה)אמר לו רבי יהושע(, עיקרא שליפא בתמניא)שה שעקרו את הביצים שלו נמכר בשמנה

שהוא בחינת יסוד דא"ק[115], שכל הו"ק דא"ק נכללים בו, ובחיבורו עם מלכות דא"ק, הביא תולדות, והאציל את עולם האצילות. **צריך לדעת** כי[116] אפילו שהרב ז"ל מבאר את המלך השמיני, הנקרא הדר, והיסוד דז"א דא"ק, עם כל זאת כל חלקי שם מ"ה יצאו, שהם עסמ"ב דמ"ה, ולא רק היסוד דשם מ"ה, **והוא בחינת יושר, בחינת הרוח**, ותיקן[117] את בחינת המלכים דמיתו.

ואחר כך ר"ל אחרי שנשברו ומתו כל המלכים, וירדו לבי"ע, עלה[118] ברצון המאציל לתקן את המלכים דמיתו, נולד שם מ"ה החדש מזיווג חו"ב דא"ק, לתקן את המלכים דמיתו, וב**עת התיקון יצא**[119] **מלך השמיני**

דינרים(, חזייה דלא סיים מסאניה)ראה הסריס שרבי יהושוע לא נועל נעלים(, אמר ליה)אמר הסריס לרבי יהושוע(, דעל סוס מלך דעל חמור בן חורין)הרוכב על סוס המלך, והרוכב על חמור, הם בני חורין(, ודמנעלי בריגלוהי בר איניש)והנועל נעלים לפחות בן אדם הוא(, דלא הא ולא הא)אבל אתה שאין לך לא סוס, ולא חמור, ולא נעלים(, דחפיר וקביר טב מיניה)מי שנחפר לו קבר, ונקבר בתוכו, עדיף ממך(, אמר ליה)אמר רבי יהושוע לסריס(, גוזא גוזא)סריס סריס(, תלת אמרת לי תלת שמעת)שלוש דברים אמרת לי, ועכשיו אתה תשמע שלוש דברים ממני(, **הדרת פנים זקן**,)יופי הפנים זה הזקן, ולסריס שלא יכול להוליד אין זקן(, שמחת לב אשה)השמחה של האדם היא אישתו, שממנה הוא יכול להביא ילדים(, נחלת ה' בנים)הנחלה שה' נותן לאדם הם הבנים(, ברוך המקום שמנעך מכולם)ברוך ה' שמנע ממך גם זקן, גם אישה, וגם ילדים(.

115

ע"ח ש"ט פ"ח מ"ב דמ"ו ע"ב – ונודע כי שם ב"ן הכולל כל האצילות, **הוא מלכות דא"ק**. ושם מ"ה החדש הכולל כל האצילות, **הוא ז"א דא"ק**.

116

רחובות הנהר ד"ג ע"ב – ובתחילה יצא שם ב"ן שהוא שבע קצוות זו"ן, שהם מ"ה וב"ן דב"ן דא"ק, והם השבעה מלכים דב"ן דמיתו. ואינם רק שבעה מלכים, אלא נפרטו לעשר ספירות, שהם עסמ"ב, והם עתיק, וא"א, ואו"א, וזו"ן דב"ן דאצילות. **ואחר כך בתיקון יצא שם מ"ה החדש, שהוא שבע קצוות זו"ן, שהם מ"ה וב"ן דמ"ה דא"ק, ונפרטו גם הם לעסמ"ב** על דרך הנזכר לעיל. ובירר ותיקן לע"ב ס"ג מ"ה ב"ן דב"ן, כמו שנבאר בע"ה.

117

ע"ח ש"ג פ"ב מ"ב דטו"ז ע"ד – וזה סוד בהבראם, בה' בראם כי כל הנבראים היו בחינת חמשה פרצופים, הן באצילות, הן בבי"ע. וזה סוד **ה'** זעירא. וזה סוד מ"ה זעירא יצאו כי כולם מ**מלכות דא"ק**)אחר שנתמעטה[ ]אחר שנתפשטה[בסוד שבעה תחתונות שלה לבד, ואז היתה ראש להם כנזכר לקמן, לכן נרמזו ב**ה'** זעירא. והנה העשר ספירות דאצילות להיותם לבושים למלכות דא"ק, התחילו בהם הסיגים, ונרמזו ב**אלה המלכים** הנזכר בראש אדרא רבא, כי כולם בני מלכים הם, בראשית ברא אלהי"ם]שהיא מלכות דא"ק, הנקראת אלהי"ם, ומכחה נבראו שמים וארץ דאצילות[. ומתחלה לא נתקנו, **עד שיצא הדר, מלך השמיני**)ממ"ה סא"א(שם הוי"ה, הוא תולדות **היסוד דא"ק**, מילה שניתנה בשמיני, והוא הדרת פני]נ"א פנים[זקן, והוליד טיפת הלובן, הנקרא חסדים, והטיל במ"ן דמלכות שבו,)**צריך לגרוס** נ"א מ"ד במ"ן)שהוא טיפת אודם, ארץ אדום, וכדין עלמין אתתקנו, שהם שבעה מלכים הכוללים העשר ספירות דאצילות. כי ראשון כולל ג"ר, וכדין עלמא אתבסם בזווג יסוד ומלכות דא"ק. וזהו ביום עשות הוי"ה אלהי"ם ארץ ושמים, שיתף רחמים בדין, ואז נתקן האצילות.

118

ע"ח ש"י פ"א מ"ת דמ"ז ע"ב – והנה כאשר **עלה ברצון המאציל להחיות את המתים**, ולתקן את המלכים האלו הנשברים והנפולים בעולם הבריאה, גזר והעלה מ"ן מתתא לעילא, ועל ידי כך היה זווג עליון דחו"ב דא"ק פנימיות, **והוציא שם מ"ה החדש** ונתקנו המלכים וכבר נתבאר לעיל כי שבעה אורות של מלכים דב"ן נתעלו ונתכללו ונתלבשו.......

119

כרם שלמה ש"ט פ"ח אות ב' – ומה שכתב ואחר כך בעת התיקון יצא מלך השמיני, **והוא הדר, והוא יסוד**. פירוש, הוא מה כתוב בפרשת וישלח - **וימלוך תחתיו הדר ושם אשתו מהיטבאל** וכו'. ומה שכתב והוא

וְהוּא הָדָר, וְהוּא הַיְסוֹד שבו כלולים כל הו"ק דא"ק, **כַּנּוֹדָע** מה שמבואר **בְּאִדְרָא רַבָּא** דַף[120] קמ"ב ע"ב, **וְהוּא**[121] **גָּבוֹהַ**[122] **מֵהַשִּׁבְעָה מְלָכִים** דמיתו שיצאו לפניו, **שֶׁכּוּלָם**[123] ר"ל המלכים הם **בִּבְחִינַת מַלְכוּת שֶׁיֵּשׁ בְּזו"ן** דז"א, **וְלָכֵן יָצְאוּ הַמַּלְכוּת** דזו"ן דז"א **בְּסוֹד** נפש, שהם **הָעֲגוּלִים, בְּסוֹד**[124] - **נְקֵבָה** שהיא ב"ן **תְּסוֹבֵב גָּבֶר** והוא מ"ה, ר"ל העגולים מסובבים את היושר, נפש מלבישה את הרוח.

עד עכשיו היה מובן כי שם מ"ה החדש שיצא דרך המצח דא"ק הוא בחינת היסוד בלבד דז"א דא"ק, כאן מבאר הרב ז"ל כי יסוד זה הוא[125] בעצם היסודות דשבע ספירות חג"ת נהי"ם דשם מ"ה החדש, והיסוד של כל אחד ואחד מהשבעה

יְסוֹד, פירוש, כי שם **הָדָר** הוא פירושו יסוד, כמו שנאמר - **פְּרִי עֵץ הָדָר כַּפּוֹת תְּמָרִים**, ובסוד - **וְהָדַרְתָּ פְּנֵי זָקֵן**.
120

סֵפֶר הַזוֹהַר פָּרָשַׁת נָשֹא, אִדְרָא רַבָּא דְּקמ"ב ע"א עם תרגום וביאור – **תָּאנָא** למדנו, **עַד לָא זְמִין תִּקּוּנֵי דְמַלְכָּא** עד שא"ק לא הזמין ולא הוציא את תיקוני המלך, שהוא שם מ"ה החדש שיצא דרך המצח דא"ק, כדי לתקן את שבעה המלכים שנשברו ומתו, ונפלו בכלים שלהם עם הרפ"ח ניצוצין לעולמות בי"ע, **עַתִּיקָא דְעַתִּיקִין** שהוא א"ק. **בָּנֵה עָלְמִין** בנה עולמות, שהם בכללות עולם הנקודים, והם השבעה מלכים שמלכו בארץ אדום, שנשברו ומתו, **וְאִתְקִין תִּקּוּנִין לְאִתְקַיְּימָא** ואחר כך התקין פרצופים שנתקימו. **הַהוּא נוּקְבָא לָא אִתְבַּסְּמָא** השבעה מלכים שיצאו מלכים שיצאו תחילה ולא נמתקו, היו מבחינת הנוקבא, כולם דנין דשם ב"ן, **וְלָא אִתְקַיְּימוּ** ועולמות האלו לא נתקימו, מפני שהיו בבחינת דינים, בלי חסדים. **עַד דְּנָחִית חֶסֶד עִלָּאָה וְאִתְקַיְּימוּ** עד שירד החסד העליון, שהוא שם מ"ה דמ"ה, שיצא מהמצח דא"ק, וירד לנוקבא שלו, ב"ן דמ"ה, ויתקימו מ"ה וב"ן דמ"ה, **וְאִתְבַּסְּמוּ תִּקּוּנֵי נוּקְבָא** ונמתקו דיני הנוקבא, שהם המלכים דמיתו. ונתגלה שם מ"ה **בְּהַאי אַמָּה** ביסוד דא"ק, **דְּאִקְרֵי חֶסֶד** הנקרא חסד. **הֲדָא הוּא דִכְתִיב** זה שכתוב - **וְאֵלֶּה הַמְּלָכִים אֲשֶׁר מָלְכוּ בְּאֶרֶץ אֱדוֹם** שכתוב בכל מלך - וימלוך וימת, **אֲתָר דְּכָל דִּינִין מִשְׁתַּכְּחִין תַּמָּן** מקום שכל הדינים נמצאים, **וְלָא אִתְבַּסְּמוּ** ולא נמתקו, ולא נתקנו. **עַד דְּאִתְקַן כֹּלָּא** עד שמקודם נתקנו כל הפרצופים הקודמים לה, **וְנָפִיק הַאי חֶסֶד** ויצא בחינת החסד, שהוא שם מ"ה, **וְאִתְיַשֵּׁב בְּפוּמָא דְאַמָּה** וישב ונתיחד עם עטרת היסוד, הנקראת הפה של היסוד, שהיא בחינת ב"ן דמ"ה, **הֲדָא הוּא דִכְתִיב** זהו שכתוב - בשבעה המלכים וימת וימת שכולם מתו, **דְּלָא אִתְקַיְּימוּ וְלָא אִתְבַּסְּמוּ** שלא נתקימו ולא נמתקו, והסיבה **דִּינָא בְּדִינָא** כי כולם היו בבחינת דינים דשם ב"ן, לכן לא נתקימו, עד שיצא שם מ"ה ותיקן את המלכים הנזכרים לעיל.
121

בֵּית לֶחֶם יְהוּדָה שַׁ"ט פ"ח דל"ג ע"א – והוא גבוה מהשבעה מלכים. וטעם שהוא גבוה מהשבעה מלכים לפניו.
122

כֶּרֶם שְׁלֹמֹה שַׁ"ט פ"ח אוֹת ב' – ומה שכתב **וְהוּא גָבוֹהַ** וכו'. מפני ששאר המלכים דב"ן שיצאו בתחילה, הם יצאו מבחינת המלכות דא"ק, אבל שם מ"ה החדש שיצא בתיקון, הוא יצא מבחינת הז"א דא"ק, ולכן הוא **גָבוֹהַ** מבחינת המלכים דב"ן. אבל נקרא בשם **הָדָר** שהוא בחינת **יְסוֹד**. מפני שבעלמא כלול בהיסוד כל בחינת הו"ק של כל בחינה ובחינה של שבעה תחתונות בשם אחד, לכן כתבה התורה **הָדָר** שהוא היסוד, מפני שכלולים בו כל הו"ק ביחד. אבל לעולם לא היסוד לבדו יצא בזמן התיקון אלא הו"ק של כל בחינה ובחינה של השבעה תחתונות, דהיינו של החג"ת נהי"ם דשם מ"ה יצאו בעת התיקון.
123

בֵּית לֶחֶם יְהוּדָה שַׁ"ט פ"ח דל"ג ע"א – שכולם בחינת מלכיות שיש בזו"ן. ואם כן השבעה היסודות שבזו"ן דא"ק הם גבוהים מהשבעה מלכים, וכדאמרן לעיל בד"ה שהיא בחינה וכו'.
124

יִרְמְיָהוּ ל"א כ"א – עד מתי תתחמקין הבת השובבה כי ברא הוי"ה חדשה בארץ **נְקֵבָה תְּסוֹבֵב גָּבֶר**.
125

תחתונות דשם מ"ה החדש, תיקן את אחד המלכים שכנגדו. ר"ל כל ספירה וספירה דמ"ה תיקנה את הספירה שכנגדה בשם ב"ן שנשברה ומתה, וירדה לבי"ע. **וידוע** כי[126] החמשה חסדים מתפשטים בחג"ת ונצח הוד, והארתם מתפשטת ביסוד, לכן היסוד כולל את כולם, ונקרא[127] **כ"ל**, על[128] **כ"ל** שם החסדים דחג"ת נצח והוד המתפשטים בו, שהם חמשה, וכל

שער מאמרי רשב"י דל"ג ע"א – ואמנם היה הדין למטה בשבעה תחתונות, אלא שהיה הכל מעורב יחד כנזכר, ולהיות כן שלא היה בהם בעשר ספירות שום תיקון כלל. לכן כאשר היה האור הא"ס יורד ובוקע בתוכם מלמעלה למטה, היה האור יורד לחכמה, ומחכמה לבינה, שהיא הספירה השלישית. אבל בהתפשט האור ההוא העליון אשר היה הוא סוד רחמים גמורים, וחסד גמור, ובהגיעו אל השבעה תחתונות אשר הם סוד הדינים כנזכר, ומהם הדינין מתערין, לא היו יכולים לקבלו כי הם הפכים, זה חסד וזה דין, והיו מתבטלים על ידי האור העליון, ומתו, וכמו שאמר הכתוב - וימת בלע וימת חושם וגו' ואז ירדו אותם השבעה מלכים התחתונים למטה בעולם הבריאה, תחת מקום המלכות דאצילות לגמרי, ונשאר מקומם פנוי תחת ספירת הבינה. ובאותו החלל אשר בין ספירת הבינה ובין השבעה מלכים האלו, **יצאו עוד שבעה ספירות אחרות, כללות יחד, בציור אדם כלול זכר ונקבה, והוא סוד זו"ן, והוא נקרא מלך השמיני, אשר שמו הדר, ושם אשתו מהיטבאל, כי הדר הוא ז"א, ומהיטבאל הוא נוקבא.** ונמצא השבע ספירות תחתונות הראשונות, להיותם בפרוד זה מזה, בלתי חבור, נקראו שבעה מלכים. ואלו השבע ספירות תחתונות, להיותם מחוברים נקראים כולם יחד מלך אחד, והוא הנקרא מלך השמיני הדר, ושם אשתו מהיטבאל כו'. ואלו השבעה ספירות האחרות הונחו באותו מקום החלל, שבין ספירת הבינה ובין השבעה מלכים ראשונים, ואותם השבעה מלכים ראשונים שמתו, ירדו למטה מזה המלך השמיני הנזכר.

126

שער הכוונות, דרושי העמידה, דרוש ב', קונה הכל – גם תכוין במלת הכל, כי כל בגימטריא חמשים, שהוא כללות החמשה חסדים הנמשכים ביסוד דז"א, וכל אחד כלול מעשר כנודע. וגם מתפשטים ויורדים בתוכו החמשה גבורות לצורך רחל נוקבא דז"א, וזה נרמז במלת הכל, **ה'** לנוקבא, **כל** ליסוד עצמו דז"א. וכל מציאות התפשטות זה החסדים וגבורות אלו הם **ביסוד** עצמו.... אמנם אין הדבר כן, אלא שבפעם אחד יורדין עד חג"ת דז"א, וזה נרמז במלת קונה הכל, כי הכל נגמר ברגע אחד, ובנסיעה אחת, ואין צורך אל נסיעה אחרת כמו באימא, והטעם לזה הוא כי עתה כי עתה אנו מעוררים את האור העליון דמזלא עילאה קדישא דאריך, שהוא תיקון י"ג של ונקה, שהוא אותיות קונה ממש, ועל ידי אור גדול הנמשך עתה מזה המזל במוחין דאבא, יש להם כח גדול לרדת במרוצה בנסיעה אחת, ולא יצטרך לשתי מסעות...... וגם נרמז שנית במלת קונה **הכל**, כי הוא קונה בסוד ונקה, בסוד מזלא עלאה דדיקנא דאריך, אשר הוא מוציא את הכל שהוא היסוד כנזכר. גם תכוין במלת הכל כי **כל** בגימטריא חמשים, שהוא כללות החמשה חסדים הנמשכים ביסוד דז"א, וכל אחד כלול מעשר כנודע. וגם מתפשטים ויורדים בתוכו החמשה גבורות לצורך רחל נוקבא דז"א, וזה נרמז במלת הכל, **ה'** לנוקבא, **כל** ליסוד עצמו דז"א. וכל מציאות התפשטות זה החסדים וגבורות אלו הם ביסוד עצמו.

127

ע"ח ח"ב כללים שעשה הרח"ו, כלל כ' דקי"ח ע"ג – דע שהחסדים שבדעת התחתון המתפשטים בו"ק ז"א, יש בהם שני בחינות, והם אור פנימי ואור מקיף. ופנימיים הם שבעה. שהם **חמשה חסדים**, ועוד הארתן **נכלל ביסוד**, ויש שם כללות כל החסדים אחרים. **וכן על דרך זה חוזרין להכלל בכללות יותר גם כן במלכות**, שהיא עטרת היסוד. ואף על פי שאין אנו מזכירין תמיד אלא חמשה, **זהו עיקרם**. אך השנים כוללים דיסוד ומלכות, שנעשין מהארת החמשה חסדים אינם נזכרים, אבל **בודאי ישנם** בהם. **והרי הם שבעה פנימית**, ואלו הם מתפשטים בחג"ת נהי"ם. וכנגדן יש שבעה חסדים אלו בדעת עצמו במקומו, והם שרשים לשבעה ענפים אלו המתפשטים, והם נשמה להם.

128

מבוא שערים ש"ב ח"ב פ"ו ד ח"ח ע"ד – גם נתפשטו כללות חמשה חסדים וחמשה הגבורות במלכות דאבא, ובמלכות דאימא. כי לכן גם כן נקראת המלכות כל"ה, כל ה'. אך היסוד נקרא כ"ל בלא ה', כנזכר.

שער הכוונות, דרושי פסח, דרוש י' דפ"ד ע"ד – דע כי הנה עתה בגאולת מצרים נתפשטו החמשה חסדים וחמשה גבורות שנעלמו למעלה בשרשם, בדעת בזמן הגלות, ועתה נתפשטו בגופא דז"א. והנה בעת יציאת מצרים נעתקו ויצאו משם, ואחר כך בשבעה שבועות של ספירת העומר, יורדין ומתפשטין למטה בגופא דז"א. וטעם היותם שבעה שבועות הוא עם הנזכר לעיל. **כי החסדים מתפשטין מחסד ועד הוד, ואחר כך כללותם ביסוד, הנקרא כל, שהוא כללות חמשה חסדים, וכל חסד כלול מעשר, הם כנ"ל בגימטריא**. ואחר כך

אחד כלול מעשר, גימטריא **כ"ל**. נמצא לפי זה כי זה המלך השמיני, שהוא הדר, הוא בעצם שבעה יסודות, שנכללים בהם הו"ק והמלכות דכל ספירה וספירה מהשבעה ספירות התחתונות דשם מ"ה החדש. **צריך לדעת** כי לכל נקודה מהנקודות דעובי, יצא שם מ"ה חדש, שתיקן את בחינת המלכים דמיתו דאותה דאותה נקודה.

ואזור כך **יצא**[129] דרך המצח דא"ק, שהוא שם מ"ה החדש, הנקרא **הדר** הכולל[130] שיעור קומה שלם של ג"ר וחג"ת נהי"ם, **שהוא**[131] **בזוינת יסוד שבכל אזור משבעה תחתונות** דשם מ"ה החדש, **והיה**[132] **כלול מהו"ק כולם** ר"ל הו"ק דז"א, והמלכות, **שהם זגח"ת נה"י**ם שבהם, **והרי**[133] **הם עתה שבעה מלכים ראשונים שמתו** שהם המלכויות דחג"ת נהי"ם דב"ן, **ושבעה שניים דהדר** היסודות דחג"ת נהי"ם דמ"ה החדש, **וכולם**[134] ר"ל כל הו"ק **כלולים בו** ביסוד דמ"ה החדש, **שהוא** היסוד **התחתון שבהם** ר"ל בחג"ת נהי"ם דשם מ"ה החדש.

כללותם במלכות הנקראת כלה. לשני סבות, האחד הוא לפי שהיא ה' אחרונה שבשם ההוי"ה, ולוקחת כללות החסדים הנקרא כ"ל, הרי כל"ה. והסיבה השניה היא כי כל הם כללות החסדים **וה'** היא חמשה גבורות, הרי **כל"ה.**

כרם שלמה ש"ט פ"א אות ט' – ומה שכתב **כי לכן היסוד נקרא כל וכו'**. פירוש, כמו שהמיצינו בהרבה מקומות שבתנ"ך, כמו - לך הוי"ה הגדולה והגבורה וכו', כי **כל** בשמים ובארץ וכו'. ופירוש מלת **כל** הוא מלשון **כללות**, שכולל כל החמשה חסדים או חמשה גבורות, המתפשטים החמשה ספירות של הגוף שהם חג"ת נ"ה. וזו היא המעלה שיש בהיסוד. כי כל החמשה ספירות החג"ת נ"ה, הם כל אחד כולל חסד אחד, שהוא החסד שלו לבד. אבל היסוד הוא כולל כל החמשה חסדים.
129

כרם שלמה ש"ט פ"ח אות ב' – אבל לעולם לא היסוד לבדו יצא בזמן התיקון, אלא כל הו"ק של כל בחינה ובחינה, דהיינו של חג"ת נהי"ם דשם מ"ה יצאו בעת התיקון.
130

מבוא שערים ש"ב ח"ג פ"ב די"ב ע"ב – והנה זה זה האור של מ"ה, הוא בהמלך השמיני, הנקרא הדר, שנולד אחר השבעה מלכים, כמו שכתוב - וימלוך הדר ושם אשתו מהיטבאל כו', ולכן לא נזכר בו מיתה כמו האחרים, כי זה לא מת, כי אדרבא הוא המחיה המתים הראשונים והמתקנם. **והוא כולל עשר ספירות גמורות,** כמו עשרה נקודות.
131

בית לחם יהודה ש"ט פ"ח דל"ג ע"א – שהוא בחינת יסוד שבכל אחד משבעה תחתונות. כדי שכל יסוד ויסוד מהשבעה תחתונות יתקן מלך אחד המיוחס אליו.
132

בית לחם יהודה ש"ט פ"ח דל"ג ע"א – והיה כלול מהו"ק. פירוש, כי לא היסודות בלבד יצאו, אלא גם הו"ק שלהם נכללו בהם, ויצאו עמהם.
133

כרם שלמה ש"ט פ"ח אות ב' – וזהו מה שכתב והרי הם עתה שבעה מלכים ראשונים שמתו, ושבעה שניים דהדר, וכולם כלולים בו. פירוש **ביסוד**. וכולם דייקא. פירוש, **כל הו"ק**. ואם תאמר למה לא נזכר אלא הוא לבדו, לזה כתב **שהוא התחתון שבהם**. פירוש, היסוד שהוא התחתון שבששה ספירות, חג"ת נה"י.
134

בית לחם יהודה ש"ט פ"ח דל"ג ע"א – וכולם כלולים בו שהוא התחתון שבהם. כלומר, ולפי שהוא תחתון נכללו בו, כמו החמשה חסדים שנכללים ביסוד, ולכן אמרה התורה - וימלוך תחתיו הדר, ולא אמרה שם אחר מהו"ק, כי היסוד הוא העיקר, והשאר אינם כי אם בחינת ההכללות בלבד.

מבואר כי כל[135] בריאת עולם תחתון תלוי בסיום גמר אצילות העולם שמעליו, לדוגמה עולם העשיה תלוי בסיום אצילות עולם היצירה, ועולם היצירה תלוי בסיום אצילות עולם הבריאה, והבריאה תלויה בסיום אצילות עולם האצילות, ואצילות בסיום אצילות א"ק, וא"ק בסיום אצילות בעולמות היותר עליונים, כך ברבבות מדרגות עד גבוה מעל גבוה שומר, עד הא"ס העליון ב"ה. יוצא מזה כי כל עולמות נבראו בשלבים זה אחר זה, כאשר כל שלב, וכל עולם יש לו את הזמן שלו. והזמן של כל מדרגה ומדרגה שונה מהזמן של העולם שלנו, ולא שנים כשנים, ולא ימים כימים, ולא לילות כלילות, ולא היו מדת ימים מדת שנים מדת לילות.

הרב ז"ל מבאר בסוגיה זאת את סוד **שתי השבתות** הכתובים בתורה. שהם[136] בעצם השבעה מלכים דב"ן שיצאו תחילה, ואחריהם יצאו שבעה הבחינות דשם מ"ה החדש, לתקן את המלכים דמיתו. מרן הרש"ש ממשיל[137] את הבחינות האלו

---

¹³⁵

דעת ותבונה לרי"ח ש"ח ש"ל ד"צ ע"ג – והא לך לשון הרב מהרש"ך ז"ל....אלא ששמיטה ראשונה לא היו בה הווית העולמות כלל, אדרבא חרבן ומיתת המלכים היה בו. בזה האופן, כי בשבת יצא שם מ"ה החדש הוא, וביום הראשון בירר כל חלקי המלך החסד, ובאותו יום היה אלף שנים. וביום השני בירר כל חלקי המלך הגבורה, וגם הוא אלף שנים. וכן היה הולך עד יום השישי היה בירור כל חלקי היסוד. ואחר כך ביום שבת קודש השני היה בירור מלכות דב"ן על ידי מלכות דמ"ה. ואלו הם סוד שני שבתות הנרמזים בפסוק - את שבתותי תשמורו, וגם הוא היה בסוד אלף שנים, **ולא שנים כשנים, ולא ימים כימים, ולא לילות כלילות, ולא היו מדת ימים מדת שנים מדת לילות**. וזו נקראה שמיטה ראשונה, משבת שיצא המלך הדר, שהוא השבת הראשון עד יום השישי שבו, היה בירור היסוד, שמיום שהתחיל התיקון אנחנו מתחילין לספור בחינת שמיטה. **נמצא** ששה ימים מיום ראשון עד יום השישי, כל יום בחינת אלף שנים, אחר כך שבת קודש, שבת השני שבו היה בירור המלכות, היא שנת השמיטה עצמה, בסוד האלף שנים שלה. **ואחר כך** היה תיקון עולמות בריאה ויצירה. ולא נודע אצלנו אופן תיקונם כמספר ימים ושנים, ובוודאי שהיה על זה הסדר מיום ראשון, התחיל תיקונם בירור החסד בכל קצה וקצה שבו א"ק דבריאה. וביום שני בגבורה, וביום השלישי בתפארת עד יום השישי ביסוד. וביום שבת קודש היא שנת השמיטה שלה, היא בירור המלכות שבה. והרי נשלם בירור ותיקון עולם הבריאה, הינו שמיטה ראשונה שלה. ואחר כך היה תיקון עולם היצירה, והתחיל תיקונם בירור החסד שבכל קצה וקצה ביום הראשון, וביום השני בגבורה, וביום השלישי בתפארת, עד ביום השישי ביסוד, וביום שבת קודש הוא שנת השמיטה שלה, היא בירור המלכות שלה, והרי נשלם תיקון ובירור עולם היצירה, והיינו שמיטה ראשונה שלה. **ואחר כך** היה תיקון עולם העשיה, והתחיל תיקונם בירור החסד שבכל קצה וקצה ביום הראשון, ובו נאמר יהי אור וכל העניין. וביום השני בירור הגבורה, ובו נאמר יהי רקיע. וביום השלישי בירור התפארת, ובו נאמר ותראה היבשה. וביום הרביעי בירור הנצח, ובו נאמר יהי מאורות. וביום החמישי בירור ההוד, ובו נאמר ישרצו המים. וביום השישי בירור היסוד, ובו נאמר נעשה אדם. וביום שבת קודש היא שנת השמיטה שלה, היא בירור המלכות שלה, והיינו שמיטה ראשונה שלה. **ואף** כאן בעשיה, לא היו לילות כללות, ולא ימים כימים, ולא שנים כשנים, והעד הנאמן וראיה אלימתא שהרי על פסוק - ויעש אלהי"ם את שני המאורות הגדולים. תרגם יהונתן - ועבד הוי"ה ית תרין נהורייא רברבייא, והוו שווין באיתרהון, עשרין וחד שנין מנהון שית שנין ותרין ושבעין חלקי שעתא, יע"ש. **אלא שלא בינת אדם לנו למען דעת כמה אורך זמן היה יום אחד**. ועל כל פנים זמן ארוך הוה, **ושעה אחת של אותו זמן היתה ארוכה מוחזקת כמה שנים**, ואף על גב דלפי סדר זה היו שמיטות ארבע עד שנתקן עולם העשיה, וכל זה אינו נחשב אלא שמיטה לכל עולם ועולם לו לבדו, והטעם כי אחר שנתקן עולם האצילות בתשלומותו בשמיטה שלו, נשאר בצביונו, ובקומתו, ובמושבו, ומעמדו. ועד שנתקנו שלוש עולמות בי"ע, לא היה לו שום מעלה ולא ירידה, ולא היה עולה בו בירור, ולא היה מתתקן יותר. וכן הבריאה אחר שנתקן בשמיטה שלו בעוד שמתתקנים יצירה ועשיה, נשאר בצביונו, ובמקומו, ובמושבו, ובמעמדו, לא היה לו שום מעלה ולא ירידה, ולא היה עולה בו שום בירור ולא היה מתתקן יותר, וכן היצירה בעוד שהיה מתתקן עולם העשיה.

¹³⁶

כרם שלמה ש"ט פ"ח אות ב' – ומה שכתב והם סוד שתי שבתות, שבע ושבע. פירוש שבעה המלכים **דב"ן**, ושבעה מלכים **דמ"ה** אלו סוד שתי פעמים **שבע ושבע**, שהם סוד **שתי שבתות. והבן ככתוב אצלינו**. פירוש,

לימים[138] שלפני ראש השנה, כאשר המלכים דב"ן התחילו לצאת בי"ז אלול, וי"ז אלול **היה יום השבת שלא עולה בחשבון, ונקרא השבת העליון**, שנאצלו הג"ר דב"ן, ואחר כך אחרי יום נאצל מלך אחד ונשבר ומת, עד כ"ד באלול שבו, שהיא **השבת הראשונה** יצאה המלכות דב"ן, ונשבר הכלי שלה ומתה. ובאותו יום השבת נאצלו הג"ר דמ"ה, וביום כ"ה באלול החסד דמ"ה הוא יום ראשון, כ"ו באלול הוא גבורה דמ"ה הוא יום שני, כסדר הימים הכתובים בתורה, כאשר יום שישי שבו שבא נברא האדם, היה בא' תשרי, והוא היסוד דמ"ה, והמלכות דמ"ה יצאה בשבת, וזה שכתוב בתורה – ויכולו השמים והארץ, שהיא **השבת השניה**. ונמצא לפי דברי קודשו של מרן הרש"ש שהבחינות דב"ן ומ"ה היו בשתי שבתות. ובזה[139] טעו חלק מהמקובלים שהבינו[140] מספר התמונה[141] כל שבעה ימים הם שמיטה אחת,

---

בשער מאמרי רשב"י זיע"א, שסוד **שתי שבתות** אלו הם שבעה ימים שנאצלו בהם שבעה מלכים דב"ן, ושבעה ימים שנאצלו בהם שבעה מלכים דמ"ה, כולם נכללו בשם **הדר** שהוא כולל ו"ק. ואשתו **מהיטבאל** היא כוללת המלך השביעי דמ"ה, בסוד **מ"ה יטבא"ל]אח"י** - יטבא"ל גימטריא ב"ן[, כמו שכתוב לקמן בשער התיקון.
137

נהר שלום, סדר ראש השנה דל"ז ע"ג – יום י"ז באלול נאצלו ג"ר דב"ן, **והוא היה שבת**, ואחריו מיום ראשון עד **יום השבת השני**, והם י"ח, י"ט, כ', כ"א, כ"ב, כ"ג, כ"ד, נאצלו השבעה מלכים דב"ן שנשברו, וביום השבת השנית הנזכרת לעיל שהוא יום כ"ד שבו, ביום נשבר המלך השביעי, ובו ביום נאצלו ג"ר דמ"ה החדש, ולמחרתו שהוא יום כ"ה התחילו לצאת השבעה מלכים דמ"ה, לתקן השבעה מלכים דב"ן, והם השבעה ימים הכתובים בתורה במעשה בראשית, ויהי ערב ויהי בוקר יום אחד וגו', **עד ויכולו**. נמצא כי שתא אלפי שני נמצים מכ"ה באלול, והזמנים נמנים מראש השנה, ראש חודש תשרי לחשבון הלבנה, ולחשבון החמה מיום רביעי דשבעת ימי בראשית, כי הלבנה נתמעטה ולא שמשה עד יום הששי דשבעת ימי בראשית, וזה לדעת רבי אליעזר שאומר שתחילה נברא החיצוניות בששה חדשי החורף, ואחר כך הפנימיות בששה חדשי הקיץ.
138

תרשים ח – י"ג.
139

שער מאמרי רשב"י, אדרא רבא דמ"ד ע"ב – עוד שם בדף קל"ה ע"א וז"ל - תאנא בצניעותא דספרא עתיקא דעתיקין כו'. הדא הוא דכתיב - ואלה המלכים אשר מלכו בארץ אדום כו'. **וענין המלך השמיני הנקרא הדר** כו'. כבר ביארתי קצת לעיל בתחילת אדרא זו בדף קכ"ח ע"א. ואמנם ענין יובן במה שאמר הכתוב - **את שבתותי תשמורו**. ואמר - **ושמרו בני ישראל את השבת לעשות את השבת**. הרי כי בכל פסוק תמצא מוזכרים **שתי שבתות ביחד**, ובכלל הדבר הוא להודיעך **ענין טעות אחד נפל בפי קצת המקובלים**, כמו ספר קנה וספר בעל התמונה האומרים כי שבע שמיטות יהיו בעולם, וכל שבעה אלף שנה הם שמיטה אחת, וכבר עברה שמיטה ראשונה, ואנחנו עתה בשמיטה השנייה הרומזת אל ספירת הגבורה, וכיוצא בזה האריכו בדברים אשר הוא לא כן ועתה אודיעך, כי אין להאמין בדברים האלו, וסיבת מי שהביאם לידי טעות הזה יתבאר בדברינו אלה. דע כי כאשר האציל המאציל העליון את העשר ספירות דאצילות הנה בתחילה האציל את השלוש ראשונות, אשר כבר ידעת כי אז הוא **סוד שבת העליון**, אבל כאשר האצילם לא היו בתיקון גמור כפי הצורך, ולכן לא עלה בחשבון ומספר יום השבת הזה הנזכר. ואחר כך בשבוע השנית שהם שבעה ימים אחרים, האציל שבעה מלכים הנרמזים בפסוק ואלה המלכים אשר מלכו בארץ אדום, וביום השבת שבסוף השבוע הזאת נאצל **המלך השמיני הנקרא הדר ושם אשתו מהיטבאל** כו'. ולסיבת אשר שלשה הראשונות לא היו מתוקנות, לכן אלו השבעה מלכים לא יכלו לסבול אור המאציל, ולכן היו כולם בחינת דינין, ומתו ונתבטלו. האמנם כשיצא המלך השמיני, הנקרא הדר, יצא יותר מתוקן מכולם כמבואר אצלנו. **והמלך הזה הוא בסוד היסוד הנקרא הדר**, כמבואר בלשון האדרא בדף קמ"ב ע"א – ובגין דא וכולהו כתרים כו'. ואתבסמו תיקוני נוקבא **בהאי אמה דאקרי חסד**, הדא הוא דכתיב - ואלה המלכים כו', ויציאת המלך הזה היה **ביום שבת השני**. ואחר כך נתקנו השלוש הראשונות הנזכרים לעיל, כנזכר באדרא. ואז יצאו בשבוע השלישית שבעה ספירות תחתונות, אשר הם נקראים אצלנו בשם חסד גבורה תפארת כו', עד ספירת המלכות, ואז **ביום השבת השלישי** יצתה המלכות, **ונמצא כי המלך השמיני שהוא נקרא הדר העליון, והוא ממש יסוד, נאצל בשבת שניה**, והוא קדם אל החסד אשר עתה אצלנו בשם ספירת החסד. ואחר כך **ביום שבת השלישית נאצלה המלכות**. וכבר אמרנו לעיל כי השבת העליון מכולם, אשר בו נאצלו שלשה הראשונות בלי תיקון, **לא עלה בחשבון, ונמצאו שתי שבתות**, אחד שבו נאצל הד"ר העליון, ואחד שבו

נאצלה מלכות, האחרונה משבעה ספירות שנאצלו אחרי הדר העליון. **ואלו הם סוד שתי שבתות** הנזכר לעיל בפסוק - **את שבתותי תשמורו**, ובפסוק -**ושמרו בני ישראל את השבת לעשות את השבת**, ובזה תבין טעות המקובלים הנזכרים, כי הם קבלו מרבותם הקדמונים ז"ל, כי השבעה ספירות האלו שאנו קוראים אותם חסד וגבורה תפארת נצח הוד יסוד מלכות, אשר הם סוד שבעה אלפי שני דהוי עלמא, הנה הם נאצלו אחר השבעה מלכים הראשונים, הנקראים מלכי אדום, ומזה טעו לומר דאם כן נמצא כי גם בשבעה מלכים הראשונים הנקראים מלכי אדום, היה בהם המשך שבעה אלפים שנה אחרים, כמו שהיו באלו השבעה ספירות האחרות. ונמצא כי כבר אנו עתה בשמיטה שניה, ומזה הוסיפו עוד לטעות ולומר שכיון שיש שתי שמיטות, אם כן כך יתגלגל העולם עד תשלום שבע שמיטות, **ואין הדבר כן.** אמנם השבעה מלכים דאדום לא נמשכו רק **יום שבת אחד בלבד.** ותכף בשבוע השנית נאצלו שבעה ספירות האחרות כנזכר, שהיו מתוקנות וכנגד אלו השבעה ספירות, ימשך העולם שבעה אלפים שנה, ואין עוד, כי השבעה מלכים ראשונים אין כנגדם בחינת עולם בפני עצמו, כי לא היו מתוקנים. והראיה לזה כי הנה הן עצמם חזרו אחר כך ונתקנו על ידי אלו השבעה ספירות אחרות, ונתבסמו כמו שכתב בדף קל"ב ע"ב וז"ל - וכד אתא האי דיוקנא אתגלפו כולהו ואתחזרו לקיומא אחרא מנהון אתבסמו כו'. ונמצא כי לבחינת שתי שבתות הנזכרים, שבהם נאצלו **הדר ומלכות כנזכר,** טעו המקובלים לכנותם ולקרוותם בשם שתי שמיטות, ולא כן הוא ודי בזה. ואמנם מה שכתוב - דכד אתא האי דיוקנא כו', מנהון אתבסמו כו', הענין הוא כי אחר שנאצלו אלו השבעה ספירות הנזכרים, אז נבררו ונצרפו שבעה המלכים הראשונים, ומקור שרש הדין שהיה בהם יצא מהם והוברר, סוד הפסולת, ונשאר למטה, **ונשאר הטוב אשר בהם עלה ונכלל ונתחבר בשבעה הספירות הנזכרים, כל אחת כפי מקומו הראוי לו.** כי הנה אלו השבעה מלכים הם בחינת שבעה ספירות חג"ת נהי"מ כמבואר אצלנו, ומה שהיה מהמלך הראשון נכלל בחסד, ומהמלך השני נכלל בגבורה, וכיוצא בזה, עד תשלום השבעה, ואף על פי שאמרו - מנהון אתבסמו ומנהון לא אתבסמו כלל, אין הכוונה לומר כי קצת מהמלכים נתבסמו ומלכים אחרים לא נתבסמו, כי האמת הוא כי כל השבעה מלכים נתבסמו, אבל הכוונה לומר כי בכל מלך ומלך שבהם יש בו חלק שנתבסם, וחלק שלא נתבסם. אבל אין מלך מכל השבעה שלא הוברר ממנו קצת בחינות, וכבר ביארנו במקום אחר כי לא ישתלמו להתבסם עד ביאת המשיח בע"ה. ואמנם ענין התיקון שאמרנו לעיל שנתקנו השלוש ראשונות, וכן השבעה הספירות התחתונות שיצאו אחר המלך הדר, כל ענין בחינת התיקון הוא, היות האור העליון נמשך דרך מסכים, והרחקים, והבדלים, כי על ידי כן יוכלו התחתונים לסבלו, ולא ידמו אל המסתכל בניצוץ השמש בלתי מסך, כי יכהו עיניו מראות, ובהניחו מסכים בינו לבינו, כפי ריבוי המסכים, תתרבה הבטתו באור ההוא, לשיוכל לקבלו ולסבלו, נמצא כי המעטת האור הוא בחינת התיקון, **והבן זה.**
140

שער גן עדן, פתח ראשון, דרך ב' בו יתבאר הנהגת השמיטות עד היובל הגדול ד"א ע"ב – והנה ראיתי בכתבים ממורי האר"י ז"ל שמתרצים זה הקושיא, וגם השאלה בחדא מחתא, באמרם שזו כוונת חז"ל באמרם אין שואלין מה לפנים ומה לאחור, שפירושו שאסור לשאול מה היה קודם בריאת העולם, וכן מה יהיה אחר שיכלה זה העולם, כמאמר חז"ל - שיתא אלפי שנין קיימא עלמא, וחד חרוב. ואחר זה הזמן אסור החקירה, ועל זה נאמר - במופלא ממך בל תדרוש ובמנוסה ממך אל תחקור. ואמרו שכללו בזה הדבר גם איסור השאלה והקושיא הנזכרת לעיל. וראש דבריהם אמת, אך שאין הדברים ככתבם וכלשונם, ולומר שאסור לחקור ולתור מה היה קודם זה הזמן, ולמה יתחדש העולם בזה הזמן, כי כל הדורך בזה הדרך טח עיניו מראות **בספר התמונה, ששם מבואר כי הנהגות השמיטות.** היינו שמבואר שם ששבעה אלפים נקרא שמיטה אחת, ומבואר שם שזה השמיטה אשר אנו בו, **נקרא שמיטת הפחד,** ר"ל כי יש עשר ספירות, והם נקראים בפי חכמי האמת עשר שמות, שהם שמותיו ומידותיו של עילת כל העילות, והם כת"ר חכמ"ה, בינ"ה, וזה השלשה נקראו שלוש ראשונות, ונקראים ימי קדם ושנים קדמוניות, כמו שיבואר לפנינו. ויש עוד למטה מהם שבע ספירות, והם נקראים חסד, פחד, תפארת, נצח, הוד, יסוד, מלכות, והם נקראים ימי עולם ושנות עולם. וכמבואר שם שקודם שנתחדש זה העולם, שהם שבעה אלפין שנין שאנו בו, **היה גם כן עולם מלא, ושימש גם כן שבע אלפי שנין, והיה נקרא שמיטה ראשונה, שמיטת החסד,** נגד ספירה ראשונה מן השבעה ספירות הנכרים לעיל, ובזו השמיטה היה הכל טוב, ולא היה יצר הרע שולט בזה השמיטה. ולא היה שכר ועונש לכל נבראים הנמצאים בזה, השמיטה. **והשמיטה שאנו בו הוא נגד ספירת הפחד,** ולכן היצר הרע גובר בזה השמיטה, לפי שזו הספירה היא מסטרא דשמאלא, כמו שנבאר לקמן, שהוא מידת צפון, ומצפון תפתח הרעה. ולכן נקרא

והשמיטה הראשונה היתה בבחינת שם ב"ן, ואנחנו[142] עכשיו בשמיטה השניה, הנקראת שמיטת הפחד, כך שיהיו ביחד שבע שמיטות, כל אחת בת שבע אלפי שנים, ואין בחינת שמיטות כלל. הרב ז"ל מבאר[143] בכמה מקומות כי לא כך הוא, ואין בחינת שמיטות כלל.

היצר הרע צפוני, הכתיב - ואת הצפוני ארחיק מעליך, והוא ניתן בזה השמיטה להיבחן בזה בני אדם. ולכן יש שכר ועונש בזה השמיטה, שנקרא שמיטת הניסיון, והצירוף, והבחירה ניתנה לבני אדם, כי הוא עיקר הניסיון והצירוף, בסוד ויהי האדם לנפש חיה. ויהי נוטריקון ו'מי י'ודע ה'חכם י'היה. כי אף שגלוי לפניו סוף, הבחירה ניתנה, כמאמר רז"ל - ואלו צדיק ורשע לא קאמר. וכתיב - מי יתן והיה לבבם זה כל הימים ליראה, ואמרו מכאן - שהכל בידי שמים חוץ מיראת שמים, והוא מובן.

141

ספר התמונה, תמונה שלישית, אות ת' - ולכן נתקשה משה, וכן למעלה את קשתי אם היות ברית מלח, בתמונה כי לא הצריך שירדו הן כי אם לצורך הגלות והנשמות, ולכל מעשה השמטה ויתן טעם וקיום לעולמה ולבריותיה, ועל זה נתקשה לרדת אם לאו, והדבר צריך ליירידה, להיות טעם לכל והיא בחכמה בין בינה עילאה, ובין קודש שער הנו"ן, להיות טעם ומלח לכל הבריות. ומ"ט כחות להיות נשמה לכל וטעם המלח, **עד לכל השמטות**, עד היות בכל ספירה ושמטה נשמה, וכמה עולמות נוראות וגלגלים **ושמיטין ויובלות בכל ספירה וספירה**, ובתוכה עולמות אחרות זו בתוך זו, וזה תוך זה, מהם למזרח, מהן למערב, מהן לצפון, ומהם לדרום. מהם ארוכים, מהם עגולים, מהם קטנים, מהם גדולים, מהם מורכבים, מהם פשוטין, מהם זכים, מהם ספיריים. כולם עליונות נוראות נעלמים בחוקים ובמשפטים סגורים ונעלמים לאלפים, ולאין מספר, **אשר בכל מדה ומדה מן השבעה מדות המחולקים למ"ט שבתות ארוכות**, אשר הציורים הם להם נשמות למ"ט שבתות הגדולות, בעולמות רבות ונפלאות ובתוכם, כמה עולמות אחרות הנזכרות מעלה בגלגליהן, בנתיבותן, ובכחותן, בממשלתן, ובחוקם, בתורתם, אשר בם כחות נבראות וברבות משונות עולמות נעלמות אין קץ. **וכן לכל שבת עד היות ראשיהן מ"ט שבתות לספירה אחת מן השבע ספירות**, לכן סדר הגלגלים להיות הגלגלים אחרים בתוכן מהם בצד אחד לעולמות רבות ומהן, זה בתוך זה כמוזכר למעלה, ולכל שבת ושבת מהן לשנה לעולמות רבות, כח אחד בכל אחד מהם, המייחדין כל אחד לעולמו כנשמה בתוך הגוף, וכתפארת לעולמו. ובראש כולם אחד אחד משער הנו"ן להיות, כל השמטה מן המ"ט, בכח בתוכם לייחדם לאחד, בכח אחד משער הנו"ן. **להיות כל שמטה מן המ"ט בחמישים שערים שלימין, להיות בכל שבת חמשים שערים לשער אחד מחמשת שערים**, אשר לכל ספירה מהשבע ספירות, **עד היות הבינה סוף כל השערים, ונשמה לכולם**, עד היות צוה לאלף דור, ואז יתקע בשופר גדול, ובאו שם, יבואו וישים האובדים הגולים בכל אותם העולמות, לפי רוב מעלליה מהן בגופות בני אדם, לפי גירום השמטה, ומהן בבהמות, ומהן בחיות, הן בטהורות הן בטמאות, הן בשרצים, הכל לפי גירום העליון או תחתון...........

142

ספר הליקוטים, פרשת כי תשא ד"מ ע"ד - ויאמר הוי"ה אל משה לאמר ואתה דבר אל בני ישראל לאמר אך את שבתתי תשמרו וכו'. הנה בזה תבין תמצא ענין **שני שבתות**. גם בזה תבין היטב **מהיכן טעו אותם שאמרו זו שמטה שניה**, והענין, דע כי כאשר האציל המאציל העליון את העשר ספירות, תחילה האציל האציל את הג"ר, **ואז היה שבת עליון כנודע**, ואמנם כאשר האציל את אלו, לא האצילם בתיקון גמור, כי עדיין לא היו בתיקונם, ולזה עדיין יום זה לא נחשב במספר. והנה האציל אחר כך בשבוע האחרת בשבעה ימים אחרים, סוד שבעה מלכים אשר מלכו בארץ אדום, **וביום שיצא המלך השמיני שנקרא הדר**, לפי שלא נתקנו עדיין ג"ר לכן מתו. כי אלו המלכים, לפי שלא היה להם תיקון למעלה, לא היו יכולים המלכים אלו לסבול אור המאציל, לכן היו כולם דין ומתו ונתבטלו. כי כבר הודעתיך תיקונין עילאין, כי כולם הם מסכים והבדלים, כדי שיוכלו התחתונים לקבל מהם האור הגדול, ולא יכהו העינים שלהם כדרך המסתכל באור השמש. נמצא, כי מיעוט הירח הוא תיקון, **ואמנם כשיצא המלך השמיני, הנקרא הדר יצא יותר מתוקן מכולם כנודע**. והנה הוא בסוד **יסוד**, כנזכר באדרא, ואחר כך נתקנו ג"ר כנזכר באדרא, ואז יצאו בשבוע שניה שבעה ספירות תחתונות, שאנו קוראים עתה חג"ת עד מלכות. ואז ביום השבת היתה היתה המלכות, **הרי איך שני שבתות הם** - אחד **ביום שבת שנאצל הדר העליון**, וביום **שבת שני שנאצלה המלכות**. ואלו הם **סוד שבתות הנזכרים בכל מקום**. ובזה תבין סוד מה שאנו קוראים לשבעה אלפי שנין, שמטה שניה, כי הם שנים בערך המלכים דארץ אדום. **אמנם מזה טעו ואמרו, דאם כן שזו היא שמטה שניה, אם כן ודאי צריך שיושלמו עד השבעה שמטות**. ואמנם בזה תבין איך סדר המלך השמיני הוא יסוד ממש, והוא קודם אל החסד שאנו קורים עתה חסד. והנה אחר שיצאו אלו השבע ספירות, אז חזרו אותם המלכים, וכולם נכללו באלו

לכן כמו[144] שיצאו שבעה בחינות דב"ן, שהם תולדות המלכות דא"ק, הכלולים ממ"ה ומב"ן, כך יצאו שבעה בחינות דמ"ה, שהם תולדות ז"א דא"ק, הכלולים ממ"ה ומב"ן דמ"ה, והם הם **סוד שתי השבתות** הנזכרים בתורה.

והם ר"ל הבחינות דב"ן והמ"ה **סוד שתי שבתות, שבע** המלכים דב"ן, שיצאו תחילה ונשברו ומתו, וירדו לבי"ע, **ושבע**[145] הבחינות דמ"ה, שיצאו לתקן את בחינת המלכים דב"ן **והבן, ככתוב אצלינו**[146]

סוד שתי השבתות.

השבע ספירות, ואמנם נתבררו ונצרפו, כי מקור שורש הדין שהיה בהם יצא מהם אחד, והוברר סוד הפסולת. והשאר נכלל ונמתק באלו השבע ספירות, כל אחד כפי בחינתו, כי אותם המלכים הם הם עצמם אלו השבע ספירות הנזכרים. נמצא, כי מה שכתוב בזוהר - מנהון אתבסמו ומנהון לא אתבסמו, אין הכוונה שיש מאותם המלכים שנתבסמו, ויש מהם שלא נתבסם, כי כל השבעה מלכים אתבסמו, רק שבכל אחד מהם יש חלק שלא נתבסמו, ויש חלק אשר נתבסם. וזהו פירוש - מנהון אתבסמו, פירוש חלק אחד מכל אחד ואחד שבהם אתבסם, וחלק אחד מהם לא נתבסם.

143

ספר הליקוטים, פרשת קדושים דמ"ז ע"ד – את שבתותי תשמרו וכו'. הנה במה שכתוב במלך השמיני, תבין סוד ענין שתי שבתות שנזכרים בתורה, וכפל לשון שתי פעמים שבת, כגון - **ושמרו בני ישראל את השבת לעשות את השבת**, וכיוצא בזה. **גם תבין בזה היטב, מהיכן טעו אותן שאמרו כי זו קאי על שמיטת שנים.** והענין הוא, דע, כי כאשר האציל המאציל העליון את העשר אשר ספירות, תחלה האציל את הג"ר, ואז היה שבת העליון כנודע, ואמנם כאשר האציל את אלו לא האצילם בתיקון גמור, כי עדיין לא היו בתיקונם כראוי להם, ולכן עדיין יום זה לא נחשב במספר. והנה אחר כך האציל שבוע אחרת בשבעה ימים אחרים, אז הם סוד המלכים אשר מלכו בארץ אדום, וביום השבת אז יצא המלך השמיני, הנקרא הדר. ולפי שעדיין לא נתקנו ג"ר תיקון גמור, לכן מתו כל אלו המלכים. כי לפי שלא היה להם תיקון למעלה, לא היו יכולים אלו המלכים לסבול אור המאציל, ולכן כיון שהמלכים היו כולם דין, לכן נתבטלו. כי כבר בענין תיקונין עילאין, שבשבילם הם מסכים, והבדילם כדי שיוכלו התחתונים לקבל מהמאור הגדול, ולא יהיה בעיניהם כהות, כדרך מי שמסתכל באור השמש. נמצא, כי מיעוט הארה הוא אדרבא תיקון. **האמנם כשיצא השמיני הנקרא הדר, הנה אז יצא הדר גדול יותר מכולם**, כנודע. והנה הוא בסוד היסוד כנזכר באדרא רבא, וזה היה ביום השבת. ואחר כך נתקנו ג"ר, כנזכר באדרא רבא, ואז יצאו **בשבוע שני שבע ספירות תחתונים**, מה שאנו מונין עתה מחסד עד מלכות, ואז היתה ביום השבת המלכות. **הרי הם שתי שבתות**, אחד ביום השבת ראשון, שנאצל הדר העליון, וביום השבת שני, שנאצל הדר שני, המלכות, ואלו הם סוד שתי שבתות, מה שמבואר בכל מקום. ובזה תבין מה שאנו קוראין לשבע שנים אלו שמיטה שניה, **כי הם שנים בערך המלכים דארץ אדום.** אמנם בזה טעו, ואמרו, דאם כן הוא שזו היא שמיטה שניה, **אם כן ודאי צריך שישלמו עד שבעה שמיטות.** ואמנם בזה תבין, איך הדר השמיני הוא ממש יסוד, והוא קודם אל החסד שאנו קורין עתה חסד. והנה אחר שיצאו אלו השבע ספירות, אז נכללו בהם באותם השבע ספירות, כי אחר שנבררו מצרפו משרש של הדין מה שהיה בהם, ויצאו מהם, והוברר מהם סוד הפסולת, והשאר נכלל ונמתק באלו השבע ספירות, כל אחד כפי בחינתו, כי אותם המלכים, הם עצמם הם אלו השבע ספירות כנזכרים לעיל. ונמצא, כי מה שמבואר בספר הזוהר דף קל"ה ע"ב - מנהון אתבסמו ומנהון לא אתבסמו, אין הכוונה שיש מאותם המלכים שנתבסמו ויש שלא נתבסמו, כי כל אותם המלכים השמונה כולם אתבסמו, אך שבכל אחד מהם, יש חלק אחד שנתבסם, ויש חלק אחד שלא נתבסם.

144

חסדי דוד אות צ"ג דנ"ג ע"א – כמו שהשבעה מלכים הם כלולים מדכורא ונוקבא, ששה בז"א והשביעי במלכות, והם מ"ה וב"ן. כן שם מ"ה כלול מדכורא ונוקבא, שהם הדר ומהיטבאל, והם מ"ה וב"ן דמ"ה, **והם מחג"ת נה"י דז"א דא"ק**. שהתחלתם מהיסוד דא"ק, ולכן נקרא מלך השמיני הדר, שהוא תולדות היסוד דא"ק, **הנקרא הדר** כנודע. והמשיך היסוד חמשה חסדים והמתיק חמשה גבורות דב"ן, ולכן המילה ביום השמיני, כי השבעה ימים הם שבעה מלכים, ויום השמיני הוא המלך השמיני, סוד שם מ"ה.

כבר נתבאר כי כשיצאו המלכים, יצאו אך ורק מבחינת[147] המלכות שבכל ספירה דבחינת שם ב"ן, הנקראת נקודה. ובזמן[148] שיצא המלך השמיני, שהוא המלך השמיני, דבחינת שם מ"ה החדש, בשיעור קומה שלם של עשר ספירות, ויצאו יחד עמו חלקי בחינת הב"ן החסרים, שהם תשע הספירות העליונות שבכל ספירה דב"ן, כי בחינת המלכות של כל ספירה נשברה ומתה, וירדה לבי"ע. **כאן** מבאר הרב ז"ל את הבחינות דחג"ת נה"י דמ"ה וב"ן שיצאו בתיקון, **וצריך לזכור כי**[149] כל שיעור הקומה דמ"ה יצא, ותשע העליונות דב"ן יצאו עתה, כנזכר[150] בסידור הטהור למרן הרש"ש.

וזהו[151] המלך **הֲדַר**]דמ"ז ע"ב 93[**הַכּוֹלֵל שִׁשָּׁה קְצָווֹת** חג"ת נה"י, **נִקְרָא שֵׁם מ"ה** החדש, **וְהוּא** בחינת **רֹוחַ** בערך למלכים דמיתו בבחינת נפש, **וְהוּא יֹושֵׁר** בערך המלכים דמיתו שהם עיגולים, **וְהוּא** כלול מ**זָכָר וּנְקֵבָה** הנקראים מ"ה וב"ן דמ"ה, **שֶׁגַּם**[152] **בְּזוֹנַת** תשלום חלקי שם ב"ן

הגהות וביאורים ו)(– ודע והבן שמה שכתב רבינו שכולם כלולים בו, והוא תחתון שבהם, אינו ר"ל התחתון ממש, אלא ר"ל מכיוון שיצא שם מ"ה באחרונה, ותיקן שם ב"ן, לזה נקרא תחתון. דיום ראשון עד יום שבת השני, היינו עד יום כ"ד נאצלו השבעה מלכים דב"ן, ונשברו. וביום השבת השני הנזכר לעיל, שהוא יום כ"ד שבו, ביום שנשבר המלך השביעי, ובו ביום נאצלו ויצאו ג"ר דמ"ה החדש. ולמחרתו שהוא יום כ"ה התחילו לצאת השבעה מלכים דמ"ה, לתקן השבעה מלכים דב"ן. והם שבעה ימים הכתובים בתורה, במעשה בראשית, ויהי ערב עד ויכולו, יע"ש. והוא מלשון האדרא נשא הנזכר לעיל. עיין שער הליקוטים דף ע"ט ע"ג. שמן ששון.
146

בית לחם יהודה ש"ט פ"ח דל"ג ע"א – ככתוב אצלינו. הוא בספר הליקוטים פרשת כי תשא דף ע"ג, ופרשת קדושים דף פ"ט ע"ג. ובמאמרי רשב"י בפירוש אדרא רבא שעל דף קל"ה, ושם הוא בדף מ"ד ע"ב. והוא כי הכתוב אומר - את שבתותי תשמרו, וכן אמר - ושמרו בני ישראל את השבת לעשות את השבת. הרי בכל פסוק תמצא נזכרים שתי שבתות ביחד, כי שבת אחד הוא שבע ימים של המלכות דנקודים, ושבת שני הוא שבע ימים של שבעה יסודות דהדר.
147

רחובות הנהר ד"ב ע"ב – גם נודע כי המלכים יצאו בתחילה בבחינת **כלים דנפש לבד, שהם המלכות דכל מלך**, וכל מלכות כלולה מעשר, וגם הג"ר יצאו בבחינת כלים דנפש, אלא שכל אחת מהג"ר כלולה מעשר מלכויות, וכל מלכות כלולה מעשר, אמנם זה הכללות שהיה בהם עדיין לא היה מבורר ומתוקן כראוי. עד **שיצא שם מ"ה החדש, ותיקנם בבחינת פרצוף כראוי**, כמו שנבאר בע"ה.
148

רחובות הנהר ד"ג ע"א – והנה אחר שבירת הכלים דמלכים דאצילות, שהוא החיה דכל פרט, וירידתם לבי"ע, שהוא הנר"ן דכל פרט, נתגלו ונפרדו מהם הקליפות. **וכאשר רצה המאציל העליון** להעלות הכלים הנזכרים עם האורות דרפ"ח, שנשארו בהם למ"ן, להשלים בירורם ותיקונם, **ולהוציא התשע ספירות העליונות דב"ן** החסרים **מכל פרט, אשר עדיין לא יצאו, ועשר ספירות דמ"ה**, על ידי זווג עליון דע"ב וס"ג דא"ק.
149

תרשים ח – י"ד.
150

תרשים ח – ט"ו.
151

כרם שלמה ש"ט פ"ח אות ב' – והדר מפרש אם הוא בחינת רוח ויושר, איך הוא כלול עמו בחינת נקבה, ומה היא בחינת הנקבה שבכאן. לזה כתב - **שגם בחינת חג"ת נה"י שבמלכות יצאה עמו עתה.** ור"ל שהיא בחינת הז"א דנוקבא, ובכללותה תקרא נקבה, ולכן המלך השמיני הזה, שהוא הדר, נקרא זכר ונקבה.
152

שהם **חג"ת נה"י שבמלכות** דמ"ה **יצאה עמו עתה** בזמן התיקון. **כי המלכות שבמלכות** דב"ן **היא שיצאת תזלה** בזמן יציאת המלכים דב"ן, **והיתה מלך האחרון שבת** אחרי הששה המלכים שלפניו, והמלך השביעי שהוא המלכות, נקרא[153] בתורה בעל חנן בן עכבור.

ונמצא[154] שבזוינת שבעה מלכיות שיש בו"ק דז"א דשם[155] ב"ן, הם המלכויות דחג"ת נה"י דב"ן, **ובספירת מלכות דנוקבא דז"א** דב"ן, שהיא המלכות דמלכות דב"ן, **אלו הם השבעה מלכים שיצאו תזלה,** ונשברו **ומתו** וירדו לבי"ע.

ואזור[156] כך יצאו בזוינת חג"ת נה"י שבז"א דמ"ה[157] החדש **הנקרא[158] הדר** אחד, עם כל זאת הוא כולל את כל הבחינות דחג"ת נה"י דכל[159] הששה התחתונות דשם מ"ה, **ויצאו** יחד עם המ"ה החדש

כרם שלמה ש"ט פ"ח אות ב' – והנקבה הזאת שיצאה עתה היא תשלום של בחינת המלכות דב"ן, שיצאה תחילה. כי זה שיצא עתה היא בחינת הו"ק דמלכות שיצאה בתחילה. כי בתחילה יצאה בחינת המלכות דמלכות, ועכשיו יצא בחינת החג"ת נה"י דמלכות. וזהו מה שכתב כאן - **שגם בחינת חג"ת נה"י דמלכות יצאה עמו עתה.** כי המלכות שבמלכות היא יצאה תחילה, והיתה מלך האחרון שמת.
153

בראשית ל"ו ל"ט – וימת **בעל חנן בן עכבור** וימלך תחתיו הדר ושם עירו פעו ושם אשתו מהיטבאל בת מטרד בת מי זהב.
154

מבוא שערים ש"ב ח"ג פ"ב די"ב ע"ג – ונמצא כי המלך הנזכר הנקרא הדר, הוא בחינת הששה מלכים שבאו אחר כך, לתקן הששה קצוות ומלכים הראשונים. ואשתו מהיטבאל, היא המלך השביעי. מלכות החדשה. ועל ידי שבעה אלו החדשים, נתחברו עמהם השבעה מלכים הראשונים, שהם שתי בחינות מ"ה וב"ן כנזכר, ונתבסמו דא בדא ונתקנו. **ודע והבן,** כי השבעה מלכים הראשונים, להיותם נפרדים בלתי תיקון כנזכר לעיל בפרק ו' חלק א', לכן נקראים שבעה מלכים, אך אלו השבעה חדשים, כולם נקראים על שם **מלך אחד שהוא הדר,** כי באו מחוברים יחד, **והבן זה.**
155

כרם שלמה ש"ט פ"ח אות ב' – וכפי זה מובן שמא שיצאו תחילה השבעה מלכים דב"ן, הם שבעה מלכויות דכל אחת מהשבעה קצוות דז"א ונוקבא, וזהו שכתב כאן - **ונמצא שבחינת שבעה מלכיות שיש בו"ק דז"א ובספירת מלכות דנוקבא דז"א, אלו הם השבעה מלכים שיצאו תחילה ומתו.**
156

ע"ח ש"י פ"ג מ"ת דמ"ח ע"ד – והנה האור הזה דמ"ה החדש היוצא מן המצח כנזכר לעיל, הוא סוד המלך השמיני הנזכר בפרשת וישלח, הנקרא הדר, אשר לא נזכר בו מיתה בתורה, כי לא מת כמו האחרים, אדרבא הוא מתקן ומקיים השבעה מלכין קדמאין, שמתו הקודמין אליו כנזכר לעיל. כי כבר הודעתיך כי אלו המלכים, כולם הם מלכים הנזכר בפרשת וישלח - ואלה המלכים אשר מלכו בארץ אדום, ולפי שכאשר יצא התחיל תיכף לברר בחינת אלו המלכים, לעשות בחינת נוקבא אליו, שהם נקרא עתה ב"ן דההי"ן כנזכר לעיל. לכן נאמר בו - וימלוך תחתיו הדר, ושם אשתו מהיטבאל, כמו שמבואר בזוהר - דעד השתא לא אידכר דכר ונוקבא כלל בר השתא, ובגין כך אתקיים כלא דהשתא, הוי דכר ונוקבא כדחזי, ונזכר באדרא רבא.
157

כרם שלמה ש"ט פ"ח אות ב' – ואחר כך יצאו בחינת חג"ת נה"י שבז"א, הנקרא הדר. פירוש, **ששה פעמים חג"ת נה"י לצורך כל קצה וקצה מו"ק שבז"א,** וזהו לצורך הז"א שבז"א. ועוד יצאו בחינת החג"ת נה"י שבנוקבא דז"א לצורך המלכות שבז"א. וזהו שכתב אחר כך - **ויצאו בחינות חג"ת נה"י דנוקבא, ונקרא מהיטבאל אשתו.** פירוש אשתו של הדר.

בבזינת זזג"ת דנה"י הפרטים דנוקבא ר"ל של[160] המלכות דב"ן דמ"ה, ונקראת מהיטבאל שהיא אשתו. ואלו[161] הדר ומיטבאל יצאו בתיקון אדם זכר ונקבה, כנזכר באדרא[162] רבא בדף[163] קל"ה ע"ב, והבן זה מאוד.

158

שער מאמרי רשב"י, פרשת פקודי דל"ג ע"א – ובאותו החלל אשר בין ספירת הבינה ובין השבעה מלכים האלו, יצאו עוד שבעה ספירות אחרות, כלולות יחד בציור אדם, כלול זכר ונקבה, והוא סוד זו"ן, והוא נקרא מלך השמיני, אשר שמו הדר, ושם אשתו מהיטבאל. **כי הדר הוא ז"א, ומהיטבאל הוא נוקבא.** ונמצא השבעה ספירות תחתונות הראשונות, להיותם בפרוד זה מזה, בלתי חבור, נקראו שבעה מלכים. ואלו השבעה ספירות תחתונות, להיותם מחוברים, נקראים כולם יחד מלך אחד, והוא הנקרא מלך השמיני, הדר, ושם אשתו מהיטבאל כו'. ואלו השבעה ספירות האחרות הונחו באותו מקום החלל, שבין ספירת הבינה ובין השבעה מלכים ראשונים, ואותם השבעה מלכים ראשונים שמתו, ירדו למטה מזה המלך השמיני הנזכר.

159

באתי לגני ח"ב ש"ט פ"ח – ואחר כך יצא הדר , שהוא בחינת יסוד וכו', שגם בחינת חג"ת נה"י וכו'. נראה פשוט כוונת רז"ל ששם מ"ה יצא **חג"ת נה"י דכל קצה מהו"ק**, וגם **חג"ת נה"י דמלכות**. וכולם משם מ"ה, ונקרא הדר ומהיטבאל.

160

ע"ח ש"י פ"י מ"ת דמ"ח ע"ב _הגהה לרב יפה שעה_)ב(– וזה המציאות שם מ"ה דאלפי"ן הזה, יצא מן המצח דא"ק כו'. הנה לעיל נתבאר בפרק ח', שכאשר יצא שם מ"ה, יצאה אשתו עמו, וז"ל רז"ל - וזה הדר הכולל ו"ק, נקרא שם מ"ה, והוא רוחא, והוא זכר ונקבה, **שגם בחינת חג"ת נה"י שבמלכות יצאת עמו עתה**, כי המלכות שבמלכות היא שיצאת תחלה, יע"ש. ולא פורש בדברי רז"ל אלו חג"ת נה"י שבמלכות שיצאת עם שם מ"ה, איה איפה מקום יצאתה, אם גם היא יצאת מהארת המצח כמו שם מ"ה, או כיון שהיא שארית שם ב"ן, **יצאה מן העינים, כמו שם ב"ן הראשון.** וכן מסתבר **כי לעולם שם ב"ן מקום יציאתה, היא על ידי ההסתכלות דרך העינים.**

161

ע"ח שי"ז פ"י דפ"ה ע"א – ואחר כך יצאו שבעה מלכים אחרים דמ"ה, והם זו"ן דמ"ה, ונקרא הדר שהוא ז"א דמ"ה, שהם ששה מלכים, ומהיטבאל נוקבא דמ"ה. על ידי אלו נתקנו שבעה תחתונות, וכללות שבעה אלו דמ"ה, נקרא הדר ומהיטבאל.

162

שער מאמרי רשב"י, אדרא רבא דט"ל ע"ד – וכל אלו השבעה תחתונות החדשות האמתיות, המתוקנות, נזכרו בשם מלך אחד בלבד. להורות על תיקונם והתחברותם והתקשרות יחד, כי זהו תכלית התיקון, כמבואר במקומו בסוד רשות היחיד, ולא רשות הרבים. **והנה הו"ק החדשות נקראים הדר, ומהיטבאל היא השביעית הנקראת נוקביה דהדר**, ואחר אשר יצא המלך השמיני שהוא הדר ואשתו מהיטבאל, הכוללים שבעה תחתונות המתוקנות, אז גם השבעה תחתונות הראשונות, שהם המלכים שבעה שמתו, גם הם נתקנו ונתבסמו עמהם, עם אותם השבעה תחתונות שבאו אחר התיקון. **ומהתחברות החסדים והגבורות נעשה פרצוף ז"א, וכן פרצוף נוקביה.** וכבר ביארנו כי ענין אלו השבעה תחתונות שמתו, והשבעה תחתונות אשר היו מתוקנות, הנקראים הדר ומהיטבאל.

163

ספר הזוהר פרשת נשא, אדרא רבא דקל"ה ע"ב עם ביאור ותרגום – **וכלהו אתקרון בשמהן אחרנין מן קדמאין** וכל השבעה מלכים נקראים בשמות אחרים מן השמות הראשונים, **בר ההוא** חוץ מהמלך הזה, **דכתיב ביה** שנאמר בו - **ושם אשתו מהיטבאל בת מטרד בת מי זהב** ר"ל המלך השמיני הנקרא הדר, שהוא שם מ"ה החדש שיצא מהמצח דא"ק, ולא נשבר ומת, ויצא עם אשתו ששמה מהיטבאל, ובשמה כלול שם מ"ה, יטבא"ל הוא גימטריא ב"ן, והם מ"ה וב"ן דמ"ה. **מאי טעמא** ומה הטעם שלא נשתנה שמו לשם אחר, **משום דהני לא אתבטלו כשאר אחרנין** לפי שהמלך השני לא נשבר ומת כמו כשבעה מלכים האחרים, **משום דהוה**

וְשִׁתִּי[164] **הַבְּזִיזֹנֹת אֵלּוּ** ר"ל הדר ומהיטבאל, **הֵם** בבחינת יֹוֹשֶׁר, **דֶּרֶך** שְׁלֹוש קָוִין חח"ן בג"ה כדתי"ם, **וּלְכֵן נִקְרָא אָדָם** צלם ישר **כְּנֹודָע, וּשְׁנֵיהֶם** מ"ה וב"ן דמ"ה **נִקְרָא שֵׁם מ"ה הַכְּלָלִי, וְעִם כָּל זֶה נֶחֱלָקִין לִשְׁנַיִם, שֶׁגַּם** הכללי **יֵשׁ בְּזִיזַת ב"ן** שהוא ב"ן דמ"ה **כְּנֹודָע, וּמ"ה** שהוא מ"ה דמ"ה, **הֵם ו"ק דְּז"א וב"ן, וְהֵם ו"ק דְּנֹוקְבָא,** ושניהם[165] נקראים ביחד אדם[166].

לַמַּח[167] מ"ה וב"ן דמ"ה אלו נכללין בשם מ"ה מהיטבא"ל, כאשר **מ"ה** דמהיטבאל, הוא הו"ק דמ"ה החדש, והוא מ"ה דמ"ה, ומהשם מהיטבאל השם **יֹטְבָאל** הוא המלכות דמ"ה, והוא בגימטריא **ב"ן**, הרומז לב"ן דמ"ה כנודע.

דְּכַר וְנוּקְבָא משום שהיה כלול מזכר ונקבה, מ"ה וב"ן דמ"ה, **כְּהַאי תַּמְרָא דְלָא סַלְקָא אֶלָּא דְכַר וְנוּקְבָא** כמו עץ התמר שאינו עולה אלא בזכר ונקבה. **וּבְגִין כַּך הַשְׁתָּא דְּאִשְׁתַּכְּחוּ דְּכַר וְנוּקְבָא** ולכך לפי שעתה נמצאו זכר ונקבה, **לָא כְּתִיב בְּהוּ מִיתָה כְּאַחֲרָנִין וְאִתְקַיְּימוּ** לא כתוב בהם מיתה כמו השבעה המלכים הראשונים, ולכן נתקיימו הבחינות של המלך השמיני, הדר, **אֲבָל לָא אִתְיַשְּׁבוּ עַד דְּאִתַּתְקַן דִּיֹוקְנָא דְּאָדָם** אבל עדיין לא נתישבו במקומם הראוי, עד זמן תיקון הפרצופים דאצילות. **וְכֵיוָן דְּאִתַּתְקַן דִּיֹוקְנָא דְּאָדָם** עם כל זאת כיוון שנתקנו בצורת אדם בעל שלוש קוין חח"ן בג"ה כדתי"ם, **אִתְחַזָּרוּ וְאִתְקַיְּימוּ בְּקִיוּמָא אַחֲרָא וְאִתְיַשְּׁבוּ** לזרו הכלים ונתקיימו בקיום אחר, שהו בחינת שלוש קוין, לעומת השבעה המלכים הראשונים שיצאו בבחינת חד סמכא, ואחר כך נעשו בסוד פרצופים.
164

כרם שלמה ש"ט פ"ח אות ב' – ואלו השנים הז"א ונוקבא דמ"ה, יצאו בסוד **קוים,** שהוא עיקר התיקון, ונקרא **צלם אדם ישר,** ולא בחינת עיגולים, או ספירותיו זה למטה מזה.
165

בראשית ה' ב' – זכר ונקבה בראם ויברך אתם ויקרא את שמם **אדם** ביום הבראם.
166

ע"ח ש"י פ"ג מ"ת דמ"ט ע"א – והרי עתה כי שתי בחינות יש לנוקבא דז"א, **אֶחֶד** בהיותה כלולה בתחילה עם הזכר, **הַשֵּׁנִי** כשנפרדת ממנו, והוא נותן לה עטרה דגבורה. וזה סוד הכתוב - ושם אשתו מהיטבאל בת מטרד, כי הנה בשם זה יש כללות מ"ה וב"ן(, וי"ט שהוא המלוי של ארבעה אותיות הראשונים שבו]**אֲחִ"י** - נראה לעניות דעתי כי שם יו"ד ה"א וא"ו ה"א הגימטריא של הוי"ה דאלפי"ן הוא **מ"ה,** והמילוי לבדו הוא **י"ט** דמהיטבאל], כי אדם הוא שם מ"ה, והנקבה י"ט, בהיותה כלולה עמו כי אז נוקבא נקרא מילוי שם מ"ה, גימטריא י"ט, כמו ענין אדם וחוה, כי אדם שם מ"ה, וכאשר היתה הנוקבא עמו, היתה נקרא חו"ה, שהוא גימטריא י"ט, שהם בחינת מילוי דשם מ"ה, כי כל בחינת מילוי הוא גימטריא)נ"א בחינת(אלהי"ם, שהיא בחינת הנוקבא, שהוא דינין. ובזה תבין למה בחינת הנוקבא היא תמיד דינין, והוא לפי ששרשה הוא בחינת המלכים שמתו, שעל ידי כך נקרא מלכים, מלשון מלכות. ואמנם כאשר נפרדת מעליו ונעשה בחינה לעצמה, ואז שניהן בסוד בעל ואשתו, דכורא לחוד, ונוקבא לחודה, אז נקרא מהיטבאל כי שם זה נחלק ל**מ"ה יטבאל** כי **מ"ה** הוא דכורא כנודע, **ויטבא"ל** גימטריא ב"ן, שהוא נוקבא. בהיותה לעצמה הוי"ה דההי"ן, המתבסם עמו זה עם זה, דכורא ונוקבא, ולכן נקרא בשם טוב, להורות שיצא מהם הרע, והוברר מהם הטוב, וזה שכתוב - ואתבסמו דא בדא כו'.
167

כרם שלמה ש"ט פ"ח אות ב' – הרב צמח ז"ל הביאה כאן, וכתב - מ"ה וב"ן אלו נכללו בשם **מ"ה יטבא"ל,** עד כאן לשונו. ור"ל דהיינו אותיות **מ"ה** הם בחינת הו"ק דמ"ה, **ויטבא"ל** אותיותיה גימטריא **ב"ן,** ופשוט.

הרב ז"ל חוזר ומבהיר שוב[168] כי שבעה המלכים דמיתו יצאו בבחינת מ"ה וב"ן דב"ן, והם סוד העגולים, בחינת[169] נפש, והיא בחינת המלכות הנקראת[170] **ארץ**, בערך שם מ"ה החדש הכלול ממ"ה וב"ן דמ"ה, והם סוד היושר, והוא בחינת ז"א, הנקרא[171] **תורה**.

ואמנם שבעה מלכיות דזו"ן ר"ל המלכיות דחג"ת נהי"ם **שהם בבזינת שבעה מלכים קדמאין** שנשברו ומתו וירדו לבי"ע, גם **הם** כלולים **ממ"ה וב"ן דב"ן הכללי, שגם בשם ב"ן יש מ"ה** הנקרא מ"ה דב"ן, **ושתי בבזינות אלו** דמ"ה וב"ן דב"ן **נקרא ב"ן** הכללי, **ונעשה מהם עגולים,** ובשתי[172] הבחינות האלו דמ"ה וב"ן דב"ן היתה השבירה דשבעת המלכים.

168

כרם שלמה ש"ט פ"ח אות ב' – ולא המ"ה הזה לבדו הוא נקרא בחינת מ"ה וב"ן, כמו שפירשנו אותו. אלא גם בחינת שבעה המלכיות האלו דב"ן, שיצאו בתחילה, הם נחלקין למ"ה וב"ן, אלא שנקראים בחינת מ"ה וב"ן דב"ן, ואלו שנעשה מהם עגולים. וזהו שכתב - **ואמנם שבעה מלכיות דזו"ן שהם בחינת שבעה מלכים קדמאין הם מ"ה וב"ן דב"ן הכללי, שגם בשם ב"ן יש מ"ה, ושתי בחינות אלו נקרא ב"ן, ונעשה מהם עגולים,** עד כאן לשונו, ופשוט.

169

ציצים ופרחים, ליקוטים מדברי חז"ל, דצ"ח ע"ב – דרך ארץ קדמה לתורה, רמז בזה דאין אדם זוכה ברוח קודם שישלים תיקון הנפש, כמו שכתב הרב בשער הגלגולים. וזה שאמר **דרך ארץ** שהיא המלכות, שממנה נמשך בחינת הנפש, קדמה **לתורה**, שהיא בחינת הרוח, סוד ז"א.

170

ע"ח ח"ב שמ"ב פ"א מ"ב דצ"ה ע"ב – הנה עשיה כוללת עשר ספירות, אמנם כשנצריך אותה אל ערך העולמות שעליה, **תקרא מלכות של העולמות.** ההם אמנם היא מתחלקת לעשר ספירות עתיק א"א כו', וכל תשע ספירות הראשונים הם למעלה בבחינת שמים, **ומלכות שבה היא סוד הארץ** התחתונה הזה.

171

ע"ח ש"ל כ פ"ג מ"ת דצ"ו ע"ד – ובזה יובן מה שאמרו רז"ל על פסוק - אדם כי ימות באהל, אין התורה מתקיימת אלא במי שממית עצמו עליה. כי **התורה הוא ז"א** כנזכר לעיל, **שהוא תורה שבכתב,** והקיום שלו הם המוחין, ואין התורה יכול להתקיים להיות לו מוחין המקיים אותו אלא על ידי בינה, **הנקראת מי** כנודע, אשר היא ממיתה עצמה בשביל התורה, כי נה"י שלה מסתלקין האורות שלה, ונשארין כמתים כלים בלי עצמות, וגוף בלי נשמה, ועושה כן בשביל **התורה שהוא ז"א**, כדי שיתלבשו בתוכה המוחין, שהם הקיום שלו.

172

רחובות הנהר ד"ב ע"א – כי לא בפרטי החמשה נקודות בלבד היה היה מקרה המלכים, אלא היה בכל מין עשר ספירות ועשר ספירות דכל פרצוף דפרטי אבי"ע, וכמו שכתב בדרוש הדעת וז"ל - כל פרצופי אבי"ע כלולים ממ"ה וב"ן, שהם חסדים וגבורות, וכל בחינה משתיהם יש בה נרנח"י שבכל פרצוף. **ותחלה יצאו שבעה מלכים, והם זו"ן, שבע קצוות שבכל פרצוף, בבחינת נפש, הנקרא שבעה מלכיות שבשבעה הקצוות, מבחינת ב"ן, ונשברו.** ואחר כך באו שבע קצוות של מ"ה מבחינת נפש, והמשיכו עמהם נפש דב"ן, ונתקנו. ואחר כך על דרך זה באו רוח, ונשמה, וחיה, ויחידה דמ"ה, והמשיכו את רוח, נשמה, חיה, יחידה דב"ן, שלא נאצלו עדיין, ובאו כולם כלולים בסוד תוספת בזו"ן, שהם שבע קצוות שבכל כלל, ובכל פרט, וכל זה תבין ממצות ירושת המתים בפרשה פנחס. **וכן על דרך זה עשרה ספירות דעגולים הם גבורות, ויצאו תחילה בבחינת נפש לבד שבהם,** בסוד - נקבה תסובב גבר. ואחר כך יצא היושר, שהוא חסדים בחמשה מיני נפש ורוח שבו, ואז נשלמו העגולים בנרנח"י שבהם, עד כאן לשונו. באופן שכל עשר ספירות דכל פרצוף דפרטי פרצופי אבי"ע, נכללים בחמשה בחמשה נקודות, ובכל נקודה ונקודה מהם היה מקרה המלכים.

הרב ז"ל מסכם את הסוגיה, ומבאר כי שם ב"ן שהוא בחינת הנפש, הוא בחינת המלכים דמיתו, והוא בחינת העיגולים. ושם מ"ה הוא בחינת הרוח, הוא הבחינה שבאה לתקן את המלכים דמיתו, והוא בחינת היושר, בסוד הפסוק[173] - אשר עשה האלהי"ם את **האדם ישר** והמה בקשו חשבנות רבים, ר"ל שם מ"ה הוא גימטריא אדם, ושם ב"ן שהוא בחינת[174] המלכות, ששם בחינת החשבון[175]. **עוד**[176] **צריך לדעת** כי הרב ז"ל **מעלים** פרטים בסוגיה זאת, והוא בחינת[177] תשלום שם ב"ן שיצא יחד עם שם מ"ה החדש, על[178] ידי הזיווג העליון דע"ב וס"ג דא"ק.

173

קהלת ז' כ"ט – לבד ראה זה מצאתי אשר עשה האלהי"ם את האדם ישר והמה בקשו חשבנות רבים.

174

ע"ח שי"ד פ"ב מ"ב דע"ב ע"ב – נמצא כי כל מה שהוי"ה הולכת ומתמלאת, הוא יותר דין, ועצמותם בפשיטותם הוא תכלית הרחמים. והנה ג"ר אלו דאבא שלהם הם מ"ב אותיות של התשע ראשונות שבכל אחד ואחד מן השלשה, שהם זכרים. וזה סוד שם מ"ב דאיהי ברישא, כנזכר בתיקונים קל"ב. **וגם בשלוש מלכיות, שבהם יש מ"ב אתוון עצמן, אלא שהם בסוד מספר, וזה סוד - עיניך בריכות בחשבון**, כנזכר בזוהר פנחס - **דכל חשבון וגימטריא איננו במלכות**, ר"ל במלכיות של כל ספירה וספירה, **כי היא בחינת מספר** של הזכר שלה.

ע"ח שי"ד פ"י מ"ב דע"ב ע"ד – והנה הבחינה ההוא **הנקרא חשבון לעולם הוא בבחינת המלכות בכל מקום שתהיה**, על דרך משל, במלכות דאבא הנזכרת לעיל יהיה בחינת חשבון הוי"ה דיודי"ן בבחינת היותה חשבון ע"ב, וכן במלכות דאימא הוא חשבון הוי"ה דס"ג, ועל דרך זה בכל שמות שבעולם. **הנה חשבונם הוא במלכות שבאותו בחינה, וזכור הקדמה זו.**

175

ע"ח ש"יח פ"א מ"ב דל"ה ע"ב – וזה סוד הפסוק - אשר עשה אלהי"ם את **האדם ישר**, והמה בקשו **חשבונות רבים**. כי א"ק היה בו בחינת יושר, וזהו עשה את האדם ישר. והמה, שהם הנקודים בקשו חשבונות רבים, **שהם העגולים**, ולא נעשה בהם בחינת יושר, ולכן נשברו ומתו. ואחר כך נבאר איך הם בקשו חשבונות רבים שהם בחינת העגולים, ולמה יצאו הנקודות כך בעגולים, יותר משאר אורות של אח"פ, שכולם לא יצאו אלא בדרך יושר.

176

כרם שלמה ש"ט פ"ח אות ג' – וצריך אתה לדעת כי יש דבר אחד אשר לא נזכר כאן, והוא כי בתחילה יצאו המלכויות דחג"ת נהי"ם דשם ב"ן, ואחר כך בעת התיקון, דהיינו בעת יציאת השבעה דחג"ת ונה"י דשם מ"ה, יצאו עמהם **תשלום** דשם ב"ן, דהיינו השבעה חג"ת נה"י דשם ב"ן. ונתחברו מלכות ומלכיות דשבעה מלכים דב"ן שיצאו בתחילה, ונשלמו כל אחד לשבעה קצוות דשם ב"ן, והם לבד ממ"ה. והרב ז"ל **העלימה בכאן**, ולא כתבה בהדיא.

177

שער הכוונות, דרושי העמידה, דרוש ו' דל"ו ע"א – והנה אלו הו"ק אינם צריכים לבא על ידי תפלתינו ומעשינו, כי מעצמם הם בו, אבל התוספת הניתוסף אחר כך בז"א, הוא על ידי מעשינו ותפלתינו. ואמנם בחינת התוספת הנוסף אחר כך הנה הם שלוש ספירות בז"א, שהם נה"י המחודשים בו, כמבואר אצלינו בסוד - כונן שמים בתבונה. **ותשע ספירות אחרות אל הנוקבא, לפי ששורשה לא היה אלא נקודה אחת**, בסוף אות **הוא"ו** כמבואר אצלינו בפרשת בלק על פסוק - אשורינו ולא קרוב.......

נהר שלום ד"כ ע"ב – מה שאנחנו מבררים מחלקי הכלים דמלכים, ומאורות דרפ"ח דזו"ן, ומעלים אותם למ"ן, כן צריך להמשיך לזו"ן מזיווג דחיצוניות דאו"א תשלום מוחין דיניקה, כדי שיהיה להם כח להעלות ואחר כך להעלות הזו"ן למ"ד ומ"ן דזיווג דפנימיות דאו"א. ועל דרך זה עושים זו"ן לאו"א, לעורר זיווג דפנימיות דא"א. וכן נעשה מפרצוף לפרצוף שעליו, **עד רום המעלות** וכמבואר אצלינו במקום אחר, סדר עליית התעוררות הזה מפרצוף לפרצוף בפרטות עד רום המעלות, עיין שם. **ואז יוצא ויורד חלקי עשר ספירות שם מ"ה החדש, עם חלקי תשלום אורות דב"ן**, דאותם הבירורים שעלו, המתייחסים לאותה המצוה. ומתפשטים מפרצוף לפרצוף, וניתנים מוחין לאבי"ע דזו"ן, באופן שבכל מצוה, ועבודה, וברכה, צריך להמשיך לזו"ן שני מיני מוחין, הראשון הוא מזיווג דחיצוניות דאו"א, והוא כדי לתת כח לזו"ן כדי לעלות

כלל [179] **עולה** ממה שלמדנו בפרקין **שישם ב"ן הכללי** שהוא מ"ה וב"ן דב"ן, **הוא** בחינת **הנפש**, והוא שבעה מלכיות שיש בזו"ן ר"ל המלכיות דחג"ת נה"ים, שיצאו בתחילה, נשברו ומתו, והכלים ורפ"ח נצוצין שלהם ירדו לבי"ע, **ואלו יצאו בבזיונת עגולים** בערך שם מ"ה החדש שיצא בבחינת יושר, **והם מ"ה וב"ן שבשם ב"ן הכללי**. ואזור כך יצאו הדר שהוא מ"ה דמ"ה **ומהיטבא"ל** (והיא ב"ן דמ"ה), **והם מ"ה וב"ן שבשם מ"ה הכללי**, והם **שישה קצוות** שבזו"ן ר"ל חג"ת נה"י דחג"ת נה"י, ויצאו גם בחינת חג"ת נה"י דמלכות דכל אחת משבעה המלכים דמיתו, שהם מ"ה דב"ן, **ואלו** ר"ל מ"ה דמ"ה ומ"ן דמ"ה **נעשה פרצוף אדם ביושר**, **ובסיבתם** [180] **נתקיימו גם העגולים**, כי הם מ"ה וב"ן דמ"ה **בבזיונת רוזז**, המקיים את **הנפש**.

למה כי עיגולים הם בחינת נפש, אפילו שיש בהם מ"ה, שהרי מ"ה דב"ן נקרא נפש. והיושר בחינת רוח, אף על פי שיש בו ב"ן, שהרי הוא ב"ן דמ"ה, הנקרא רוח. וזהו שאמרו כי הס כי הס, דהיינו הס מ"ה וב"ן דמ"ה, שהם בחינת יושר בחינת רוח, המקיים הנפש, דהיינו מ"ה וב"ן דמ"ה הוא מקים את המ"ה וב"ן דב"ן, שהם עיגולים, בחינת נפש.

הרב ז"ל מבאר בקיצור נמרץ את בחינת התיקון הנעשה בזמן העיבור בתוך [181] המעי דאימא. כבר נתבאר כי בזמן בשבירת הכלים, הכלים שנשברו ומתו, ירדו לבי"ע עם [182] רפ"ח ניצוצין לחיותם, והאורות [183] דשבעה המלכים נשארו

רחובות הנהר ד"ג ע"ד – אמנם צריך להבין עם זה מה שנתבאר בש"ב ח"ג פ"א [**אח**"**י** – בספר מבוא שערים], כי כל הבירורים דכל העשר נקודות צריכים לעלות ולהתברר ולהתתקן על ידי שורשם העליון מהם, **שהם הטעמים דע"ב וס"ג דפנימיות דא"ק**, אשר מזיווגם יצאו כל העשר נקודות, ולא יצאו זה מזה, ומה שנתבאר במקום אחר כי מזיווג דא"א יצאו או"א, ומזיווג דאו"א יצאו השבעה מלכים, הוא בפרט האחרון שאיפשר לפרט כנודע וכנזכר לעיל, וכל העשר נקודות יצאו חסרים ובלתי מתוקנים. ולפיכך צריך להעלות כל הבירורים דכל העשר נקודות למ"ן, לשורשם העליון דע"ב וס"ג הנזכר דא"ק, כדי שיזדווגו ע"ב וס"ג הנזכר, **להוציא את התשע ספירות דב"ן החסרים** לאותם הבירורים, **וגם להוציא על ידי הזיווג הנזכר את העשר ספירות דמ"ה החדש** המתייחסים לאותם הבירורים. וכל זה אי אפשר אם לא על ידי זיווג **הטעמים דע"ב וס"ג דפנימיות דא"ק** כנודע.
179

כרם שלמה ש"ט פ"ח אות ג' – מה שכתב **כלל העולה**, רצונו לחזור ולכלול כאן, מה שכתב לעיל ולומר, כי אין אנחנו מדברים עכשיו כי אם על בחינת השבעה מלכיות דזו"ן שיצאו תחילה, ועל בחינת השבעה בחינות של חג"ת נה"י דחג"ת נה"י דשם מ"ה, שיצאו בסוף, בעת התיקון.
180

בית לחם יהודה ש"ט פ"ח דל"ג ע"א – ובסיבתם נתקיימו גם העיגולים כי הם בחינת רוח המקים הנפש. כוונתו לתרץ מה שיתבאר לעיל כי מאחר דבחינה המ"ה לא נגע ולא פגע בתיקון השבעה מלכים כלל, שהרי כל השבעה מלכים היו בחינת עיגולים לבד, והם נתקנו בעיבור על ידי עיגולי או"א, כמו שמבואר בסמוך - ולא נתערב עמהם אפילו ניצוץ קטן מן המ"ה כלל. אם כן מה הועיל יציאת מ"ה החדש. לזה אמר ובסיבתם נתקיימו גם העיגולים וכו'. ועיין עוד בריש פרק ו' דשער מ' ד"ה ועל ידי כך וכו'.
181

במקומם באצילות, בסוד[184] קוין[185]. ושלוש[186] הבחינות האלו, שהם אורות, הרפ"ח ניצוצין, וכלים, הנקראים אנ"ך נתלבשו בתוך מעי דאימא, כדי[187] להתקן, על ידי בירור הקדושה מתוך הסיגים, וחיבור חלקי המ"ה והב"ן ביחד. וזה[188]

ע"ח שי"א פ"ז מ"ת דנ"ד ע"ב – ואחר כך על ידי עיבור ראשון של **ז"א במעי אמו**, בהיותו על גבי נה"י דא"א כנזכר לעיל, כי נכללו תלת בתלת. והכוונה היתה להלבוש אותן ו"ק דז"א, **שהיו האורות בלי כלים, כי כלים ירדו בבריאה** כנזכר לעיל, ואז נעשה להם שם בחינת כלים בפרצוף שלם, ואז גם הכלים שלהם הראשונים שירדו ומתו נתעלו גם הם, ונתחברו עם כליהם האחרים החדשים, **ומהכל נעשה יחד פרצוף שלם אחד אל הז"א, וכן לנוקבא** על דרך הנזכר לעיל. אמנם החילוק שהיה בהם הוא מה שביארנו למעלה, כי או"א וא"א נתקנו בפעם אחת, אבל ז"א אשר לא יצא מתחלה רק ששה חלקים נקודות לבד, שהם בחינת ששה קצוות שלו, ולכן אלו הששה נתקנו תחלה בתשע חדשים של עיבור ויניקה. ואחר כך באים לו בסוד תוספת אותן שלוש החלקים הראשונים, שהם המוחין שלו, שלא יצאו בתחילה, ולפי שבתחילה חסרו שלוש ביחד ממנו, לכן גם עתה באים לו כל שלשתן יחד בעיבור השני. **והבן היטב** מה ענין עיבור ויניקה ומוחין דז"א המוזכר אצלינו בכל מקום, **ושים דעתך לזה.** וכן בנוקבא דז"א, אשר כל התשע חלקים התחתונים שלה, לא באו תחלה בסוד שורש ועיקר, לכן בעת התיקון באים אליה בבחינת תוספת לבד ברגע אחד, ואין בה הבחינה שיש בז"א, שהם עיבור ויניקה, ועיבור שני, לפי שהכל באים ביחד. והנה שנתקן ז"א נקרא **רשות היחיד**, כי הנה טעם וסיבת העיבור של ז"א, היה מפני זה לפי שבתחילה היו ששה חלקים נפרדין זה מזה, בסוד **הרשות הרבים** כנזכר לעיל, לכן נכנס בסוד **העיבור תוך אימא** כדי לאסוף החלקים האלו הנפרדין תוך מעי בינה, ואז מחמת היותן מקובצים יחדיו, וגם לסיבת שנתוסף בהם עתה אור אימא, בכח שתי סיבות אלו יתחברו יחד, ויתקשרו יחד, ואז בזה העיבור הראשון נתחברו יחד ששה חלקים בבחינת קוין כנודע, והוא כי חסד נכלל בנצח, וגבורה בהוד, ותפארת ביסוד, ואין)ועניין(זה נקרא תלת כלילן בתלת כנזכר לעיל, עד שיעברו שלוש ימי קליטה. ואז נתחברו כולם יחד חיבור אחד, יותר מעולה, והוא שכל חלק וחלק מהם נכלל מכל שבעה תחתונות כמבואר אצלינו בעניין התפילין שיש בהם כ"א אזכרות. לפי שבהיותן שם בסוד עיבור ראשון, היו בסוד תלת כלילין בתלת, ולא נשאר)נ"א ניכרו(רק השלוש לבד, והיה כל אחד מהם כלול מכל השבעה, הרי כ"א. כי השביעית היא נקודת המלכות, ואז הז"א בסוד ו' שבתוך אות ה' ראשונה שהיא אימא, והם ו"ק, והמלכות היתה נקודתה בסיום **הוא"ו**)נ"א הו"ק(, בסוד - אושיט פסיעה לבר, הנזכר בלק דף ר"ג, בפסוק - אשורנו ולא קרוב, כמבואר אצלינו.... ודע כי אף על פי שאנו אומרים שנתקנו אלו השבעה מלכים של זו"ן, עם כל זה בהכרח הוא שלא נגמר בירור שלהם להצטרף, ונשאר קצת ניצוצי קדושה שלהם בתוך הקליפות, **הנקראים סיגים שלהם**, והם נקרא רשות הרבים, בסוד - הן רבים עתה עם הארץ, שהם הקליפות, לפי שלא נתקנו ונשארו נפרדין בבחינת רבים.....
182

ע"ח שי"א פ"ד מ"ק דנ"א ע"ג – ואמנם דע כי אלו המלכים דנחתו לתתא ומיתו, **הנה ירד עמה כח חיות להחיות, רפ"ח ניצוצין לעת התחייה**, והוא בערך דורמיטא שיש באדם, ולא יותר מזה **אבל לא מתו לגמרי**.
183

ע"ח שי"א פ"ד מ"ק ד"נ ע"ד – ועתה נבין דרושינו, כי הכלים ירדו למטה בעולם הבריאה, **אך האורות נשארו למעלה במקומם** בלתי לבוש.
184

ע"ח ש"ט פ"ג מ"ת דמ"ב ע"ד – ונבאר סדר יציאת שבעה מלכים, אשר זה יצא ראשונה וכאשר לא היה יכול הכלי לסבול כנזכר לעיל, נשבר הכלי וירד למטה בעולם הבריאה, ר"ל במקום שהיה עתיד להיות עולם הבריאה אחר כך, כי הרי עדיין לא נברא עולם הבריאה... ואמנם אור של הדעת ירד גם הוא, **אלא שנשאר באצילות עצמו**, במקום כלי המלכות של האצילות, ואמנם לא ירד שם לסיבת פגם אשר בו, כי הרי נתבאר לעיל כי **השבירה היתה בכלים לא באורות**... ואחר כך יצא החסד ונשבר הכלי... והאור ירד במקום כלי **היסוד דאצילות**.... ואחר כך יצאה גבורה ונשברה.... והאור ירד בכלי **דנצח הוד דאצילות**.... ואחר כך יצאה התפארת ונשבר.... והאור נשאר במקומו שהוא בתפארת דאצילות. ולכן רצה המאציל העליון המשיך **והגדיל את כלי הכתר** אשר לא נשבר כנודע, ונמשך דרך קו האמצעי, כמו שנתבאר כי הג"ר כבר היו מתחלה בציור **שלוש קווין**, ונמשך דרך קו האמצעי עד מקום התפארת... ואז עלה אור התפארת ונעלם תוך כלי הכתר הנזכר לעיל של הכתר שנתפשט עד מקומו.... ואז אור הדעת שירד למטה במלכות דאצילות, בראותו כי כבר היה כלי חדש במקומו, כי הנה גם מקומו הוא בקו האמצעי בין הכתר

בכל פרצוף ופרצוף שבכל עולם ועולם. ר"ל כל פרצוף עליון **מברר את הקדושה שלו, והנשאר נקראים סיגים בערכו.**
עם כל זאת הסיגים האלו של הפרצוף העליון יש בהם קדושה בערך הפרצוף שתחתיו, והפרצוף העליון מברר את
הקדושה השייכת לפרצוף שתחתיו, והסיגים דיליה יורדים לפרצוף היותר תחתון, ומתבררים על ידי הפרצוף שנתברר
על הפרצוף שמעליו. כך[189] הוא מפרצוף לפרצוף, ומעולם לעולם, כל בחינה מבררת את הבחינה שתחתיה, והסיגים הכי

והתפארת, ואז גם הוא נתעלה ועלה במקומו.... אחר כך מלכו נצח הוד, והיו צריכין לבא למלוך במקומם בכלי
הראוי להם, והנה לא מצאו מקומם פנוי כי שם ירד אור הגבורה כנזכר לעיל, **ולכן הוצרכה הבינה להתפשט
דרך קו שלה, שהוא צד שמאלי**... ואז כראות אור הגבורה כי כבר היה בחינת כלי במקומה, **עלתה לה
במקומה**.... ואז ירדו נצח הוד במקומם האמיתי, ומלכו שם בכלי שלהם, ונשברו, **ואז האור שלהם עולה עד
הגבורה**, כי עלה שם **הוד להיותו גם הוא קו שמאל**, ואז גם הנצח עלה עמו שם כי נצח הוד תרי פלגי דגופא
אינון כנזכר לעיל... ואחר כך יצא אור היסוד, והנה היה במקומו אור החסד כנזכר לעיל, **ואז הוצרכה כלי
החכמה להתפשט דרך קו ימיני**.... ואז עלה שם **אור החסד ונכלל בכלי החכמה**... ואז יצא היסוד ונכנס
בכלי שלו ומלך במקומו, ונשבר, **ועלה האור דרך קו האמצעי**, ועלה עד מקום דעת העליון.... ואחר כך יצא
אור המלכות למלוך בכלי שלה, ומלכה שם ונשברה, **ואז האור שלה עלתה גם כן בדעת דרך קו האמצעי**....
לפי שנצח הוד היו שניהם בקו השמאלי במקום גבורה, ועתה נפרדה הנצח מן ההוד, **והלך ועלה עם החסד בקו
ימין שבו.**.
185

תרשים ח – ט"ז.
186

ע"ח שי"ט פ"א מ"ת דפ"ד ע"ד – ונחזור עתה לענין ראשון, כי שלוש בחינות יש בז"א, **והם אורות
ניצוצין וכלים**, וכל שלוש בחינות אלו **נכנסין תוך מעוי דאימא**, בינה, להתקשר, ולהתחבר, ולהתתקן, שם
בבחינת עיבור.
187

רחובות הנהר ד"ה ע"ב – וזה שביארנו כי אפילו פרצוף עתיק, וא"א, ואו"א, וישסו"ת, **נתקנו ונעשו
מבירורי השבעה מלכים**, מפורש בהדיא במבוא שערים ש"ה ח"ב פ"א, כי עתיק, וא"א, ואו"א, וזו"ן
דאצילות, וכן דבי"ע נבררו ונתקנו בעת התיקון מבירורי השבעה מלכים, וז"ל - והענין דע כי באלו השבעה
מלכים, יש בהם כל בחינות אבי"ע כנזכר לעיל, ויש בהם חלקים הראויים לעשות מהם אצילות, וחלקים
שאינם ראויים להעשות מהם אצילות, רק בריאה, וכן על דרך זה יצירה ועשיה. וכל זה בדרך כלל. כי גם הוא
על דרך זה בפרטות, כי יש חלקים ראויים לאריך, ויש לאבא, ויש לאימא, ויש לז"א, ויש לנוקבא. ובתחילה
נתבררו החלקים שיש לאריך בשבעה מלכים, וכל השאר נקראו סיגים אצלו, כי אינם מערכו. אמנם כל מה
שהיה לאריך בהם הכל נתברר בעת האצילות בתיקון א"א, **ולקחו ומהסיגים הנשארים, חזרו להתברר**. ואז
מהחלקים שיש לאו"א, בהם נעשו בחינת או"א, והשאר שלא היה עוד בהם חלקי או"א, **נשארו בסוד סיגים.
ומהם חזרו להתברר במעי אימא, ומהחלקים אשר לזו"ן, בהם נעשו זו"ן של אצילות**, ואז כל הנשאר
נקרא סיגים בערך עולם האצילות. וכל בחינות אלו יוצאות בסוד **דם הלידה**, ואמנם עדיין יש בהם קדושה
שהם בחינת העולמות של בי"ע, ולכן חוזרים **ומתבררים בסוד עיבור בתוך הנקבה של ז"א**, ומהמובחר שבו
נעשה א"א דעולם הבריאה, וכל השאר יוצא מנוקבא דז"א בסוד דם לידה, ונקראים סיגים בערך אריך
דבריאה, וכן כיוצא בזה עד תשלום עולם העשיה.
188

ע"ח שכ"ב פ"ג מ"ק דק"ה ע"ב – והענין כי כל דבר עליון כאשר יורד, אין כולו יורד, רק מתמעט
ומתברר, **והיותר מובחר שבו נשאר למעלה**, כי אינו יכול לירד למטה, **והשאר נופל ויורד למטה.**
189

ע"ח ח"ב שמ"ב שער דרושי אבי"ע, פ"ב דצ"ד ע"ב - כל ארבע עולמות אבי"ע הוברר בירור המלכים,
היותר מעולה באצילות, והגרוע ממנו בבריאה, וממנו נתהוה בריאה. וכן על דרך זה היצירה, ואחר כך
בעשייה, **והגרוע מהכל מה שלא היה יכול להתברר, נשאר בסוד הקליפה**, ר"ל שהם דינין קשים עד מאד,
שלא יוכלו להתברר מן הסיגים, ונשארו ניצוצי קדושה שלהן בתוך הקליפות, **והם נקרא י"א סמני הקטרת.**
וכן על דרך זה בכל אצילות עצמו, היותר מובחר נברר בעתיק, וגרוע בא"א, ועל דרך זה בכל ספירה וספירה
שבכל פרצוף ופרצוף בפרטות, ואין להאריך בזה כי כל כח הקולמוס לפרטם. ודע שאחר שהוברר חלק

גרועים שלא יתבררו, ירדו לקליפות, בסוד י"א סממני הקטורת. והצורך[190] לעיבור היה לחבר ולקשר[191] את כל חלקי הו"ק דז"א הנפולים לבי"ע דכל[192] פרט, בתוך המעי דאימא של אותו פרט, ולעשות מהם פרצוף אחד בסוד רשות היחיד,

---

העתיק לגמרי, אז התחיל הוא לברר את חלק הא"א, ואחר שהתובורר חלק א"א לבדו, אז בירר הוא חלק או"א, ואחר שהתובורר חלק או"א, אז התחילו לברר חלקי זו"ן. **וכל זה על ידי זווגים ועיבורים שאותן הניצוצין המבוררים עולין ממקום נפילתן, עד למעלה ונכנסים בבטן הנוקבא, ושוהין שם זמן העיבור, ונמתקים שם, ונעשים שם בחינת פרצוף**. ואחר שנתברר האצילות כולו, אז מתחיל בירורי דבריאה להתברר, על ידי נוקבא דז"א דאצילות. ואחר כך, אחר בירור עתיק דבריאה, אז הוא מברר חלקי א"א דבריאה, וכיוצא בזה בכל הבריאה. ועל דרך זה אחר כך ביצירה, בכל עניו פרטיו. נמצא שבכל ארבעה עולמות כולן הם מבירור שבעה מלכים. ומה שלא הובֿרר נשאר בסוד **אחד עשר סממני קטורת**.
190

כרם שלמה ש"ט פ"ח אות ג' – ומה שכתב **והנה בעת העיבור שהוא** וכו'. כי ידוע כי מה שהוצרך העיבור לצורך הו"ק דז"א, כדי לחבר הו"ק שלו בקשר אחד, ובבחינת קווין. ועוד כדי ששם במעי הבינה אין שליטה לקליפות, שם יוכלו הסיגים שלו להיפרד ממנו. וזהו נקרא **בירור**, כי נברֿרים ממנו הסיגים. ובעיבור הו"ק דיושר בבחינת קווין, לבד מדבר האחר שהוא **הבירור** של הקליפות מהם. אבל בבחינת העיגולים מה עניין **קויין** שייך בהם, והלא קודם העיבור היו בבחינת עיגולים, וגם אחר מעשה העיבור היו כן היו בחינת עיגולים. ואף על פי ששייך שם דבר מה, כדי שיהיה בהם בחינת אותם החלונות מחכמה לחסד, ומבינה לגבורה, ומחסד לנצח, ומגבורה להוד וכו'. בלאו הכי היו נרשמים בהם גם קודם התיקון. לזה כתב נמי התיקון של העיבור לצורך העיגולים, הוא בחינת **הבירור** שלהם, דהיינו שנברֿרים מהם הקליפות על ידי שנכנסו במעי אימם, וזה נקרא **בירור**. ואף על פי שאחר כך חזרו ונעשו גם עיגולים, באשר הוא שם נתבררו מחמת הקליפות.
191

ע"ח שי"ט פרק ב' מ"ת ד"וצ ע"ג – והנה מה שנכנס תחלה באלו הכלים להחיותן אינם השלוש שמות בעצמן, רק המילוי שלהן נכנסין תחלה, שהם מדרגות השפלות מן השמות עצמן, כמו שמבואר בדרוש רפ"ח ניצוצין. והנה מספר המלויין לבדם של אלו השמות, אחר שנסיר מהם שמות הפשוטין, הם אלו מילוי ע"ב כשתסיר הפשוט שהוא גימטריא כ"ו, נשאר **מ"ו**. ומילוי ס"ג על דרך הנזכר לעיל הוא **ל"ז**. ומילוי מ"ה על דרך הנזכר לעיל הוא **י"ט**. וגם צריך שתדע כי תחלה נכנס המילוי התחתון שבמדרגה, שהוא י"ט ממילוי מ"ה, אם לסיבת שהוא קטן שבכולם במדרגה, ואם לסיבה אחרת, והוא כי עניו היות בז"א שלוש שמות אלו ע"ב ס"ג מ"ה, הוא כי תחלה לוקח בחינת חיות עצמו שהוא מילוי מ"ה, ואחר כך לוקח חיות יותר גדול, והוא מילוי ס"ג, ולוקחו מן אימא, ואחר כך לוקח מן אבא חיות יותר גדול מכולם, שהוא מילוי ע"ב. ואם כן מוכרח הוא שתחלה יהיה מילוי י"ט, שהוא חיות עצמותו, ואחר כך ל"ז של מ"ו, ואחר כך של מ"ו, כי כך הוא מעלות המדרגות. ועתה נבאר סדרם, דע כי הנה נתבאר בגמרא במעשה דרבי ואנטונינוס דאי אפשר לבשר חי לעמוד בלי מלח יותר משלושה ימים, שיסריח יותר מזמן זה, ואם כן מוכרח הוא שבשלֿוש ימי קליטה, נכנס איזה בחינת חיות ורוחניות בולד, והנה אז בשלוש ימים אלו נכנסין בחינת מ"ה הנזכר לעיל, אשר הם בחינת ח"י, לרמוז היות בהם כבר חיות, ועם כולל הרי י"ט. כי בפחות ממילוי האחרון זה דמ"ה התחתון, שבשלֿוש שמות הנזכרים לעיל, אין לו חיות בלעדיו, והם מתחלקים בשלוש ימים, **כי ביום ראשון של הקליטה נכנס בו ששה ניצוצין, לפי שאז נתקשרו יחד זה בזה**, כל אותו המחצה הנתון תוך אבא כנזכר לעיל, אשר מצד ימין, ואז נמשך להם ששה ניצוצין של חיות, כי בחינת ו' הוא קו אחד, והוא קו ימין, שעל ידו נתקשרו ונתחברו יחד. **וביום שני נקשרים ומתחברים יחד זה בזה, כל המחצה של קו שמאל, הנתון תוך אימא, ואז נמשכין לו ששה ניצוצין אחרים של חיות, לקשרם ולחברם**, והוא ששה ניצוצין בקו שמאל, שהוא צורת ו' גם כן. וביום שלישי אשר כולם מתקבצים יחד, מחצית דאבא עם מחצית דאימא)נ"א דאבא(ונתחברו. ונמצא כי חצאי קו האמצעי לא נתחבר עד היום הזה, וכנגד זה נכנסין לו ששה ניצוצין אחרים, כנגד קו אמצעי. הרי נשלמו בשלוש ימי הקליטה לכנוס **כולם תוך אימא ולהתקשר יחד כולם**, בסוד)שלֿוש(קויין, ולכנוס בהם י"ט ניצוצין של חיות, שהם מילוי מ"ה שהוא חיות של ז"א עצמו כנ"ל. והנה מציאות של שלֿוש ווי"ן אלו, הם בחינת שלֿוש אלפין שיש במילוי מ"ה, **והנה כבר נתבאר לעיל כי הניצוצין נגמרין להיכנס ולהתתקן בזמן תשעה חדֿשי עיבור**, וכאשר תמנה כל חדש מהם שלֿושים יום, יהיו כולם ר"ע ימים, והולד נולד ברע"א יום, וכמו שמבואר בגמרא על פסוק - ויתן לה הוי"ה הריון, כי המשך ימי העיבור הם בגימטריא הריו"ן, שהם בגימטריא רע"א, והענין הוא כי בשלוש ימי קליטה נתקנו הי"ח ניצוצין,

תוך זמן העיבור. **בסוגיה זאת** מבאר הרב ז"ל כי העיגולים של המלכים, שהם בחינת נפש, נתקנים על ידי העיגולים דאו"א, והיושר של המלכים, שהם בחינת רוח, נתקנים על ידי היושר דאו"א. **ונודע** כי[193] בחינת שתי בחינות האלו דיושר ועיגולים מתקנים ביחד, נפש ורוח תוך המעי דאימא.

והשאר ר"ע ימים נתקנים ר"ע ניצוצין, ניצוץ אחד בכל יום, שבין כולם הם **רפ"ח ניצוצין** הנזכר לעיל. ונודע כי הר"ע יום הם זולת ימי הקליטה, כי לכן אמרו בגמרא אין האשה יולדת או לרע"א, או לרע"ב, או לרע"ג יום, לפי שהר"ע ימים הם ימי הריון, המוכרח שהם תשעה חדשים, ושלוש ימי הקליטה, שיש בהם ספק אם נקלט ביום ראשון או ביום שני או ביום שלישי, ונחלקים עתה בחינת ר"ע ימי הריון בר"ע ניצוצין הנשארין מרפ"ח ניצוצין. והנה נודע כי אמרו רז"ל שביום ארבעים נגמר צורת הולד, והענין הוא כי אחר שלוש ימי הקליטה שבהם נכנסו י"ט ניצוצין דמילוי מ"ה, שהוא בחינת חיות דז"א, אחר כך נכנס מילוי ס"ג דאימא, הם ל"ז ניצוצין, ואם תוסיף על שלוש ימי קליטה, **יהיה ארבעים יום**, שאז נגמר מילוי ל"ז דס"ג דאימא, אשר היא נותנת ציור הולד, כנודע מפסוק - וייצר הוי"ה אלהי"ם את האדם, וגם לסיבה זאת נקודת הציירי היא באימא הנודע, והרי כי בארבעים יום נגמר צורת הולד, שהוא ל"ז ניצוצין אחרים דמילוי ס"ג, והרי כי בארבעים יום שנגמר צורת הולד, יש בו בחינת מילוי מ"ה וס"ג..... ואחר כך יש זמן שלישי, שאמרו רז"ל ענין שלוש חדשים הראשונים, שאז ניכר עובר, כמאמר רז"ל במשנה - היבמה לא תחלוץ ולא תתייבם עד שיהיה לה שלוש חדשים, שאז ניכר העובר. והענין הוא כי אחר ארבעים יום של יצירת הולד, שנכנס שם מילוי דס"ג, שהוא המצייר צורת הולד, עוד נכנסין בו מ"ו ניצוצין של מילוי ע"ב, במ"ו ימים אחרים. **והנה בין כולם הם פ"ו ימים**, אשר נכנסו בהם שלוש מלואים דע"ב ס"ג מ"ה, וכבר נשלם טיפת דכורא שהוא ע"ב להצטייר, ואז נקרא היכר העובר לגמרי, ואף על פי שאינן שלוש חדשים לגמרי, אין חשש, כי מה שמבואר בגמרא שלוש חדשים לאו דוקא בצמצום, ובפרט אם תמנה החדשים החסרים יהיו פ"ז ימים, והם פ"ו הנזכרים לעיל עם הכולל.
192

רחובות הנהר ד"ג ע"א – והנה אחר שבירת הכלים דמלכים דאצילות, **שהוא החיה דכל פרט**, ויירדתם לבי"ע, **שהוא הנר"ן דכל פרט**, נתגלו ונפרדו מהם הקליפות. וכאשר רצה המאציל העליון להעלות הכלים הנזכרים עם האורות דרפ"ח, שנשארו בהם למ"ן, להשלים בירורם ותיקונם, ולהוציא התשע ספירות העליונות דב"ן החסרים מכל פרט, אשר עדיין לא יצאו, ועשר ספירות דמ"ה, על ידי זווג עליון דע"ב וס"ג דא"ק. ונודע כי אין זווג בעולם זולתי על ידי העלאת מ"ן מן התחתונים, והנה עדיין אין אדם להעלות המ"ן הנזכר, כי הנה ידוע כי תמיד אי אפשר לבירורים בשום אופן לעלות למ"ן, בלי מי שיעלה אותם, והוא על ידי התחתונים. ר"ל על ידי הפרצופים התחתונים שכבר יצאו ונתקנו, והם נקראים בנים בערך הפרצופים העליונים שעליהם. **והענין כי כל פרצוף תחתון מחביריו נקרא בן אליו**, והוא מבער בירורי פרצוף העליון ההוא שעליו, ומעלה אותם לפרצוף שעל גבי פרצוף שעליו לתקנם, וכמו שמבואר במבוא שערים ש"ב ח"ג פ"ט וז"ל - **וכל תחתון מחבירו נקרא בן אליו**, והוא המעלה המ"ן שלו. נמצא כי כל הפרצופים דכל העולמות נקרא בנים, שהן זו"ן, אלא שכל פרצוף נקרא בן שהוא זו"ן בערך הפרצוף שעליו, ונקרא או"א בערך הפרצוף שתחתיו, ונקרא א"א בערך הפרצוף התחתון השלישי אליו, ונקרא עתיק בערך הפרצוף התחתון הרביעי אליו, נמצא שכל פרצופי כל העולמות נקראים זו"ן, שהם ו"ק, וכמו שמבואר בשער ג' שער עיגולים ויושר פרק ג' וז"ל - דע כי בחינת זו"ן שיש בכל העולמות כולם, הם נקרא שבעה קצוות של גוף של אותו העולם, כי כן יצאו בעת האצילות הראשון שנאצלו, חסרים ג"ר לז"א, ותשע ראשונות לנוקבא, ואלו השתים צריכים שלוש זמנים, עיבור, יניקה, ומוחין, להשלימם. **נמצא כי בכל עולם ועולם אינם צריכים מוחין ועיבור רק זו"ן של אותו העולם, בערך א"א ואו"א של אותו העולם, שהם שלמים כפי אותו העולם.** אמנם בבחינת הכולל יהיו כל החמשה פרצופים של אותו העולם נקראים זו"ן של עולם שלמעלה ממנו, ויהיו חסרים מוחין בבחינת הכולל כנזכר, והבן זה היטב עד כאן לשונו.
193

ע"ח שי"ז פ"ב מ"ת דפ"ג ע"ד – ונבאר עתה בחינת זמן העיבור של זו"ן, איך היה. וכבר נתבאר לעיל כי נעשו **משתי בחינות שהם שבעה תחתונות דמ"ה, ושבעה תחתונות דב"ן** זולת הכתרים השבעה. ונבאר סוד העיבור, ונאמר כי הנה אחר שנתקנו או"א, נשארו עתה בחינת שבעה מלכים שמתו, ועדיין היו בלי תיקון, ואמנם הם בחינת שבעה תחתונות דב"ן כנודע. גם אז היה עדיין א"א בלתי התלבשות מטבור ולמטה, עד סיום

וְהִנֵּה בְּעֵת[194] **הָעִבּוּר שֶׁהוּא הַתִּיקוּן אָז אוֹתָן הַמְּלָכִים** דשם ב"ן, שהם הב"ן דב"ן, בחינת הנפש שבנפש, שהם נקראים בפרקין עיגולים, **נִתְבָּרְרוּ וְנִתְקָנוּ בְּסוֹד הָעִבּוּר תּוֹךְ** השורש שלמה, שהם **הָעֲגוּלִים דְּאו"א** שהם בחינת הב"ן דא"א, המלכויות דא"א, **וְהָבֵן זֶה** כי כל בחינה עליונה מתקנת את הבחינה התחתונה ממנה, ואו"א[195] הם שהולידו את בחינת המלכים, שהם מ"ה וב"ן דב"ן, שהם משם ב"ן,

---

רגליו, והיה מגולה מבלי לבוש. וכדי לתקן השבעה מלכים שמתו, היה צריך שיהיה בסוד העיבור בתוך אימא, וזה סוד העיבור. הנה תחלה אסף א"א את רגליו, ר"ל כי נה"י שעדיין היו מגולין כנזכר לעיל, נתעלו למעלה עד השלוש אמצעית חג"ת דא"א עצמו, המתלבשים תוך או"א מקודם זה כנזכר לעיל. גם עתיק התחיל לאסוף שתי פרקין האמצעים שלו)על גבי(שני פרקין הראשונים דנצח הוד שלו, והיו מלובשים שתי פרקין עליונים תוך שתי פרקין אמצעים. אבל היסוד דעתיק אינו צריך לעלות, כי הוא מסתיים למעלה בחזה דא"א. ואחר כך הלבישו החסד והגבורה וחצי תפארת העליון דאריך אנפין, לאותן שתי פרקין אמצעים דנצח הוד, ואת היסוד דעתיק. ואחר כך הלבישו נצח הוד דא"א לחסד גבורה שלו עצמו, וחצי תפארת התחתון שבו הלביש את חצי העליון, והיסוד דא"א הלביש אחר כך את חצי תפארת תתאה שבו, ועלתה העטרה אל יסוד שבו, והלבישה את היסוד עצמו שבו. **וְאַחַר כָּךְ עָלוּ חג"ת דז"א, וְהִלְבִּישׁוּ לְנֶצַח הוֹד וְעֲטֶרֶת הַיְּסוֹד דָּא"א, וְאַחַר כָּךְ עָלוּ נה"י דז"א וְהִלְבִּישׁוּ לְחג"ת דז"א עַצְמוֹ, וְאַחַר כָּךְ עָלְתָה הַנּוּקְבָא שֶׁהִיא הַמַּלְכוּת בְּסוֹד הָעֲטָרָה, וְהִלְבִּישָׁה אֶת הַיְּסוֹד דז"א.** ונמצא שעלו בחינת זו"ן למעלה ונמצא ז"א כלול תלת גו תלת, שהם ו' ק' שבו, תלת כליל בתלת, ונרמז זה פרשת בשלח דף נ' ע"א בתוספתא - תלת רוחין דכלילין בתלת הוי שקיעין כו'. **וְנוֹדַע כִּי ז"א הוּא בְּחִינַת רוּחַ, וְהַמַּלְכוּת נִקְרֵאת אֶבֶן, וְדַי בָּזֶה.** ועתה יתבאר איך נתלבשו גם הם תוך או"א, והוא כי אחר כל הבחינות הנזכרים לעיל, כי כבר נתבאר לעיל שאורך אלו הארבעה פרצופים הם כשיעור אורך הנזכר לעיל, שהם חג"ת דא"א. נמצא כי או"א נשארו כמו שהיו בראשונה תמיד, לפי שהם קצרי קומה כנזכר לעיל, אבל עתיק וא"א שהם ארוכים, הוצרכו לעלות קצוותם התחתון ולכלול אותן בקצוותן העליון. והנה גם זו"ן היו יכולים להישאר שם כמו שהוא, ולא להלביש קצוותם התחתון בעליון, כי אורך הו"ק אינם כל כך גדולים, ואם כן למה הוצרכו לכלול בחינת תלת כליל בתלת, ואמנם תשובת שאלה זו נתבאר בארוכות. **כִּי הַכַּוָּנָה הָיְתָה לְקַבְּצָם וּלְקָשְׁרָם יַחַד שֶׁיִּהְיוּ רְשׁוּת הַיָּחִיד, בְּאַחְדוּת, וְלֹא רְשׁוּת הָרַבִּים, דֶּרֶךְ פֵּירוּד**, כי זו היתה סיבת מיתת המלכים בראשונה. ובזה נמצא כי זו"ן הם עומדין באמצע, בין נה"י דא"א ובין פנימית או"א, ואז היו שם בתוך פנימית או"א, **בְּסוֹד עִבּוּר, כְּדֶרֶךְ הַוָּלָד הַנִּיתָּן בְּמֵעֵי אִמּוֹ.** ואין תימא בזה אם או"א שהם יותר עליונים ורוחניים, מלבישין לזו"ן בתוך מעיהם ופנימיתן, **כִּי כֵּן צָרִיךְ לְצוֹרֶךְ הָעִבּוּר בְּהֶכְרֵחַ**, ועוד כפי האמת אין זה חציצה והפסק בין א"א לאו"א, לפי שזו"ן הוא קטן מחד בערכם, ובפרט עתה שאין לו עשר ספירות, רק ו' ק' בלבד, ואפילו אלו הו"ק אינם מתפשטין רק תלת כליל בתלת כנזכר לעיל. נמצא שמקום ומצב ומעמד הז"א **אֵינוֹ רַק בְּחֲצִי תִּפְאֶרֶת הַתַּחְתּוֹן דְּאִימָא, אֲשֶׁר שָׁם מְקוֹם הָרָיוֹן וְעִבּוּר הַוָּלָד**, אבל בכל שאר הפרצוף אין שום הפסק בין או"א לא"א, ואין זו נקרא חציצה והפסק. והנה על ידי כל הכללות והתלבשות הנזכר לעיל, נמצא שעתה יש אורות רבים וכפולים בתוך או"א, ואם כן אף על פי שהיה הז"א נתון בתוכם, והיה מפסיק בינם לבין א"א, אין זה מעלה ומוריד. **נִמְצָא עַתָּה כִּי נֶצַח, וְחֶסֶד, וְחֲצִי תִּפְאֶרֶת, וְחֲצִי יְסוֹד, וְחֲצִי מַלְכוּת שֶׁל ז"א, נְתוּנִים מִצַּד יָמִין, בְּתוֹךְ אַבָּא. וְחֲצִי הָאַחֵר נְתוּנִים בְּצַד שְׂמֹאל, תּוֹךְ אִימָא**, אמנם אחר כך **כֻּלָּם מִתְקַבְּצִין בְּמֵעֵי דְּאִימָא, וְאַבָּא נוֹתֵן הַמַּחֲצָה שֶׁלּוֹ בְּמֵעֵי דְּאִימָא, כִּי שָׁם הוּא מְקוֹם הָעִבּוּר הָאֲמִיתִי.**
194

כֶּרֶם שְׁלֹמֹה ש"ט פ"ח אות ג' — וזהו שכתב והנה בעת העיבור שהוא בעת התיקון אז אותן המלכים נתבררו ונתקנו בסוד העיבור תוך העיגולים דאו"א. ור"ל התיקון שלהם הוא בחינת **הַבֵּרוּר מִן הַסִּיגִים שֶׁלָּהֶם**, וזהו מה שכתב נתבררו.
195

ע"ח ש"ח פ"ד מ"ת דל"ח ע"ב — נמצא שיצא אור הכתר תחלה ונכנס בכלי שלו, והיו כלולים בו כל התשע אורות. ואחר כך נשאר אור הכתר בכלי שלו, ויצא אור החכמה עם שמונה אחרים כלולים בו, ונכנס בכלי החכמה. ועל דרך זה, עד שסיימו כולם לכנוס בכלים שלהם. אבל דע כי כאשר אור הכתר נכנס תחלה בכלי

והם בחינת העיגולים, כך שתיקון העיגולים של המלכים יהיה על ידי העיגולים דאו"א, ר"ל צד הב"ן דאו"א מתקנים את בחינת המלכים. **ואזור**[196] **כך נעשו** ר"ל נתקנו ה**עגולים** דמלכים בתוך עיגולי או"א **גם כן, ולא נשברו ב**פ**עם שנייה** כי נוספו להם תשע הספירות דב"ן החסרים, שיצאו **דרך** העין דא"ק בזמן דא"ק שיצא בחינת המ"ה החדש דרך המצח דא"ק, ועוד נתחבר עמהם עשר הספירות דב"ן דמ"ה שיצאו מהמצח דא"ק, שהם בחינת הנפש דרוח. נתחברו כל הבחינות דב"ן ומ"ה בסוד **רשות היחיד**, ונבררו הסיגים והקליפות מהם, **ולכן** שיצאו בחינת הזו"ן ממעי דאימא אחרי התיקון, **לא נשברו.**

ש**עלה**[197] ברצון המאציל לתקן את המלכים שנשברו ומתו וירדו לבי"ע, הוציא[198] את שם מ"ה החדש על ידי זיווג של ע"ב דע"ב וס"ג דא"ק, ושם מ"ה גם היה צריך להיכנס בעיבור תוך המעי דאימא, וזה לא לצורכו, כי אם לצורך המלכים, ונתחבר בחינת נמרץ שם מ"ה ושם ב"ן בזמן העיבור תוך המעי דאימא. **גם כאן** הרב ז"ל הולך ומבאר כי כמו ששם ב"ן, שהוא בחינת העיגולים, ובחינת נפש, נתקן על ידי העיגולים דאו"א. גם שם מ"ה החדש נכנס לעיבור תוך או"א **דיושר.**

עוד צריך לדעת[199] כי כאשר בני ישראל הקדושים, לומדים תורה, מתפללים, ומקיימים את המצוות, הם מבררים ברורים דמלכים דאותו פרט, דאותו אדם, ובאותו היום. ואיכות וכמות הברורים תלויה בבני ישראל. כך שבכל רגע ורגע

שלו, היו שאר האורות בטלים בו בערכו, שהוא גדול מכולם יחד, ולכן היה יכולת בכלי שלו לסובלו, ולסבול תשעה אורות האחרים, ולא נשבר. וכן כאשר יצאה אור החכמה, ונכנס בכלי שלו, היו השמונה אורות כלולים בו. וכן בצאת אור הבינה כלולה משבעה אורות, ונכנסים בכלי שלה, היו הכלים יכולים לסבול ולא נשברו, **כי כולם הם בטלים בערך או"א דמיון הבנים שבתחילה עומדים כלולים במוח אביהם, בסוד טיפת מוח, וכן בהיות בנים בסוד עיבור במעי אמן**, יכולין להיות שם והיא יכולה לסובלם.)**ונתנה החכמה בבינה בסוד זווג פנים בפנים והיו כולם בכלי הבינה**, כי תחלה היו אחור באחור, ונזדווג הכתר מניה וביה, והמשיך מוחין להם, ואז חזרו פנים בפנים, **וזו"ן ביתנו בה**, והיו בה בסוד מ"ן, והיו מעמידין מוחין דאו"א על עמדן, **ואחר כך נזדווגו יחד או"א והוציאו שבעה מלכים אלו**(. ולכן היה בחינת התיקון בג"ר ולא נשברו כלל, וכאשר היו השבעה תחתונות כלולין במעי אמם, היו שם בבחינת מ"ן, המעוררין זווג עליון. אמנם בצאת משם השבעה תחתונות, שהם השבעה מלכים שמלכו בארץ אדום, ורצו להיכנס בכלים שלהם, ולא יכלו הכלים לסבול, ונשברו ומתו, כמו שנבאר בע"ה.

196

כרם שלמה ש"ט פ"ח אות ג' – וזה שכתב ואחר כך נעשו עיגולים גם כן, ולא נשברו פעם שניה. ור"ל מפני שנבררו מהם הקליפות, וגם שנתוספו בהם בחינת התוספת שלהם. וגם נתחברו עמהם בחינת העשר ספירות דמ"ה, גם כן בבחינת העיגולים, והוא לא נזכרה כאן, כי אם בחינת היושר דמ"ה.

197

ע"ח ש"י פ"א מ"ת דמ"ז ע"ב – והנה כאשר עלה ברצון המאציל להחיות את המתים, ולתקן את המלכים האלו, הנשברים והנפולים בעולם הבריאה, גזר והעלה מ"ן מתתא לעילא, ועל ידי כך היה זווג עליון דחו"ב דא"ק פנימיות, **והוציא שם מ"ה החדש, ונתקנו המלכים.**

198

כרם שלמה ש"ט פ"ח אות ג' – ומה שכתב שגם בחינת ו"ק דמ"ה נכנסו בסוד העיבור, הוא כדי להתחבר בחינה בחינת נמרץ המ"ה והב"ן ולתקנו. כי זהו ענין התיקון של ב"ן על ידי התחברות עמו בחינת המ"ה, משעת העיבור. ולכן הוא גם נכנס בבחינת העיבור, **ולא לצורכו, כי אם לצורך הב"ן.**

199

רחובות הנהר ד"ג ע"ג – אמנם תיקון כולם עליונים ותחתונים תלוי בתיקון זו"ן דאצילות, ותיקון זו"ן דאצילות **תלוי ביד ישראל**, הנקראים בנים לזו"ן דאצילות. **ועל ידי התפלות של ישראל**, מתבררים מבירורי המלכים דזו"ן, מבחינת העולמות, ומבחינת הנשמות, שיעור קצוב בכל תפלה ותפלה, ומעלים אותם למ"ן, **וכפי גודל כוונתם, וזכותם, ומעשיהם, וזכות הזמן שבו נאמרה התפלה ההיא, אם בכמות, אם באיכות.** ובכל יום מעלים ניצוצות חדשות מחדש, ואין יום דומה לחבירו, ואין בריה דומה לחבירתה, ואין צדיק דומה לחבירו. **וזהו גודל חיוב מצות התפלות והמצות**, וכל אחד מתקן

מחיי היהודי הוא מברר ברורים דזו"ן דאצילות, ומתקנם.]**אח"י** - ונראה לעניות דעתי שזהו סוד הפסוק[200] - עובד אדמתו ישבע לחם, ומבואר בגמרא[201] - אם עושה אדם עצמו כעבד לאדמה ישבע לחם ואם לאו לא ישבע לחם. ר"ל מי שעושה את עצמו **כעבד** לאדמה, **שהיא התורה הקדושה** ישבע לחם, ר"ל יברר ברורים המתייחסים לו מהמלכים דמיתו. ואם לא, לא ישבע לחם, ר"ל לא יברר את הברורים האלו[.

וגם בזווינת שם מ"ה החדש, שהוא המלך **הדר** ואשתו **מהיטבאל** שיצאו רק פעם אחת, שהיו **בזווינת עשׂה קצוות** הנקראים רוח בערך הנפש, **ונכנסו בעיבור בתוך או"א ביושר** (צריך לגרוס **שׁלהם** שהוא מ"ה דאו"א), **ויצאו זו"ן** דיושר בבזווינת ו"ק לבד, שהוא **ענין הרווז** שלהם לבד, לקיום ולתקן את **הנפשׁ** והוא שם ב"ן, **שהם העגולים** דב"ן.

הרב ז"ל ביאר כאן כי כאשר זו"ן יצאו מהמעי דאימא ביציאה השניה יצאו בבחינת נפש ורוח. כאן מבאר **בקיצור נמרץ** הרב ז"ל שעוד חסרים לז"א ולנוקבא מוחין דגדלות, הנקראים **נשמה חיה ויחידה**, והם מוחין דגדלות ראשונה, שניה, ושלישית, הנקראים **מערכת של קבלת מוחין**. **והיא**[202] כל פרצוף נקרא זו"ן שהם[203] נפש ורוח, מ"ה וב"ן בערך[204]

ומעלה כפי בחינה הראויה אליו, ותתקן החלבנה מה שלא תתקן הלבונה. ולכן הכל צריכים זו לזה, **ולא יוכל שום אחד מישראל לעשות מה שיעשה חבירו**, וכפי גודל הבירור שמתברר ועולה, **ניתוסף כח למעלה**, ויורד שפע מלמעלה על ידי זווג העליונים, **להשפיע בתחתונים**, ועל ידי השפע היורד מוסיף כח בתחתונים, ללקט ולברר ולהעלות מ"ן, כנזכר כל זה בפרקים הנכרים לעיל.

200

משלי י"ב י"א – עובד אדמתו ישבע לחם ומרדף ריקים חסר לב.

201

גמרא סנהדרין נ"ח ע"ב – עובד אדמתו ישבע לחם. אם עושה אדם עצמו כעבד לאדמה. ישבע לחם. ואם לאו לא ישבע לחם.

202

חסדי דוד אות ע"ו דנ"ב ע"א – ז"א יש בו נפש רוח שלמים, כל בחינה כלולה מכ"ה בחינות, דכן צריך להיות בכל בחינה כדי שתהיה שלימה, בכל בחינה צריך שיהיה בה חמשה בחינות נרנח"י, וכל אחד מהחמש כלולה מנרנח"י, הרי חמש פעמים חמש הם כ"ה בחינות. וחסר לז"א כל הכ"ה בחינות דנשמה, וכ"ה דחיה, וכ"ה דיחידה. וכשמקבל המוחין מישסו"ת הנקרא נשמה נכללות האצילות, ונכנסים בכלי הבינה דז"א, אז יש לו הכ"ה בחינות דנשמה שלימה, וכשמקבל המוחין מאו"א עילאין, הנקרא חיה דכללות האצילות, ונכנסים בכלי החכמה דז"א, אז יש לו כ"ה בחינת דחיה שלימותא. וכשמקבל המוחין מא"א הנקרא יחידה דכללות האצילות, ונכנסים בכלי הכתר דז"א, אז יש לו כ"ה בחינות דיחידה שלים. אמנם כל זה הוא בערך הכללות, **כי ישסו"ת גם כן נקרא זו"ן בערך או"א עילאין**, ואין בהם רק נפש ורוח, וצריכים עיבור, יניקה, ומוחין כדי להשלים להם נשמה, חיה, יחידה, וכשמקבלים מוחין מאו"א עילאין, הנקרא בערכם נשמה, אז יש להם נשמה שלימה לישסו"ת. וכשמקבלים המוחין מא"א הנקרא בערכם חיה, אז יש להם לישסו"ת חיה שלימה. וכשמקבלים המוחין מאח"פ דא"ק, הנקרא בערכם יחידה, אז יש להם לישסו"ת יחידה שלמה, כי מה שכתב דישסו"ת הם נקראים נשמה, והם ממשיך מוחין דגדלות לזו"ן, הוא בערך זו"ן, אמנם בערך מה שלמעלה מהם נקרא זו"ן, וחסרים נשמה, חיה, יחידה, וצריכים לקבלם משלוש מקומות שלמעלה מהם, דהיינו מאו"א עילאין, ומא"א, ומאח"פ דא"ק, כי אלו נקראים נשמה, חיה, יחידה בערך ישסו"ת. וכן או"א עילאין נקרא חיה בערך זו"ן, ונשמה בערך ישסו"ת. **וזו"ן בערך מה שלמעלה מהם**, וחסרים נשמה חיה, יחידה, וצריכים עיבור, יניקה, מוחין כדי להשלימם, ומקבלים אותם משלוש מקומות שלמעלה מהם, הנקרא בערכם נשמה, חיה, יחידה, דהיינו מא"א נשמה, ומאח"פ חיה, ומשערות הראש ע"ב דא"ק יחידה. וכן א"א נקרא יחידה בערך זו"ן, וחיה בערך ישסו"ת, ונשמה בערך או"א עילאין, **אמנם בערך א"ק הא"א נקרא זו"ן**, ואין בו רק נפש ורוח, וחסר נשמה, חיה, יחידה, וצריך עיבור, יניקה, מוחין כדי להשלימו, ומקבלם משלוש מקומות שלמעלה ממנו, הנקרא בערכו נשמה, חיה, יחידה, דהיינו מאח"פ דא"ק נשמה, ומשערות דהיינו ע"ב דא"ק, דהוא חכמה דא"ק חיה, ומקוץ היו"ד א"א דא"ק יחידה, כי אח"פ הם מס"ג, ושערות הראש מע"ב ממוחין דא"ק, והם ישסו"ת

61

ואו"א עילאין דא"ק. נמצא כי א"א כשמקבל **מישסו"ת דא"ק, אז יש לו נשמה**, וכשמקבל **מאו"א עילאין דא"ק, אז יש לו חיה**, וכשמקבל **מא"א דא"ק אז יש לו יחידה**. כי כמו שזו"ן דאצילות שהם נפש רוח דכללות האצילות, כן א"א דאצילות שהם זו"ן דכללות א"ק, ואין בו רק נפש רוח בערך כללות א"ק, נשלמו בו הנשמה, חיה, יחידה מישסו"ת, ואו"א, וא"א דא"ק, שהם נשמה, חיה, יחידה דכללות א"ק. וכן א"ק עצמו נקרא יחידה בערך האצילות, **אמנם בערך שלמעלה הימנו נקרא גם הוא זו"ן**, ואין בו רק נפש רוח, וחסר לו נשמה, חיה, יחידה, כי הרי כל כללות א"ק עומד במקום חצי מלבוש התחתון כנודע, כי כללות המלבוש הוא סוד עסמ"ב, וכשנחלק המלבוש ונקפל חצי התחתון שהוא סוד מ"ה וב"ן, והלביש לחצי העליון שהוא ע"ב ס"ג, המקום הפנוי הנזכר לעיל, שהוא במקום שהיה חצי מלבוש התחתון נקרא אויר קדמון, והכדור הנעשה בתוכו שבתוכו עומדים עשר ספירות דא"ק נקרא טהירו, ועל גבי הטהירו בין אויר קדמון למלבוש עומדים עשר ספירות דא"ק עילאה סתימאה. הרי כי א"ק עומד במקום מ"ה וב"ן, שהוא סוד חצי המלבוש התחתון, **ולכן נקרא זו"ן בערך מה שלמעלה ממנו**, וצריך עיבור, יניקה, מוחין להשלימו, ומקבלת משלוש מקומות שלמעלה ממנו, דהיינו מא"ק סתימאה עילאה נשמה, ומאויר קדמון חיה, ומהמלבוש יחידה. **והמבין יבין כי אי אפשר לדבר יותר**. וכן נוקבא דז"א דאצילות נקרא זו"א בערך ז"א, וחסרה נשמה, חיה, יחידה, וצריכא עיבור יניקה, מוחין להשלימה, ומקבלת אותם משלוש מקומות שלמעלה הנקראים בערכה נשמה, חיה, יחידה, מז"א נשמה, מישסו"ת חיה, מאו"א עילאין יחידה. וכן בריאה אין בה רק נפש ורוח בערך נוקבא דז"א דאצילות, ומקבלת נשמה, חיה, יחידה משלוש מקומות שלמעלה ממנה, הנקרא בערכה נשמה, חיה, יחידה, דהיינו מנוקבא דז"א דאצילות נשמה, ומז"א חיה, ומישסו"ת יחידה. וכן יצירה נקרא זו"ן בערך בריאה, ומקבלת נשמה, חיה, יחידה משלוש מקומות שלמעלה ממנו, הנקרא בערכו נשמה, חיה, יחידה, דהיינו מהבריאה נשמה, ומנוקבא דז"א דאצילות חיה, ומז"א דאצילות יחידה. וכן עשיה נקרא זו"ן בערך יצירה, ומקבלת נשמה, חיה, יחידה משלוש מקומות, הנקרא בערכה נשמה, חיה, יחידה, דהיינו מיצירה נשמה, ומבריאה חיה, ומנוקבא דז"א דאצילות יחידה. **באופן שאין פרצוף בעולם נשלם בכל בחינותיו עד שיעלה שלוש מדרגות למעלה ממדרגתו**. ולכן במנחת שבת שאז נשלמים כל העולמות, **עולה א"א דאצילות, לא"א דא"ק. ואו"א עילאין, לאו"א דא"ק. וישסו"ת, לישסו"ת דא"ק. וזו"א, לא"א דאצילות. ונוקבא דז"א, לאו"א עילאין דאצילות. ובריאה, לישסו"ת דאצילות, הנקרא בריאה דאצילות. ויצירה, לז"א דאצילות, הנקרא יצירה דאצילות. ועשיה, לנוקבא דז"א דאצילות, הנקרא עשיה דאצילות**. ואז נשלמו כולם בבחינת נרנח"י, וזו היא מדרגתן האמיתי.
203

תרשים ח – י"ז.
204

ע"ח ש"ד פ"ג מ"ק די"ז ע"ב – ודע כי כל בחינת זו"ן שיש בעולמות כולם נקרא ז"ק]נ"א ו"ק[של גוף של אותו עולם, כי כן יצאו בעת אצילות הראשון, שנאצלו חסרים ג"ר לז"א ותשעה ראשונות לנוקבא. ואלו השנים צריכים שלוש זמנים, שהם עיבור, יניקה, ומוחין, להשלימם. נמצא כי כל עולם ועולם אינם צריכים עיבור, יניקה, ומוחין, רק זו"ן של אותו עולם, בערך א"א ואו"א של אותו העולם, שהם שלימים כפי אותו עולם. אמנם בבחינת הכלל יהיה, **כל החמשה פרצופים שבאותו עולם נקרא זו"ן אל עולם שלמעלה ממנו**, ויהיו חסרי מוחין בבחינת הכלל כנזכר לעיל, **והבן זה היטב**.

רחובות הנהר ד"ג ע"ג – באופן כי כל הנאצלים מראש א"ק עד סוף העשיה, **כולם בחינת ו"ק, שהם זו"ן**, מ"ה וב"ן, אלא שנפרטים לעשר ספירות שהם עסמ"ב, אותם המ"ה וב"ן הפרטים שהם הזו"ן הפרטים, חוזרים ונפרטים לעשר ספירות. וכן על דרך זה עד סוף העשיה. הרי נתבאר היטב מה שכתב **כי כל פרצופי כל העולמות הם נקראים זו"ן, שהם ו"ק, כל פרצוף נקרא בן, שהוא זו"ן בערך הפרצוף העליון שעליו**, שנקרא או"א בערכו, וגם אותו הפרצוף העליון, **גם הוא נקרא זו"ן בערך הפרצוף שלמעלה ממנו**, וכן כולם.

רחובות הנהר ד"ח ע"ד – האמנם לפי מה שמבואר לעיל, שכל פרצופי כל העולמות נקראים זו"ן, **שהם ו"ק בערך הפרצופים העליונים שעליהם**, וצריכים עיבור יניקה ומוחין, על דרך מה שמבואר בזו"ן דאצילות.

חסדי דוד אות ע"ה דנ"ב ע"א – כל זו"ן דכל פרט, הם חסרים, וצריכים עבור יניקה ומוחין להשלימם. אמנם כח"ב דכל פרצופים הם שלמים, בערך זו"ן דאותו פרצוף, אבל בערך הכולל כל החמשה פרצופים

לפרצוף שמעליו, וכל פרצופי האצילות הם ו"ק בערך א"ק. וצריך אותו פרצוף לקבל עיבור יניקה ומוחין, משלוש[205] הפרצופים שמעליו. והוא מקבל גדלות ראשונה, הנקרא **נשמה**. גדלות שניה, הנקרא **חיה**. וגדלות שלישית, הנקרא **יחידה**. כדי שיהיה שלם בתכלית השלמות דנרנח"י. כך שבסוף קבלת המוחין, פרצופי האצילות עולים למקום פרצופי א"ק, ופרצופי א"ק למעלה מהם. **כאשר** לפני[206] נתינת מוחין לנוקבא יש בחינת **נפש**, לז"א **נפש ורוח**, לאימא **נר"ן**, לאבא **נרנ"ח**, ולא"א **נרנח"י. כאשר** ז"א[207] מקבל מוחין דגדלות ראשונה הנקרא בערכו אימא, הנקראים **נשמה**, הנוקבא מקבלת את בחינת הרוח שלה, ואימא את בחינת החיה, ואבא מקבל יחידה, א"א מקבל את בחינת הס"ג דא"ק, וא"ק מקבל מהבחינה שמעליו, הנקראת א"ק דסתימא עילאה, כך שלכל פרצוף נוסף בחינת מוחין חדשה. **כאשר** ז"א[208] מקבל מוחין דגדלות שניה, הנקרא אבא, הנקראים בערכו **חיה**, הנוקבא מקבלת את בחינת הנשמה שלה, אימא יחידה, אבא ס"ג דא"ק, וא"א מקבל את בחינת הע"ב דא"ק. **וכאשר** ז"א[209] מקבל מוחין דגדלות שלישית, הנקרא בערכו א"א, ונקרא **יחידה**, הנוקבא מקבלת את בחינת החיה שלה, אימא בחינת ס"ג דא"ק, אבא ע"ב דא"ק, וא"א מקבל מגולגלתא דא"ק. וזה תכלית עליית פרצופי האצילות. וכן א"ק מקבל מוחין מהבחינות שמעליו. **כך** שז"א עולה למקום א"א, וכל[210] פרצוף עולה למקום שלושה הפרצופים שמעליו. הנוקבא למקום אבא, שהוא שורשה. ז"א למקום א"א, שהוא שורשה. אימא למקום ס"ג דא"ק, שהוא שורשה. אבא למקום ע"ב דא"ק, שהוא שורשה. וא"א למקום כתר דא"ק, שהוא שורשה. וגם א"ק קיבל מוחין מהפרצופים והעולמות שמעליו. **ועוד**, גם עולמות בי"ע עלו כל אחד שלוש מדרגות לשורשם, עולם הבריאה עלה למקום אימא, שהיא שורשו. עולם היצירה עלה למקום ז"א, שהוא שורשו. ועולם העשיה עלה לנוקבא דז"א, שהיא שורשו.

ואזור כך ר"ל אחרי שקיבלו זו"ן מוחין דקטנות, שהם נפש ורוח, הם מקבלים מוחין דגדלות **בזמן הגדלות ז"א** במוחין, **נגדלו גם ג"ר דז"א** שקיבל נשמה מאימא, חיה מאבא, ויחידה מא"א, **וגם הג"ר דנוקבא**[211] שהיא רחל עקרת הבית, נגדלה במוחין שלה, **שהם בזזינת יזזידה** שקבלה מפרצוף אבא, **זזיה** שקבלה מפרצוף אימא, **ונ**ֹ**שמה** שקבלה מפרצוף ז"א, **ואו נשלמה בכל הפרטיה.**

ובזה[212] **תבין**[213] **למה**[214] **הז"א אין בו רק תשע ספירות** העליונות, **שהמלכות שבו** היא[215] עטרת היסוד, **הוא בזזינת עגולים** שלו, **ויושר** דפרצוף ז"א **אין בו**

חסרים, **כי הרי כל פרצופי האצילות הם זו"ן**, שהם ענפי מ"ה ו"ב דא"ק, **וכן א"ק עצמו הוא נקרא אדם**, **גימטריא הוי"ה דאלפי"ן, מ"ה, שהוא ז"א בערך מה שלמעלה ממנו**. ולכן בערך הכללות, כלם צריכים עיבור יניקה ומוחין להשלימם.
205

תרשים ח – י"ח.
206

תרשים ח – י"ט.
207

תרשים ח – כ'.
208

תרשים ח – כ"א.
209

תרשים ח – כ"ב.
210

תרשים ח – כ"ג.
211

הגהות וביאורים)ז(– זה מסכים דגם בזו"ן שהם שתי נקודות הכוללות כל אחד מהם יצאו מעשר ספירות, ומשבעה תחתונות שבהם היה מקרה המלכים, כמו שכתב במבוא שערים דף ט"ל, ועיין לעיל פרק ו' ופרק ז' בהגהות השמ"ש. שמן ששון.
212

רק תשׁ֖ע ספירות בסוד[216] אותיות[217] אי"ק בג"ר גל"ש, שהם סוד כ"ז אותיות התורה הנקראת ז"א, כ"ב אותיות א"ב עם האותיות הסופיות דמנצפ"ך. האותיות[218] א' עד ט' הם פנימיות, אותיות י' עד צ' הם אמצעיות, והאותיות

הגהות וביאורים)ח(— עיין תורת חכם דף ע"ה ע"ב.
213

תורת חכם דע"ה ע"ב — והנה כתב הרב ז"ל בשער ט' שער השבירה פרק ח' וז"ל - ובזה תבין למה בז"א אין בו כי אם תשע ספירות, כי המלכות שלו הוא בחינת עיגולים והיושר, אינו רק תשע ספירות. וכן בנוקבא, עד כאן לשונו. וכבר נודע שהפרצוף התחתון אינו מלביש כי אם למלכות של העליון, העומדת אחורי הנה"י של העליון. ואפשר כי מה שכתב הרב ז"ל שהחיה הוא סוד אור חוזר ומקיף לפרצוף ההוא לבדו, לאו דוקא, אלא מקיף כל הפרצופים התחתונים עד סוף העשיה. דוגמת האצילות שהוא בחינת חיה, ומקיף לכל הפרצופים התחתונים. ומה שכתב שהפרצוף התחתון מלביש על גבי מקיפי החוזר, אפשר שר"ל בחינת המלכות, האור פנימי דיושר, הנקרא אור חוזר שלו, כמו שכתב בשער ה' שער טנת"א פרק ז'. ומה שקרא אותו בשם מקיף חוזר, שהנוקבא מקיף לדכורא, אבל המקיף החוזר מקיף לכל התחתונים ממנו. ודוגמא לזה יש בשער כ"ה שער דרושי הצלם דרוש ג' וז"ל - והנה זה הצלם הוא עשר ספירות גמורות, הנה נתבאר בדרוש שקודם זה, כי אחרי העשותו מבחינת זווג או"א העליונים, אחרי כמה בחינות נתלבש בנה"י ושני שלישי התפארת של התבונה השניה, שהיא שלישית, מן החזה ולמטה של התבונה הזו, עד כאן. ואינו כן, אלא לא נמשך הצלם כי אם מזו התבונה השניה, שהיא השלישית, ולא נמשך כי אם לכל פרצוף מן הסמוך לו, אלא שהוכרחו גם הפרצופים העליונים לקבל מוחין בסדר המדריגה, כדי לתת כי אם מוחין לפרצוף התחתון ממנו, עד הגיע לז"א, וכמו שכתב הרב ז"ל שער ט' פרק ט' בענין ירידת החלקים של אותיות דס"ג, שהוא מפרצוף לפרצוף של התבונה, עד הגיעם עד המלכות דתבונה, ואז ניתנין המוחין אל ז"א, ממלכות דתבונה עצמה, לא מהמוחין שירדו מאו"א, עיין שם.
214

כרם שלמה ש"ט פ"ח אות ג' — ומה שכתב ובזה תבין למה הז"א וכו'. ר"ל כי בחינת **שלמות שם ז"א הוא העשר ספירות דיושר, ועשר ספירות העיגולים דמ"ה וב"ן, אבל כל כללות העיגולים הם נקראים בחינת המלכות שלו**. וצריך שתדע כי יש הפרש בקצת מקומות בין בשם **מלכות**, ובין בשם **נוקבא**. כי המלכות היא ספירה העשירית שלו שבגופו, כמו בעלמא אצל האדם בחינת **העטרה היא בחינת מלכותו**. ובחינת **נוקבא שלו היא בחינת פרצוף לבדה, נפרדת ממנו**, והיא גם כן כלולה מעשר ספירות כמוהו. ולכן הואיל וכתבנו שבחינת העיגולים הם בכללם נקראים מלכות שלו, לכן בחינת היושר שלו בכללם נקראים תשע ספירות. והוא בין בחינת המ"ה שלו, ובין בחינת הב"ן שלו.
215

ע"ח שט"ז פ"ג מ"ק ד"ף ע"א — אמנם נעריך עתה ערכים אלו, כי הלא סוד עטרת היסוד, הוא שליש שיעור של היסוד, והוא סוד המלכות.

ע"ח ח"ב שכ"ז פ"א מ"ב די"ז ע"א — ז"א אין בו רק תשע ספירות, והעשירית היא נוקבא, אמנם הניחה שרשה בו, **והיא עטרה שבו, כי משם נאחזת, אך העטרה היא מכלל היסוד עצמו**. כנודע כי כל ספירה נחלקת לשלוש פרקין, **ועטרה היא פרק שלישי של היסוד**. נמצא כי הספירה עשירית, היא פרצוף נוקבא דז"א, והוא אינו רק תשע ספירות, **והיא נשרשת ונאחזת בסוף היסוד, שהוא בפרק שלישי שבו, הנקרא עטרה.**
216

ע"ח שכ"ד פ"ו מ"ב דקי"ב ע"א — ונבאר זה יותר, ונמצא שהצ' דצלם דז"א, הוא תשע ספירות, וכל אחת יש לה שלוש כלים, זה לפנים מזה. והנה הראשון הוא **חכמה שבצ'** דצלם, והם שלוש חכמות זו לפנים מזו, בסוד אי"ק, א' בפנימיות י' בתיכונה ק' בחיצונה. **והבינה** של **צ'** דצלם הם שלוש בינות זו לפנים מזו, בסוד בכ"ר, ב' בפנימית כ' באמצעית ר' בחיצונית, וכן **גל"ש בדעת. דמ"ת בחסד. הנ"ך בגבורה. וס"ם בתפארת. זע"ן בנצח. חפ"ף בהוד. טצ"ץ ביסוד**. וכן על דרך זה **אי"ק בכ"ר כו' בל'** דצלם, בתשע ספירות שבו. וכן על דרך זה **אי"ק בכ"ר כו' בם'** דצלם, בתשע ספירות שבו. וכל אחד שלוש כלים, זה לפנים מזה. ואם נחשב ונאמר באופן אחר, כי כל אורך הצלם אינו רק תשע ספירות לבד, וכל אחד שלוש כלים, זה לפנים מזה, נמצא כי התשע ספירות פנימיות של כל כללות הצלם, הנה הם תשעה אותיות אחדים, **א"ב ג"ד ה"ו**

ק' עד ז' הם החיצוניות, כנזכר[219] בסידור הטהור לרבינו הרש"ש. ואותיות אלו מתפשטות בבחינת הפנימית, אמצעית, וחיצונה דז"א, גם בעובי[220] וגם[221] באורך, וביחד יש לז"א רמ"ג אברים, ועם[222] אות **ה'** דתבונה השלישית שהיא הרביעית, ז"א הוא[223] בן רמ"ח אברים, **וכן** הוא הדין **בפרצוף הנוקבא** רחל עקרת הבית, התשע ספירות העליונות שלה הם בחינת היושר, בערך המלכות דיליה שהוא עטרת היסוד שלה, שהיא עיגולים.

ז"ח ט'. והתשע ספירות תיכונים, עשירות. והתשע החיצונים, הם התשעה אותיות המאות. והרי בכל ז"א בכללותו שכולל כל שלוש חלקי הצלם, שלוש חלקים באורך, וכן שלוש חלקי הרוחב והעובי, שהם חיצון, תיכון, פנימי, אין בו רק אלפא ביתא אחת דאי"ק בכ"ר, ועל דרך פרט, יהיה שלוש אלפא ביתא דאי"ק בכ"ר בשלוש חלקי הצלם כנזכר לעיל, על דרך הנזכר לעיל. ועל דרך פרט מן הפרט, יהיה שלוש אלפא ביתא דאי"ק בכ"ר בכל חלק וחלק משלוש חלקי הצלם, **ודי בזה**. והרי נתבאר כי יש פ"א ספירות פרטיות בצלם החיצון, וכנגדן פ"א ספירות אחרים בצלם התיכון, ופ"א אחרים בצלם הפנימי. הרי שלוש פעמים פ"א, **הרי רמ"ג איברים**, גימטריא אברם, ואחר כך הבינה שהלבישה את המוחין דכל הצלמים הנזכרים לעיל כנודע. תוך המלכות של התבונה השניה, שהיא אות **ה'** אחרונה משם ס"ג שלה כנודע, וזו נקרא תבונה השלישית, שהיא רביעית, כשנמנה גם את הבינה עליונה וזו **ה'** יש בו עשר ספירות, וארכה ממש באורך כל צלם ז"א שוה בשוה, ויש בה בכל הפרטים הנזכרים לעיל באורך וברוחב בצלם דז"א, בכל הנזכר לעיל ממש, **וזכור הקדמה זאת**. והנה ה' זו המלבשת אלו השלוש צלמים כנודע, שיש בהם רמ"ג ספירות פרטיות, נעשים רמ"ח איברים כמנין אברהם, על ידי ה' זו שנתוסף בהם, ואלו הם סוד **רמ"ח איברים שבאדם**... והרי נתבאר איך יש תשע ספירות בז"א, וכ"ז אותיות, ורמ"ח איברים, ואיך נברא בצלם.

ע"ח ח"ב של"ה פ"ה פ"ה דנ"ד ע"ב – כבר ידעת סוד א"ב דאו"ק בכ"ר, שהם **סוד אחדים עשיריות מאות**, וא"ט, ב"ח, ג"ז, ד"ו, הם אחדים בארבעה ראשונים]**אח"י** - ר"ל כהב"ד[. י"ץ, כ"ף, ל"ע, מ"ס, הם עשיריות, והם מחסד עד נצח. ק"ץ, ר"ף, ש"ן, ת"ם, הם מאות והם מהוד ולמטה. נמצא כי חמישית **ד'** פשוטה בא"ב אחר אות ת', והוא ת"ק]**אח"י** - 500[, שישית **ם'** סתומה הוא ת"ר]**אח"י** - 600[, שביעית **ן'** פשוטה הוא ת"ש]**אח"י** - 700[, שמינית **ף'** פשוטה הוא ת"ת]**אח"י** - 800[, תשיעית **ץ'** פשוטה הוא תת"ק]**אח"י** - 900[. הרי יש בו תשע אחדים, ותשע עשיריות, ותשע מאות, וכשתרצה להשלים האלף, שהם עשר מאות, אז תחזור לאות **א'**, שהוא ראש אותיות, והוא במלואו **אל"ף** שהוא אלף, ואין להאריך.
217

66

כלל – כל בחינה[1] עליונה נקראת א"ס בערך מה שלמטה ממנה.
כלל – אפילו א"ק[2] נקרא זו"ן לערך הקודם אליו.
כלל – כל[3] ניצוץ קטן שבכל האצילות יש בו בחינת זכר ונקבה, הנקראים מ"ה וב"ן.
כלל – כל[4] ספירה, או נשמה, או ניצוץ כלול מכל העולמות.

---

[1]
מבוא שערים ש"ב ח"ג פ"ג די"ג ע"ד – ונבאר זה בענין עולם האצילות, וממנו יתבאר לשאר העולמות כולם. הנה האור העליון היורד מא"ק אל עולם האצילות, הנה נקרא אותו האור א"ס, כי כל האורות שהם עליונים, נקראים א"ס לבחינת העולם אשר למטה ממנו.

[2]
שער ההקדמות, דרוש א"ק די"א ע"א – ועתה יתבאר ענין אחד נמשך מן האמור, והוא כי הנה שם אד"ם אינו נקרא אלא זכר והנקבה, שהם זעיר ונוקביה, שהם מ"ה וב"ן. **ונמצא כי א"ק הוא בחינת ז"א ונוקביה, מ"ה וב"ן בערך הקודם אליו, ודי בזה.**
רחובות הנהר ד"ג ע"ב – הרי נתבאר היטב מה שכתבנו, **כי אפילו א"ק עצמו הוא זו"ן, שהם מ"ה וב"ן, בערך הקודם אליו**. ואלו המ"ה וב"ן הכוללים שבו, נפרטים לעסמ"ב, שהם עשר ספירות, שהם החמשה פרצופים שבו.
רחובות הנהר ד"ט ע"א – כי אפילו א"ק עצמו, **נקרא זו"ן**, לערך הקודם אליו.

[3]
ע"ח ש"ט פ"ז דמ"ו ע"ב – דע כי אין לך ספירה וספירה, אפילו בעשר ספירות הפרטיות שבבכל פרצוף ופרצוף, שאין בו **בחינת זכר ונקבה, והם ב"ן דנקודות ומ"ה החדש**, ואמנם אין ענין ב"ן הזה והנקבה זו בחינת מלכות העשירית שיש בכל ספירה וספירה, שהיא בחינה עשירית שבכל ספירה וספירה, אלא שיש בכל ספירה עשר בחינות, וכולם דמ"ה, ועשר בחינות וכולם דב"ן, והתשע ראשונות דמ"ה וב"ן הם נקרא תשע בחינות הראשונות של ספירה ההוא, והבחינה עשירית שהוא מלכות שבאותו ספירה עצמה, היא כלולה ממ"ה וב"ן. **כלל הדברים בקיצור נמרץ כי אין לך שום ניצוץ קטן בכל האצילות, שאין בו מ"ה וב"ן.**
ע"ח ש"ט פ"ו דמ"ה ע"ג – ואז נברא העולם במידת הדין, ויצאה בת מתחלה, שהיא **שם ב"ן** בפנים דא"ק. ואחר כך יצאו ענפיו לחוץ, דרך העין מטבורו דא"ק ולמטה, ולא נתקיימו הענפים שבחוץ. עד שחזרו להזדווג והולידו בן, שהוא **שם מ"ה** בפנים ובחוץ, והוא מידת הרחמים, ונתקיים העולם, כמו שאמרו רז"ל על הפסוק - ביום עשות הוי"ה אלהי"ם ארץ ושמים, והבן אמרם העולם, כי מציאת העולם הם השבעה תחתונות לבד, שהם זו"ן, **אלא בראשונה היו זו"ן נקבות**, מצד דין, שהוא שם ב"ן. ואחר כך **היו זו"ן זכרים, משם מ"ה**. כי כל מ"ה וב"ן נקרא בשם עולם.
ע"ח שי"ז פ"ג מ"ב דפ"ה ע"א – ודע כי המ"ה יש בו החו"ג, וכן בב"ן יש בו מ"ה וב"ן שהם החו"ג. כי כבר ידעת כי המ"ה דכללות שהוא הדר, כולל ע"ב ס"ג מ"ה ב"ן וכן הב"ן דכללות כולל ע"ב ס"ג מ"ה ב"ן, שהם המלכים שמטו כנזכר לעיל.
רחובות הנהר ד"ה ע"ב – כל ספירה, וכל ניצוץ, **כלול ממ"ה וב"ן, מחוברים חיבור גמור**. אמנם כל המ"ה נקרא דכורא, יען הוא משפיע ומתקן לצד הב"ן, הנקרא נוקבא. וכל חסדים הם ממ"ה, וגבורות הם מב"ן.
ספר הזוהר, פרשת תזריע דמ"ג ע"ב עם תרגום וביאור - **תא חזי** בא וראה, **כל רוחין דעלמא כלילן דכר ונוקבא** כל הרוחות ר"ל הניצוצות שבעולם כלולים מזכר ונקבה, מ"ה וב"ן, **וכד נפקין** וכאשר יוצאות, **דכר ונוקבא נפקין** זכר ונקבה הם יוצאים, **ולבתר מתפרשן בארחייהו** ואחר כך נפרדים בדרכם, ר"ל הנקבה יוצאת לבד שהוא הב"ן, והזכר לבד שהוא המ"ה. **אי זכי בר נש** אם זוכה האדם, **לבתר מזדווגי כחדא** מזדווגים ביחד השמות דמ"ה וב"ן דאותו תיקון, **והיינו עם בת זוגו, ומתחברין בזוווגא חד בכלא** ומתחברים ביחד, **רוחא** שהוא שם מ"ה הנקרא רוח, **וגופא** שהוא שם ב"ן הנקרא גוף בערך שם מ"ה.
גמרא בבא בתרא דע"ד ע"ב – אמר רב יהודה, אמר רב, כל מה שברא הקדוש ברוך הוא בעולמו, **זכר ונקבה בראם.**

[4]

כלל – הא"ס[5] לא מורכב מחלקים, ולא חלקים מרכבים אותו.
כלל – כל[6] הנאצלים הם כגרגיר חרדל בים, בערך לא"ס.
כלל – האור[7] הגשמי הוא היקר והעליון במוחשים.

רחובות הנהר ד"ז ע"א – ועל א"ק ואבי"ע דא"ע מלבישים בשוה באורך א"ק ואבי"ע דאצילות, הנתקן ונעשה באורך מאצילות דפרטי כל העולמות, ואין נמצא בו שום ספירה אחרת, שאינו מפרטי ספירת דאצילות דכל הפרטים. וגם התפשטות יושר דא"ק דאצילות הוא על דרך התפשטות יושר דא"ק הנזכר לעיל ממש, כי הוא מתפשט תוך עיגוליו, מתחילת התפשטות הקו דא"ס, עד כנגד ראש יושר דמלכות דעולם העשיה התחתונה, עומד על גבי קרקעות עיגול הפנימי דעתיק, גנוז ומלובש תוך פרצוף יושר דרדל"א, שהוא עתיק דאצילות שבו, המלבישו מטיבורא דיליה ולתתא, עד למעלה מעט מסיום רגלי יושר דאדם קדמון הנזכר, הכל על דרך הנזכר באדם קדמון ואבי"ע דא"ק. ועל אורך א"ק ואבי"ע דאצילות הנזכר, מלביש באורך בשוה א"ק ואבי"ע דבריאה, וגם הוא על דרך הנזכר בא"ק ואבי"ע דא"ק. ועליו מלביש באורך אדם קדמון ואבי"ע דיצירה, על דרך הנזכר לעיל. ועליו מלביש באורך א"ק ואבי"ע דעשיה, על דרך הנז"ל. **באופן שאין לך שום ספירה, ושום נשמה, ושום ניצוץ, שאינו כלול מכל העולמות, מראש א"ק ועד סוף כל העולמות,** ואין בו מחלק עצמו, אלא חלק אחד ושיעור מדת הלבשת כל פרצוף, לפרצוף שלמעלה ממנו, וכן מדת שיעור כל ספירה בכל פרצוף, וכן מדת שיעור כל עולם מאבי"ע הנזכר בכמה מקומות, היינו בפרט האחרון דכל ספירה כוללת, וד"ל.

נהר שלום דל"ד ע"ד – אופן כי אין ספירה, ונשמה, וניצוץ, **שאינו כלול מכל העולמות דפרטי א"ק ואבי"ע המתייחסים אליו,** ואין בו מחלקיו רק חלק אחד, ושאר חלקיו מפוזרים בכל פרטי אדם קדמון ואבי"ע, והם צריכים אליו, והוא צריך אל כולם, ובתיקונו יתוקנו כולם.

5

שומר אמונים הקדמון, ויכוח ראשון, אות נ"ז די"ט ע"ג – חלילה חלילה להאמין ולהעלות על לב שהספירות הם חלק מהא"ס, שיצא ממנו ונשתלשל מעילה לעלול. **כי הוא עון פלילי.** דהא מה שהוא א"ס אי אפשר להיות ספירות, **והלא אחד מעיקרי האמונה הוא שאחדות הא"ס אינו מתחלק לחלקים,** ואינו מקבל תוספת ולא מגרעת, אלא מציאותו תמיד קיים, בלי שינוי כלל. וכמו שכתוב בזוהר בכמה מקומות. ואם אתה אומר שהספירות או הנאצל הראשון הוא חלק מעצמותו, שיצא במציאות ספירה ואצילות, נמצא שהא"ס מתחלק לחלקים, ומקבל מגרעת. אבל הענין הוא כמו שאמרתי, כי כל הנמצאים הם מושכלים ומצויירים בידיעתו בציור אחד פשוט בתכלית הפשיטות, אשר אין הציור ההוא דבר אחר זולת עצמותו הפשוט. כי הוא היודע, הוא הדעת, והוא הידוע. וזה הציור המושכל הוא מה שאומרים המקובלים שהספירות שהם סיבת כל הנמצאות, היו מתיחדים איש באחיו, וכולם בעצמותו בלי שינוי. וכמו שצורת הבית אשר בשכל האומן, הוא סיבה למציאות מחוץ לשכל, כמו כן המציאות המושכל אשר לספירות בידיעתו הוא סיבת המצאם וקיומם. כי הספירות וכל הנמצאים ממנו נמצאו, ונתפשטו. ואין הכוונה לומר שנתפשטה ידיעתו ונפרדה ממנו ח"ו, שהרי אין ידיעתו ענין אחר זולת עצמותו הפשוט. ומה שהוא עצמותו מעולם לא יהיה נפרד להיות אצילות, כי אחדותו אינו מתחלק לחלקים ח"ו. **אלא הענין, הוא שבין ספירות א"ק, בין ספירות עולם האצילות, כולם הם מחודשות, נתחדשות ממנו בחידוש גמור, ולא שיצאו ממנו, אלא שנתחדשו מאמתת עצמותו.** ופירוש הענין, הוא כמו שכתבו הקדמונים, וכן איתא בתיקוני זוהר חדש, שהוא כמדליק נר מנר, ואין הראשון חסר דבר.

6

ע"ח ח"ב שמ"ג הקדמה מ"ב דצ"ד ע"ד – עד שנמצא שעל הכל מקיף אור הא"ס, **וכל העולמות בתוכו כגרגיר חרדל בים אוקיינוס,**

7

שומר אמונים הקדמון, ויכוח שני י"א עיקר החמישי דל"ג ע"ד – האמנם מה שתמצא בספרי המקובלים, שקוראים בשם אור וכו אל פעולות הא"ס, והספיר, אינו מפני שהם עצמם אור, **רק מפני שקצר מצע שכלנו בעודו מלובש בחומר הגוף להשיג מהות ועצם הרוחניים. וכן אי אפשר לצייר פעולות הרוחניים, היאך הם כדי לתאר אותם כשם אמיתי.** לכן כינו אותם בתואר אור, **כי הוא היקר שבמוחשים.** ועוד שיש באור סגולות וענינים שהוא מתדמה בהם אל הנאצלים. הראשון כי האור הוא מתאצל מסיבתו מבלי שיפרד ממנה,

כלל – הכאה[8] או בטישה היא בחינת חיבור וזיווג.

כלל – אי[9] אפשר התהוות כלים אלא מהכאת אור פנימי באור מקיף

כלל – כאשר[10] הרב ז"ל כותב **עתיק**, הכוונה לכל עשר הספירות דיליה, וכאשר הוא כותב **עתיק יומין**, הכוונה לשבעה התחתונות דעתיק.

שהרי אם יתעלה השורש, לא ימצא האור כלל. מה שאין כן בשום דבר נברא, דאף שיפרד ממקורו יהיה לו מציאות בעצמו. כגון אם תחתוך האילן ויפרד משרשו, מכל מקום ישאר אילן יבש. ואם יתייבש מקור המעין, ישארו המים שיצאו ממנו, ולא יתבטלו.

עוד יוסף חי, (הלכות **פרשת וישלח ד"ל** – גם זאת תדע, דמה שאנחנו קורין לעשר ספירות בשם ספירות, ובשם אורות, **אין כונתינו לחשוב אותם כאור זה שאנחנו רואין אותו בעינינו**, אלא מפני שקצר מצע שכלנו בעודו מלובש בחומר הגוף, **להשיג מהות ועצם הרוחניים**, לכך אנחנו מכנים אותם בתואר אור, כי אצלנו **האור הוא היקר ועליון שבמוחשים**. והוא היותר רוחני שבמוחשים. וכמו שכתב הרב המקובל מורינו הרב יוסף ארגיאס ז"ל בשומר אמונים, וז"ל - רבים חושבים לדמות האלו"ה שהוא אור גדול זך ובהיר, בחשבם דענין זה אינו גוף, והוא תכלית השיבוש והטעות. **דהאור עם היותו יקר שבמוחשים, הנה הוא גשמי**, ואין לך שום דמיון מתדמה שלא יהיה דמות הגוף, וכמו שכתב האר"י זלה"ה בסוף ספר מבוא שערים, כי כח המדמה שבאדם אינו יכול לצייר רק ציור גשמי וחמרי, לא כציור רוחני הנקרא צורה ונפש וכו', עיין שם. והזהר כשתכוין בשום ספירה מהספירות, שלא תדמה בה שום דמיון אשר לך שיכניסך הדמיון בהגשמת הספירות, **והוא טעות גמורה, ועון פלילי וכו'**. והזהר כי כשתשכיל בשכלך שיש אלו"ה, שתהיה הבטתך בדרך רצוא ושוב, דהיינו שיהיה בדרך רצוא, לחייב מציאותו בשכלך, שתאמין שהוא מצוי ומשגיח. ושוב, היינו שלא תדמה שום דמיון וציור כלל, יען כי הדמיון רץ אחר השכל, ולכן נאמר בספר יצירה - ואם רץ לבך שוב לאחור, והזהר היטב בדבר זה, כי הוא עיקר גדול באמונה, עד כאן דבריו, יע"ש.
8

ע"ח שי"ט פ"ט מ"ת דצ"ה ע"ב, הגהת המרח"ו – ואולי אפשר לומר כי אף על פי שזה מ"ה (נ"ב שהיא דינין וזו חסדים(וזה ב"ן, עם כל זה נתהפך הדבר, כי כיון שזה חכמה, אף על פי שהיא דב"ן, נעשה זכר, ובינה דמ"ה אף על פי שהיא דמ"ה, נעשית נקבה לערך חכמה דב"ן. וזהו ענין דבטש דקרדינותא בהאי אוירא (נ"א מוחא(. והיה לו לומר להיפך, **כי בטישה זו היא זיווג והורדת הטפה כנודע**. ונראה אם כן כי שם בוצינא דקרדינותא נעשה זכר להיותו חכמה, וזה סוד אמא, כי היא עטרת בעלה. ואפשר כי על דרך זה הוא בחכמה דא"א, כי היא כלולה מחכמה דמ"ה ומכתר דב"ן, ואם כן כתר דב"ן היא בוצינא דקרדינותא, דבטש ונעשה זכר, ובטש בהאי מוחא שהוא חכמה דמ"ה גרוע ממנה, והיא נקבה כנגדה, ונמצא כי האי מוחא סתימאה דא"א אתתקן כעין דוכרא, כנזכר באדרא כנל"ח.

רב פעלים חלק ג', סוד ישרים סימן י' – כדין בטש האי נהירו דמחשבה דלא אתיידע, פירוש עיין בשער עתיק פרק א', ושם תראה שרדל"א היא בחינת שם ב"ן נוקבא דעתיק, **וכל בטישא נודע שהיא סוד זווג**, ונעשה זווג עתיק ונוקבא, והיא העלתה מ"ן תחילה, כי זהו סוד הבטישא, דאמר בטש האי נהירו דמחשבה דלא אתיידע.
9

ע"ח שי"ח פ"ב מ"ד דנ"ח ע"ג - גם צריך שתדע הקדמה אחת, והוא כי **אי אפשר להיות בחינת הכלים, אלא על ידי הכאת האור מקיף באור פנימי**, ומשם נעשה בחינת כלי, מתולדת הכאה ההיא, **וזכור זה.**
10

ע"ח ש"ג פ"א מ"ב דט"ז ע"ב – וזה האדם נרמז בקוצו של יו"ד דשם הוי"ה, כי הוא בחינת הכתר של כללות העולמות, ואור א"ס בכח התלבשותו בחכמה דא"ק זה. האציל תחתיו עולם האצילות, וזה סוד - כולם בחכמה עשית. וחכמה הנזכרת לעיל נתלבשה במלכות דא"ק, וזה המלכות ירדה ונתלבשה בסוד שבע ספירות שלה תוך עשר ספירות דעולם האצילות, והיה זה כדי לקשר א"ק בעולם האצילות. ועל דרך זה בכל עולם ועולם, כמו שנבאר בע"ה. וראש זו המלכות שהם ג"ר שבה, נשארו במקומם. ושבעה תחתונות שהם גופא דילה, של שבע ימי בראשית, הם נתלבשו בעשר ספירות דאצילות. **וזה הבחינה נקרא עתיק יומין**, שהם שבע ימים העתיקין, מן מלכות דא"ק. והשבעה תחתונות נחלקים לעשר ספירות, כי ראשונה כלולה משלוש, על דרך היכל קודש קדשים שכולל שלוש. **וזה העתיק נעשה נשמה לא"א**, שהוא כתר דאצילות, וגם הוא

כלל – מכל[11] הבחינות המבוארים על אימא תקיש לאבא.

כלל – כלל הוא שהרב ז"ל כותב הבן זה היטב, הכוונה היה שבמקום אחר כתב הרב ז"ל על אותו נושא, **בסתירה או שמועה אחרת**, וצריך המעיין לראות היכן האמת, והיכן הפך האמת, או ליישב את הסתירה.

כלל – כל[12] פרצוף נקרא ז"ון בערך הפרצוף שמעליו.

___

מתפשט בתשעה ספירות אחרות דאצילות, ואור א"ס תוך)א"ק דא"ק(תוך העתיק, וא"א מלביש לשבעה תחתונות לזה העתיק.

11

ע"ח שי"ד פ"ו מ"ת דע"ב ע"ב – ונבאר ענין אימא ומשם תקיש אל אבא.

12

ע"ח שי"ד פ"ג מ"ק די"ז ע"ב – ודע כי כל בחינת זו"ן שיש בעולמות כולם נקרא ז"ק]נ"א ו"ק[של גוף של אותו עולם, כי כן יצאו בעת אצילות הראשון, שנאצלו חסרים ג"ר לז"ר ותשעה ראשונות לנוקבא. ואלו השנים צריכים שלוש זמנים, שהם עיבור, יניקה, ומוחין, להשלימם. נמצא כי כל עולם ועולם אינם צריכים עיבור, יניקה, ומוחין, רק זו"ן של אותו עולם, בערך א"א ואו"א של אותו העולם, שהם שלימים כפי אותו עולם. אמנם בבחינת הכלל יהיה, **כל החמשה פרצופים שבאותו עולם נקרא זו"ן אל עולם שלמעלה ממנו**, ויהיו חסרי מוחין בבחינת הכלל כנזכר לעיל, **והבן זה היטב**.

רחובות הנהר ד"ג ע"ג – באופן כי כל הנאצלים מראש א"ק עד סוף העשיה, **כולם בחינת ו"ק, שהם זו"ן**, מ"ה וב"ן, אלא שנפרטים לעשר ספירות שהם עסמ"ב, אותם המ"ה וב"ן הפרטים שהם הזו"ן הפרטים, חוזרים ונפרטים לעשר ספירות. וכן על דרך זה עד סוף העשיה. הרי נתבאר היטב מה שכתב **כי כל פרצופי כל העולמות הם נקראים זו"ן, שהם ו"ק, כל פרצוף נקרא בן, שהוא זו"ן בערך הפרצוף העליון שעליו**, שנקרא או"א בערכו, וגם אותו הפרצוף העליון, **גם הוא נקרא זו"ן בערך הפרצוף שלמעלה ממנו**, וכן כולם.

רחובות הנהר ד"ח ע"ד – האמנם לפי מה שמבואר לעיל, שכל פרצופי כל העולמות נקראים זו"ן, **שהם ו"ק בערך הפרצופים העליונים שעליהם**, וצריכים עיבור יניקה ומוחין, על דרך מה שמבואר בזו"ן דאצילות.

חסדי דוד אות ע"ה דנ"ב ע"א – כל זו"ן דכל פרט, **הם חסרים**, וצריכים עבור יניקה ומוחין להשלימם. אמנם כח"ב דכל פרצופים הם שלמים, בערך זו"ן דאותו פרצוף, אבל בערך הכולל כל החמשה פרצופים חסרים, **כי הרי כל פרצופי האצילות הם זו"ן**, שהם ענפי מ"ה וב"ן דא"ק, **וכן א"ק עצמו הוא נקרא אדם, גימטריא הוי"ה דאלפי"ן, מ"ה, שהוא ז"א בערך מה שלמעלה ממנו**. ולכן בערך הכללות, כלם צריכים עיבור יניקה ומוחין להשלימם.

חסדי דוד אות ע"ו דנ"ב ע"א – ז"א יש בו נפש רוח שלמים, כל בחינה כלולה מכ"ה בחינות, דכן צריך להיות בכל בחינה כדי שתהיה שלימה. בכל בחינה צריך שיהיה בה חמשה בחינות נרנח"י, וכל אחד מהחמשה כלולה מנרנח"י, הרי חמש פעמים חמש, הם כ"ה בחינות. וחסר לז"א כל הכ"ה בחינות דנשמה, וכ"ה דחיה, וכ"ה דיחידה. וכשמקבל המוחין מישסו"ת, הנקרא נשמה דכללות האצילות, ונכנסים בכלי הבינה דז"א, אז יש לו הכ"ה בחינות דנשמה שלימה. וכשמקבל המוחין מאו"א עילאין, הנקרא חיה דכללות האצילות, ונכנסים בכלי החכמה דז"א, אז יש לו כ"ה בחינת דחיה שלימותא. וכשמקבל המוחין מא"א, הנקרא יחידה דכללות האצילות, ונכנסים בכלי הכתר דז"א, אז יש לו כ"ה בחינות דיחידה שלים. **אמנם כל זה הוא בערך הכללות**, כי ישסו"ת גם כן נקרא זו"ן **בערך או"א עילאין**, ואין בהם רק נפש ורוח, וצריכים עיבור יניקה ומוחין, כדי להשלים להם נח"י, וכשמקבלים מוחין מאו"א עילאין, הנקרא בערכם נשמה, אז יש להם נשמה שלימה לישסו"ת. וכשמקבלים המוחין מא"א הנקרא בערכם חיה, אז יש להם לישסו"ת חיה שלימה. וכשמקבלים המוחין מאח"פ דא"ק, הנקרא בערכם יחידה, אז יש להם לישסו"ת יחידה שלמה, **כי מה שאמרנו דישסו"ת הם נקראים נשמה, והם ממשיך מוחין דגדלות לזו"ן, הוא בערך זו"ן**. אמנם בערך מה שלמעלה מהם, **נקרא זו"ן**, וחסרים נח"י, וצריכים לקבלם משלושה מקומות שלמעלה מהם, דהיינו מאו"א עילאין, ומא"א, ומאח"פ דא"ק, כי אלו נקראים נח"י בערך ישסו"ת. וכן או"א עילאין נקרא בערך זו"ן, ונשמה בערך ישסו"ת, וזו"ן **בערך מה שלמעלה מהם**, וחסרים נח"י, וצריכים עי"מ כדי להשלימם, ומקבלים אותם משלושה מקומות שלמעלה מהם, הנקרא מא"א בערכם נח"י, דהיינו מא"א נשמה, ומאח"פ חיה, ומשערות הראש

כלל – אין[13] למעלה גוף, ולא כח הגוף.

כלל – כל[14] פרצוף נקרא בן לפרצוף שמעליו.

כלל – מה[15] שקורה בתבונה קורה בישראל סבא. וכן הוא באו"א עילאין.

כלל – בינה[16] הכללית היא ישסו"ת, וחכמה הכללית היא או"א עילאין.

כלל – תחלה[17] שיעור קומת הנוקבא ארבעה ספירות תחתונות דז"א.

ע"ב דא"ק יחידה. וכן א"א נקרא יחידה בערך זו"ן, וחיה בערך ישסו"ת, ונשמה בערך או"א עילאין, **אמנם בערך א"ק הא"א נקרא זו"ן**, ואין בו רק נפש ורוח, וחסר נח"י, וצריך עי"מ כדי להשלימו, ומקבלם משלשה מקומות שלמעלה ממנו, הנקרא בערכו נח"י, דהיינו מאח"פ דא"ק נשמה, והיינו ע"ב דא"ק, דהוא חכמה דא"ק חיה, ומקוץ היו"ד א"א דא"ק יחידה. כי אח"פ הם מס"ג, ושערות הראש מע"ב ממוחין דא"ק, והם ישסו"ת ואו"א עילאין דא"ק. נמצא כי א"א כשמקבל מישסו"ת דא"ק, אז יש לו נשמה, וכשמקבל מאו"א עילאין דא"ק, אז יש לו חיה. וכשמקבל מא"א דא"ק, אז יש לו יחידה. **כי כמו שזו"ן דאצילות שהם נפש רוח דכללות האצילות, כן א"א דאצילות שהם זו"ן דכללות א"ק, ואין בו רק נפש רוח, בערך כללות א"ק**, נשלמו בו הנח"י מישסו"ת ואו"א וא"א דא"ק, שהם נח"י דכללות א"ק. **וכן א"ק עצמו נקרא יחידה בערך האצילות, אמנם בערך שלמעלה הימנו נקרא גם הוא זו"ן**. אין בו רק נפש רוח, וחסר לו נח"י, כי הרי כל כללות א"ק עומד במקום חצי מלבוש התחתון כנודע, כי כללות המלבוש הוא סוד עסמ"ב, וכשנחלק המלבוש ונקפל חצי התחתון שהוא סוד מ"ה וב', והלביש לחצי העליון שהוא ע"ב ס"ג, המקום הפנוי הנזכר לעיל, שהוא במקום שהיה חצי מלבוש התחתון, נקרא אויר קדמון, וכשנחלק המלבוש ונקפל חצי התחתון שהוא סוד מ"ה וב', והכדור הנעשה בתוכו, שבתוכו עומדים עשר ספירות דא"ק נקרא טהירו, ועל גבי הטהירו בין אויר קדמון למלבוש עומדים עשר ספירות דא"ק עילאה סתימאה, הרי כי א"ק עומד במקום מ"ה וב', שהוא סוד חצי המלבוש התחתון, **ולכן נקרא זו"ן בערך מה שלמעלה ממנו**, וצריך עי"מ להשלימו, ומקבלם משלושה מקומות שלמעלה ממנו, דהיינו מא"ק סתימאה עילאה נשמה. ומאויר קדמון חיה. ומהמלבוש יחידה. **והמבין יבין כי אי אפשר לדבר יותר......**

13

ע"ח ש"א ענף ד' מ"ק די"ד ע"ד – ואמנם דבר גלוי הוא **כי אין למעלה גוף ולא כח גוף** חלילה. וכל הדמיונות והציורים אלו לא מפני שהם כך חס ושלום. אמנם לשכך את האוזן לכשיוכל האדם להבין הדברים העליונים הרוחניים, בלתי נתפסים ונרשמים בשכל האנושי. לכן ניתן רשות לדבר לדבר בבחינת ציורים ודמיונים, כאשר הוא פשוט בכל ספרי הזוהר. וגם בפסוקי התורה עצמה, כולם כאחד עונים ואומרים בדבר הזה, כמו שאמר הכתוב - עיני הוי"ה המה משוטטים בכל הארץ. עיני הוי"ה אל צדיקים. וירא הוי"ה. וישמע הוי"ה. וידבר הוי"ה. וכאלה רבות. וגדולה מכולם מה שאמר הכתוב - ויברא אלהי"ם את האדם בצלמו בצלם אלהי"ם ברא אותו זכר ונקבה וגו'. ואם התורה עצמה דברה כך, גם אנחנו נוכל לדבר כלשון הזה, **עם היות שפשוט הוא שאין שם למעלה אלא אורות דקים בתכלית הרוחניות בלתי נתפשים שם כלל**, וכמו שאמר הכתוב - כי לא ראיתם כל תמונה, וכאלה רבות. ואמנם יש עוד דרך אחרת כדי להמשיך ולצייר בה הדברים העליונים, והם בחינת כתיבת צורת אותיות, כי כל אות ואות מורה על אור פרטי עליון. וגם תמונת זו דבר פשוט הוא כי אין למעלה לא אות, ולא נקודה, וגם זה דרך משל וציור לשכך את האוזן כנזכר.

14

רחובות הנהר ד"ג ע"א – כי הנה ידוע כי תמיד אי אפשר לבירורים בשום אופן לעלות למ"ן, בלי מי שיעלה אותם, והוא על ידי התחתונים, ר"ל על ידי הפרצופים התחתונים שכבר יצאו ונתקנו, **והם נקראים בנים בערך הפרצופים העליונים שעליהם**. והענין **כי כל פרצוף תחתון מחבירו, נקרא בן אליו**, והוא מברר בירורי פרצוף העליון ההוא שעליו, ומעלה אותם לפרצוף שעל גבי פרצוף שעליו, לתקנם.

15

ע"ח ש"כ פרק ה' מ"ב דצ"ז ע"ג – ואמנם דע כי כשאנו אומרים שלוקחין כולם **באמצעית תבונה, ר"ל וגם מישראל סבא**. וכן כשאנו אומרים **שלוקחין על ידי הבינה, ר"ל וגם מאבא עילאה**.

16

ע"ח ש"כ פ"ה מ"ב דצ"ח ע"א – אמנם לפעמים עולה לוקח כולם על ידי **בינה הכללית, שהם בחינת ישראל סבא ותבונה**. ולפעמים עולה יותר ולוקח כולם ממקום **החכמה הכללית שהם או"א עילאין**. ולפעמים עולה יותר ולוקח כולם ממקום הכתר הכללית שהוא א"א ונוקבא.

הקדמה – זו"ן[18] נקראים או"א, בערך מה שלמטה מהם.
הקדמה – רום[19] המעלות, המאציל העליון, הנקרא א"ס.
הקדמה – מה[20] היא נקודה, ספירה, פרצוף.
הקדמה – אין[21] לך שום נברא שאין בהם מבירור המלכים.
כלל – אותיות[22] הם לעולם בחינת כלים.

17

ע"ח ח"ב של"ט דרוש ו' מ"ב דע"ב ע"ב – גם הטעם שתתחלה **שיעור קומת הנוקבא הוא בארבע ספירות** התחתונים דז"א, שהם תנה"י.

18

ע"ח ח"ב שט"ל דרוש ד' מ"ב ד"ע ע"ד - שהרי גם זו"ן הם **בערך או"א** למה שלמטה מהם.

19

שער הפסוקים, וירא ד"י ע"א – ודע, כי אין זו"ן מזדווגים שום זווג כלל, עד שבתחילה יזדווגו או"א. וגם או"א אינם מזדווגים, עד שבתחילה יזדווג א"א מיניה וביה כנודע. וכן על דרך זה **עד רום המעלות, עד המאציל העליון הנקרא אין סוף**. ונמצא, כי בכל זווג תחתון דזו"ן, צריך שבראשונה יזדווגו הבחינות הראשונות המקבלות מא"ס. כי הא"ס לבדו יכול לחדש בכל יום תמיד אורות חדשים, אבל הנאצלים כולם, אין יכולת וכח בשום אחד מהם לחדש שום אור, עד שיקבלוהו תחלה מהא"ס. וממשיכים אותו בכל עת וממדרגה למדרגה, בבחינת הזווגים שלהם כנזכר. ואין כח בשום אחד מהנאצלים, רק מה שנתן להם לעצמם ולצרכם בעת שנאצלו, אבל לחדש אורות חדשים ולהוליד נשמות, אין בהם כח, עד שיקבלוהו מהאין סוף כנזכר. ואז ממשיכים השפע ההיא שקבלו מהא"ס, אל הבחינות שלמטה מהם, ואחר כך הם מזדווגים, והם ממשיכים השפע, אל אותם שלמטה מהם, וכן הדבר הולך ונמשך מזווג אל זווג, מן הבחינות הקרובות אל המאציל, עד זו"ן המקבלים השפע והכח מן או"א שלמעלה מהם, שקדמו להזדווג קודם שיזדווג הוא בנוקביה, וחזר להמשיך כח ושפע חדש מלמעלה, משורש התרין עיטרין שלהם, אשר למעלה למעלה, ונותנים אותם בסוד מוחין חדשים לזו"ן, ואז הם מזדווגים ומולידים בנים, על ידי שהוא ממשיך טיפת מ"ד, מן החסדים הראשונים שנמשכו לו בדעת שלו מחדש, וגם נוקביה נותנת טיפת מ"ן, ממה שנמשך לה מחדש בעיטרא דגבורה שבדעת שלה, ומב' טיפות אלו, נוצר הולד ברחם שלה.

20

ע"ח ח"ב ש"ל פ"ז מ"ב דל"ב ע"ב – והבן זה מאד מאד **ענין נקודה בכל מקום מה ענינה, שהיא עשייה,** של הבחינה ההוא. אך לשון ספירה הוא בהיותה שלימה בכל חלקי אבי"ע שבה, והבן היטב שלוש חלוקות אלו, נקודה וספירה ופרצוף. **כי נקודה היא עשייה שבספירה,** וספירה הוא בחינת **הספירה שלימה מאבי"ע שבה,** ופרצוף הוא קשר **עשר ספירות, וזכור מאד מאד כלל זה.**
ע"ח שט"ל פ"ח מ"ב דמ"ז ע"א – כי נקודה היא מלכות.

21

ע"ח ח"ב של"ט דרוש ג' מ"ב דס"ח ע"ב – ואין לך שום נברא בעולמות כולם **שאין בהם מן בירור המלכים** הנזכרים לעיל, והכל נכלל בהן, ומכל הבחינות הנזכרות לעיל, יש בקליפות מן מיתת המלכים.

22

ע"ח ש"ו פ"א מ"ת דכ"ד ע"ג – והנה **בחינת אותיות הם הכלים כנודע,** לכן נרמז בפה שם ס"ג ועוד כ"ב אותיות, לרמוז על מה שנתבאר שנתחדש במקום הזה ענין גילוי הויות הכלים, שנתגלה בכאן על ידי הכ"ב אותיות.
ע"ח ש"ח פ"ו מ"ת דט"ל ע"ג – והנה בענין העקודים כבר נתבאר לעיל ענין בחינת טנת"א שבהם. ובארם פה בבחינת הנקודים, ונאמר כי בחינת הנקודים הם האורות הראשונים שיצאו בראשונה, **והאותיות הם הכלים.** ואחר כך כשנשברו הכלים, ונפרדו איש מעל פני מתו, האורות נשארו בבחינת תגין **על האותיות שהם הכלים.** והטעמים הוא שם מ"ה החדש, שיצא אחר כך מאור המצח לתיקון המלכים, כמו שנבאר בע"ה.
ע"ח ח"ב ש"מ דרוש א' מ"ב דע"ט ע"ב – הנה אין לך פרצוף מכל החמשה פרצופים שבכל ארבע עולמות אבי"ע, שכל אחד מהם יש לו שלש כלים לכל ספירה וספירה שלו, והם שלש כלים לשלש בחינות נר"ן. כי עד

כלל[23] – כל מקום שנזכר זיווג אחור באחור, אין הענין כפשוטו, מפני שאין זיווג אלא פנים בפנים.

הנשמה שהיא מבינה, שממנה בחינת אותיות יש כלים, אך משם ולמעלה שהוא כנגד חיה ויחידה, בכל ספירה וספירה אין עוד כלים, כי שם הם הטעמים ונקודות, ולא אותיות, **ונודע כי כל הכלים מהאותיות נעשו**. **ע"ח ש"ו פ"ה מ"ת דכ"ז ע"ב** – והרי הוא ארבעה בחינות אור, והם סוד ארבע בחינות טנת"א כנזכר לעיל, שהיו כולם נכללין כאן בענין העקודים. וזה פרטן, אור ראשון טעמים. אור אחוריים נקודות, כי הנקודות הם לעולם דין. ואור רשימו תגין. ואור של ניצוצין הנופלין על ידי הכאות זה בזה כנזכר לעיל, **הוא אותיות, אשר מהם נעשה בחינת הכלים**. והרי נתבאר איך נעשו בחינת הכלים, והוא מהכאות ובטישת האורות כנזכרים לעיל.

ע"ח ש"ו פ"ו מ"ת דט"ל ע"ב – וכבר ידעת כי הטפה המציירת הולד, ומגדיל והוא הבחינה זו)נ"א זהו החו"ג(החו"ג, ואלו הם סוד האותיות, שמהם נוצר הולד, **ועוד כי האותיות תמיד לעולם הם בחינת הכלים** כנודע.
23

ע"ח ח"ב דרוש א' מ"ק דס"ו ע"א – ועתה יש שתי מניעות, כי היה צריך לברא את האדם וחוה, כדי שעל ידם יתבררו מ"ן של כל הנשמות כנ"ל, ולזה היה צריך זיווג, **ואי אפשר להם להזדווג אם לא יחזרו פנים בפנים**, ולחזור פנים בפנים אי אפשר לסבה כנ"ל, כדי שלא יתאחזו הקליפות באחוריים דנקבות. ולכן כדי לבטל ב' המניעות האלו מה עשו או"א, נסרו את הנוקבא העומדת אחורי ז"א, ואחר כך העלו זו"ן הננסרים למעלה בהיכל או"א עצמה, ששם אין כח לקליפות להתאחז באחורי הנקבה, וזה ההיכל דאו"א הוא **בחינת החופה של זו"ן**, חתן וכלה. ושם יוכלו לחזור פנים בפנים, ושם נזדווגו זו"ן יחד. וכל ענין זה תבינהו בזוהר פרשת בראשית, מה שכתוב בפסוק ויבן הוי"ה אלהי"ם את הצלע, שהוא ענין הנסירה. ואחר כך - ויביאה אל האדם, מהכא ילפינן דבעאן או"א לאעלאה לכלה ברשותא דחתן - את בתי נתתי לאיש הזה, מכאן ואילך ייתי בעלה לגבה דהא ביתא דילה, היא דכתיב ויבא אליה. **פירוש ענין זווג הראשון דזו"ן בעת אצילותן איננו כשאר זווגים של אחר כך**, והוא כי הזווג הזה לא היה למטה, **רק או"א העלו את ז"א בחיקם**, ואחר כך העלו את הנוקבא בסוד - ויביאה אל האדם, ושם נזדווגו כמו שנבאר בע"ה. ואמנם כל שאר הזווגים דזו"ן דבחינת פנים בפנים הוא למטה בביתא דילה של הנוקבא, שהוא בהיכל הנוקבא, ושם יורד הז"א להזדווג עמה. והנה אז לא היה עדיין מ"ן של הנוקבא מבוררים ומתוקנים כנ"ל, ונמצא כי מ"ן שהעלתה מלכות לגב ז"א הם המ"ן דבינה, אשר הם שמשו אל הנוקבא, ועל ידי מ"ן אלו יצאו אדם וחוה על כך מעולין, ונאחזין עד למעלה כמו שנבאר בע"ה. ואחר כך ירדו זו"ן במקומם למטה, ושם הוכרחו לחזור באחור באחור כנ"ל, ולסבה הנ"ל שלא יתאחזו החיצונים. ואז בהיותן אחור באחור הוציאה הנוקבא וילדה לנשמה דאדם וחוה, **וזכור כלל זה בכל מקום אשר נאמר כי אדם וחוה על ידי זווג דאחור באחור יצאו, אין הכוונה כפשוטו, כי אי אפשר לעולם להזדווג, כי אם פנים בפנים**. אך הכוונה לומר כי לא יכלו לעמוד זו"ן פנים בפנים במקומם למטה להזדווג ולהוציא אדם וחוה, והוצרכו לעלות למעלה בחיק או"א כנ"ל, ונזדווגו שם פנים בפנים על ידי מ"ן דבינה שהעלתן המלכות, וכאשר חזרו במקומן וירדו למטה, הוכרחו להיות אחור באחור, ואז יצאו נשמת אדם וחוה בהיותן זו"ן אחור באחור. ועיין בדרושי אבי"ע בענין חטא דאדם הראשון, ותבין סדר מעלות מדרגות העולמות איך היו בעת שנברא אדם הראשון, ושם תבין איך היו הזו"ן עליונים במקום או"א, ושם היו בבחינת אחור באחור, ונזדווגו שם להוציא אדם הראשון, וע"ש היטב. **וזכור כלל זה לכל המקומות שנזכר ענין זווג אחור באחור שאין הענין כפשוטו אלא על דרך הנ"ל**. והוא כשיש בישראל מצות ומעשים טובים, שעל ידיהם יגרמו שיוכלו להזדווג זו"ן פנים בפנים, ועל ידיהם היא יכולה להעלות מ"ן לגבי מ"ד דדכורא, ואם אין ח"ו בישראל זכות, אין כח בנוקבא דז"א להעלות מ"ן שלה לגבי בעלה, כנודע כי אין המ"ן עולין אלא על ידי נשמות התחתונים, ולכן כדי לזווגם היא צריכה לעלות עם ז"א למעלה באו"א, והיא מעלה מ"ן דאמא, ומזדווגים יחד. ונמצא כי כמעט זווג זה אין נקרא על שמם, רק על שם או"א, כי עד שם עלו ובכחם, ועל ידי מ"ן שלהם הם מזדווגים, ואלו בעת ההיא היו רוצין לירד למטה למקומם, לא היה וכח להם לעמוד פנים בפנים, אלא אחור באחור. ונמצא ודאי שאין שום זווג אלא בהיותן פנים בפנים, אבל מה שאנו קורין אותו זווג אחור באחור, ר"ל שאם היו אז יורדין למקומן למטה, לא היו יכולין לעמוד אלא אחור באחור, כי על כן עלו למעלה כדי שיוכלו להיות פנים בפנים.

כלל [24] – כל אור עליון נקרא א"ס בערך למה שלמטה ממנו.

כלל – חצי התפארת סובל ג' פרושים. כי כל ספירה וספירה מתחלקת לג' שלישים, כך גם ספירת התפארת מתחלקת לג' שלישים, עם כל זאת הרב ז"ל כותב לפעמים את המוסג **חצי התפארת**, ובחינת [25] חצי התפארת סובלת ג' פרושים, והם **א.** חצי התפארת ממש, **ב.** השליש העליון דתפארת, הנקרא חזה דאותו פרצוף, **ג.** והשליש התחתון דתפארת, הנקרא הטבור דאותו פרצוף, והמשכיל **והחכם יבין וידע** על איזה בחינה מדובר לפי הסוגיה.

כלל – הבחינה [26] הקטנה שבכל ספירה העליונה היא גדולה מכל מה שלמטה ממנה.

כלל – הדעת [27] הוא נשמת הו"ק, והוא כולל את כולם.

24

מבוא שערים ש"ב ח"ג פ"ה די"ה ע"ד – ונבאר ענין זה בעולם האצילות, **וממנו יתבאר לשאר העולמות כולם.** הנה האור העליון היורד מא"ק אל עולם האצילות, הנה אותו האור נקרא א"ס, **כי כל האורות שהם עליונים, נקראים א"ס לבחינת עולם אשר למטה ממנו.**

25

בית לחם יהודה ש"ח פ"ב דכ"ג ע"ב – כי כל מקום שכותב רז"ל חצי תפארת הוא סובל ג' פירושים. או מחצית ממש, כמו שמצינו בפרק ג' דשער השבירה, שכתב רז"ל שנתפשט כלי הכתר דנקודים עד מקום מחצית התפארת. וכן בפרק ה' דשער י"ג ריש כלל א', ששם קרי למחצית התפארת מחצית בדקדוק ממש, יעו"ש. או שליש או ב' שלישים כמו שמצינו בשער ההקדמות דף כ"ט ע"ט דקרי לב' שלישים בשם מחצית, ולשליש בשם מחצית, שכתב שם וז"ל - עוד יש תועלת שלישית עליית האורות דנה"י דאימא למעלה, כי הנה הם עולים עד חצי העליון דתפארת דאימא תחת החזה, ונמצאו עומדים בחצי התחתון ותפארת דאימא יעו"ש. הרי דלשליש העליון דתפארת שהוא עד החזה, קרי ליה חצי העליון, ולב' שלישים התחתונים ותפארת קרי להו חצי התחתון. ובסוף פרק ג' דשער כ"ה קרי לשליש התחתון דתפארת בשם מחצית, שכתב שם וז"ל - אך כתר דז"א נעשה מחצי התפארת דתבונה מטבורא ולמטה. וכתב עלה מהרח"ו ז"ל - ונראה לי חיים כי במקום אחר נתבאר שמתחיל מהחזה, שהם ב' שלישים דתפארת דתבונה, עד כאן לשונו. הרי מבואר להדיא דשליש התחתון שהוא מטבורא דגופא ולמטה, נקרא בשם חצי תפארת. וטעם לשנויים אלו, נראה לענניות דעתי לפי ששליש האמצעי דתפארת הוא כלול מחצי העליון ומחצי התחתון של התפארת, ולכן לפעמים כוללו עם חצי העליון, ולפעמים כוללו עם חצי התחתון, והענין יתפרש כפי הדרוש ההוא.

26

ע"ח שכ"ג פ"ב מ"ת דק"ו ע"ג – ונודע כי חצי תפארת גדול מכל הנה"י כולה, כמבואר אצלנו בהקדמה הידועה. **כי הבחינה הקטנה שבכל ספירה העליונה היא גדולה מכל מה שלמטה ממנה.**

ע"ח ח"ב שכ"ה דרוש ה' מ"ב די"א ע"ג – ונודע כי האור הקטן שבספירה העליונה, היא גדולה מכל מה שלמטה ממנו, עד סיום המדרגות.

ע"ח ח"ב שמ"ד פ"א מ"ת דצ"ו ע"ג – כי כל השלושת עולמות בי"ע, הם דוגמת עולם האצילות כנ"ל. והענין הוא כי כל השלושת עולמות בי"ע, הם חלקי אצילות, **כי הם חיילות המלכות.**

שער מאמרי רשב"י, פרשת קדושים דל"ו ע"א – כי כבר נתבאר אצלנו, **כי המדרגה התחתונה שבכל האצילות מעולה מכל מה שלמטה ממנו עד סוף העשיה**, וכן על דרך זה בכל המדרגות. כי גם המדרגה תחתונה דבריאה, גדולה בכל מה שלמטה ממנה שהם יצירה ועשיה.

ע"ח ש"ו פ"ח מ"ב דכ"ט ע"ד – כי החיצוניות והאחוריים של עליון הם הפנים של תחתון.

רחובות הנהר ד"ב ע"א – אמנם צריך להבין מה שכתב הרב ז"ל, כי בכל פרצופי אבי"ע היה מקרה המלכים ההוא. איך אפשר שהמקרה ההוא היה בבי"ע, והלא שלושה עולמות בי"ע אינם עולמות גמורים כמו עולם האצילות, **כי אינם אלא התפשטות כוחות הנוקבא דאצילות, וחייליה, וצבאיה**, וכולם בחינת נוקבא, ואין בהם דכורא כלל, כמו שכתוב במבוא שערים ש"ב ח"ג פ"ח, וכמו שנבאר בע"ה. וכל קיומם והעמדתם, הוא בכח שארית בירורי הכלים ורפ"ח אורות דמלכים דאצילות, וכשישולמו להתברר כל הבירורים, אז נאמר - הנה ישכיל עבדי ירום ונשא וגבה מאד. ואז השמים כעשן נמלחו, והארץ כבגד תבלה, כמו שמבואר בע"ח שער ג' סוף פרק ב', עיין שם.

כלל – זיווג[28] דנשיקין חבוקין ויסודות.

כלל – הזקן[29] העליון של הפרצוף התחתון, נעשה מהזקן התחתון של הפרצוף העליון.

כלל – זיווג[30] ישראל ולאה הגדולה, או זו"ן הגדולים, מ"ה וב"ן דו"ק, נקרא בדברי הרב ז"ל מן החזה שלו ולמעלה.

27

ע"ח ש"ט פ"ג מ"ת דמ"ג ע"ד – כי הנה הדעת הוא כולל כל הו"ק, **והוא נשמה להם**, כנודע.

ע"ח ח"ב שכ"ה דרוש ב' מ"ב כלל ט"ז ד"ז ע"ג – דע **שהדעת הוא נשמת ו**"ק, ודע ששורש המשה חסדים נשארין בדעת תמיד, אך ענפיהם הם החסדים המתפשטים בו"ק, ואלו הענפים הם המגדילין את ז"א מבחוץ כנזכר לעיל. והם מבחוץ, ושרשם מבפנים, ומקבלין הארה מרשמם דרך מחיצות שביניהן, ומגדילין לגופא דז"א עצמו.

ע"ח שי"ג פ"ה מ"ת דס"ה ע"ג – ירד הדעת ונתלבש בו"ק דא"א עצמם **והיה רוחניות** אליהם.

מבוא שערים ש"ב ח"ב פ"ה ד"ז ע"ג – וגם כי **הדעת הוא נשמת הו"ק.**

שער ההקדמות, דרוש בסדר ירידת ז' מלכים ונפילתם וירידת אחוריים דאו"א ואיך **נעשה הכל ביחד דכ"ב ע"ב** – ואם לסיבת היות הדעת **בחינת נשמה אל השׁשה קצוות** כנודע, והוא כולל כולם.

שער מאמרי רשב"י ד"ל ע"א - ודע כי זה שאמרנו **דנשמת תפארת הוא דעת** הגנוז בבינה, וזכה לו משה, היינו נשמתא לגופא, **לשש קצוותיו** לבד.

28

ע"ח שט"ל דרוש ט' מ"ב דע"ג ע"ד – והנה נתבאר בענין כוונת אמן של הקדיש, שיש בו השלוש בחינות, והם **חיבוק ונישוק וזיווג**, ולעולם הנקבה היא מתעוררת תחלה והתעוררות הזה, היא בעת החיבוק שהוא קודם הנשיקה והזווג. **ועל כן אז בתחלה היא קודמת לחבק את הזכר, ואחר כך הזכר מחבק את הנוקבא.** ואחר כך באו הנשיקין, ואז כיון שכבר היא הקדימה התעוררות בענין החיבוק כנזכר, אז אין הנקבה מעוררת תחלה. אמנם יש שתי בחינות בענין הנשיקין, האחד הוא שכיון שהיא התחילה התעוררות על ידי החיבוק, **אם כן עתה הוא יתחיל הנשיקין תחלה, ואחר כך תישק היא אותו.** ויש בחינת נשיקין, ואז הם נשיקין שוין. שכאשר הוא מתעורר לנשק אותה, היא גם כן מתעוררת ביחד לנשק אותו. ונראה לעניות דעתי עם הנזכר לעיל בדרוש ג', שבארנו שיש נשיקין קדמאין אל הזווג התחתון, ויש נשיקין שניים שנעשים בעת הזווג עצמו, ואם כן אלו שהם קודם הזווג צריך שהוא יתעורר תחלה, כיון שהיא נתעוררת תחלה בחיבוק, ואחר ששניהם קדמו בו זה בחיבוק וזה בנישוק, **אז שניהם שוין בזווג התחתון ונשיקותיהם הם שוים**, כך נראה לעניות דעתי.

שער מאמרי רשב"י ד"ל ע"ב – ודע כי בחיבוק אין מקום לשלשה קצוות התחתונות שהם נה"י, כי **החיבוק** בסוד הזרועות והגוף, בסוד שמאלו תחת לראשי וימינו תחבקני, ולפיכך לא הזכיר בחבצלת שית טרפין. אבל **בנשיקין** שנושקין זה לזה, לאתדבקא רוחא ברוחא, על ידי נצח והוד העליון, והם השפתים כנודע. מתעוררים נצח והוד התחתונים, **לפעול פעולתם ואות ברית קדש נכנס במקומו**, ואז היא בשית טרפין, שש קצוות ותקרא שושנה, על שם שש קצוותיה. וזה שכתוב שפתותיו שושנים, בסוד **הנשיקין.** והנה כאשר נצח והוד העליונים פועלים לאתדבקא רוחא ברוחא על ידי הנשיקין, כנזכר בפרשת תרומה, כן התחתונים פועלים לאתדבקא רוחא ברוחא, כמער איש ולויות, וזה מה שכתוב לקמן - בתר דאתדבקת ביה במלכא באינון נשיקין. והנה החיבוק על ידי הבינה. והנישוק על ידי חכמה. כי אין זווג אלא מצד החכמה, וכמו שכתוב בפרשת אמור - וגם אמנה אחותי בת אבי היא כו', כמבואר שם. וכאשר יזדווגו ויתמזג האודם שהוא המלכות, עם הלובן שהוא התפארת, אז היא כשושנה סומקא בגוונין חיוורין.

29

שער המצות, פרשת קדושים דכ"ד ע"ב – דע כי כמו שלמעלה יש י"ג תקוני דיקנא עילאין, בבחינת דעת בסוד הראש, הנקרא זקן עליון, כן יש זקן תחתון למטה ביסוד כנודע, וגם בו כוללות י"ג תקונים. ואל זה הסוד הנפלא רמזו רז"ל]נדרים ל"א ע"ב[במה שאמרו - גדולה מילה שנכרתן עליה י"ג בריתות. ונודע כי ז"א נעשה מן נה"י דא"א. **והנה מזקן התחתון דיסוד דא"א, נעשית זקן העליון דז"א.**

30

שער הכוונות, דרושי חזרת העמידה, דרוש ה' ד' ע"מ ע"א – דע כי ענין נשיאות כפים הוא לצורך תיקון פרצוף לאה, כמו שנבאר. והענין הוא כמו שכתוב לעיל בסוד ברכת שים שלום דתפלת לחש, כי שני זיווגים

כלל – לעולם אין זיווג לז"א עם לאה הנקרא קשר של תפילין.

כלל[31] דבר עליון גדול כנגד כל מה שלמטה.

כלל[32] שם הוא כינוי למלכות, רחל. א"י כינוי ללאה.

כלל[33] התבונה היא סוד המלכות דבינה.

כלל[34] המלכות נקראת תהילה.

כלל[35] הבינה יש לה ג' בחינות דתבונה.

כלל[36] כל בחינה תחתונה יש בה כח של הבחינה העליונה.

נעשים עתה, האחד הוא זיווג הז"א הנקרא ישראל בי"ג מידות דרחמים של ויעבור כו', עם לאה **מן החזה שלו ולמעלה.**
31

ע"ח ח"ב שמ"ב פי"ד דצ"ב ע"ד – והנה ודאי הוא כמו שיש כח באותו לבוש של בינה, כשיורד ממנה להלבישו לזו"ן עד מתחת רגליהם, הנה גם כן יש בו כח להתפשט יותר ולהלבישו את כל העולמות אשר תחתיו, שהם בי"ע. והנה ודאי יש כח באצילות נגד כל אשר תחתיו, **כי פשוט כי כל דבר עליון גדול כנגד כל מה שלמטה ויותר.**

ספר הליקוטים, כי תצא דס"א ע"ב – והענין כי הלא ביארנו כי לעולם ארבעה עולמות אבי"ע הם, נקראים חכמה בינה תפארת ומלכות. ואמנם הפסוק אומר כולם בחכמה עשית, כי כולם יצאו מן האצילות, והוא כללות כולם. ואמנם אחר שנאצל האצילות עשתה הבינה מסך אחד לאצילות, בינה לבריאה כנזכר לעיל. והאמת כי יש כח באותו לבוש כשיורד מן הבינה להלביש עד רגלי זו"ן, יש בו כח לירד ולהתפשט ולהלביש את כל העולמות שתחתיו, שהם בי"ע. כי יש כח באצילות נגד כולם כנזכר, **ודבר פשוט כי כל דבר עליון, כולל כל מה שלמטה ממנו.**
32

ספר הליקוטים, כי תצא דס"ו ע"ב – והנה מה שמסרה רחל לאחותה הוא **הא"י** דשם אדנ"י. כי ידוע דשם זה הוא ברחל]**אחי** - ר"ל שם אדנ"י הוא ברחל[, ונתנה ללאה מזה השם **א"י**, ונשאר בה ד"ן, ולכן אמרה - דנני אלהי"ם וגו', ותקרא את שמו ד'. ולכן נאמר לקין - **א"י** הבל אחיך, שפגם ב**א"י שבלאה**, ולכן שמאי היה בשמו שני אותיות הללו, שהיה מבחינת לאה, וזהו שמאי ש"מ א"י. **כי לעולם ש"ם הוא במלכות**, בסוד - ומה תעשה לשמך הגדול, וה**א"י שבלאה** כנזכר.
33

ע"ח שי"ד פ"ט מ"ב דע"ד ע"א – ודע כי הבינה היא בחינת תשע ספירות הראשונים, **והתבונה היא בחינת המלכות של הבינה** הנזכרת לעיל.

ספר הליקוטים, שמות דקל"ט ע"ב – ויאמר מלך מצרים למילדות. דע כי המילדות העבריות הם סוד בינה ותבונה. ולפי שפעמים הם כלולים זו בזו, ולכן כתיב חסר, ולפי שהם בחינת אם ובת, **כי תבונה היא סוד מלכות דבינה**, ולכן יוכבד ומרים הם היו אימא וברתא, וכן יוכבד גימטריא מ"ב ע"ה, סוד אימא עילאה, ומרים סוד תבונה, ובה דינין חקיפין. וזה סוד מה שכתוב בספר הזוהר - מינה דינין מתערין. דהיינו מבחינת תבונה, ולא מן בינה. ולק היא הוי"ה בניקוד אלהי"ם, כי היא גופא רחמים, אך תבונה היא דינים, ולכן מרים גופא היא דינים.

קהלת יעקב ערך תב, ב – המלכות מצד הבינה, נקרא גם כן תבונה.
34

ע"ח שי"ג פ"ו מ"ק דס"ד ע"א – ואמנם המלכות מקורה בחותם, וזה סוד - ותהלתי אחטום לך, **כי לעולם תהלה במלכות.**
35

ע"ח שי"ד פ"ט מ"ב דע"ד ע"ג - כלל העולה כי ה' ראשונה של השם היא שם ס"ג אחד, כולל עשר ספירות פנימית וחיצוניות, ונקרא תבונה, ויש בה ג"ר הנקרא בינה, וו"ק הנקרא תבונה, ומלכות שבה נקרא תבונה, וחיצוניות נה"י של המלכות זו, נקרא גם כן תבונה, **והרי הם בינה אחת ושלוש תבונות.**
36

כלל – חג"ת[37] נקראים אבות, ונה"י בנים.

כלל – הכתר[38] של הפרצוף התחתון נעשה מהתפארת של הפרצוף העליון.

כלל – הנה"י[39] בכל מקום הם בסוד תוספת, והם לבר מגופא.

___

ע"ח שי"א פ"א מ"ק ד"א ע"ד – הנה השבעה נקודות הנשארים מן העשרה נקודות הראשונים, **הם סוד א"א, או"א, זו"ן**, כמו שנבאר בע"ה. והענין כי בג"ר אין בהם רק בחינת עתיק יומין לבד, אך מהשבעה ולמטה, **שם יש כח א"א ואו"א וזו"ן, הכל מעורבין יחד**, וכולל ביחד בכל נקודה מהשבעה, וגם כח העתיק יומין מעורב בהם. **כי כל דבר תחתון, יש בו כח עליון, בהכרח המתפשט בו**, ואמנם עתיק יורד בכולם, ומתפשט ומתערב בהם, אך כח התחתונים אינו מוכרח שיהיה בעליונים, לכן הג"ר אין בהם רק סוד עתיק לבד. והנה על דרך זה הוא בשבעה כלים תחתונים, כי יש בהם בחינת כלים דעתיק, א"א, או"א, זו"ן, **והכל מעורב ביחד**.

37

ע"ח ש"ך פ"כ מ"ת דצ"ז ע"ב – גם הוא לסבת טעם אחר כנודע מזוהר ומתיקונים כי חג"ת הם אבות, ונה"י נקרא בנים.

מבוא שערים ש"ה ח"ב פ"ב דמ"ו ע"א – כנודע כי חג"ת נקראים אבות, ונה"י בנים.

38

ע"ח שכ"ג פ"ג מ"ת דק"ו ע"ג – וזה סוד מה שכתוב בתיקונים, הכתר הוא אימא על ברא, גם אמרו בתיקונים כי כל הכתר הוא אהי"ה. והענין הוא, כי מבחינת אימא הנקרא אהי"ה כנודע, **נעשית כתר דז"א כנודע**. כפי מה שבארנו. ודע כי ל"א ז"א לבד, אלא על דרך הנזכר לעיל הם כל בחינות של הכתרים, של שאר הפרצופים, כמו א"א, או"א, נוקבא דז"א, **כי כולם כתריהם נעשה מן תפארת העליון שעליו**, על דרך שבארנו בכתר דז"א. והנה גם כן יתבאר לך, כי הרי מבשרי אחזה אלו"ה, והרי אין אנו רואים שהאדם התחתון שבעולם הזה יש בו כתר עם המוחין בתוכו, למעלה מן המוחין שלו.

39

ע"ח שט"ז פ"יד מ"ק ד"פ ע"ג – כבר ביארנו כי לעולם, **כל בחינת נה"י הם סוד תוספת, ואינם עיקרין**. ולכן הם לבר מגופא, והטעם לפי שמרישא עילאה דעתיק אינו מלובש בא"א, כי אם שבעה תחתונות שבו, אם כן נמצא שאין קיום לא"א רק לשבעה ראשונות שבו, והשלושה תחתונות, **שהם נה"י אינן יכולין לבא רק בסוד תוספת, כי אין להם עיקר וקיום במציאות העליון ממנו**. וכן על דרך זה כל האצילות.

שער מאמרי רשב"י, אדרא זוטא, דמ"ט ע"ד - **כי לעולם** כל בחינת נה"י בכל מקום, שהם הם נקראים לבר מגופא, **ותמיד הם בסוד תוספת**, ואינם עיקריים. ולכן תמיד הם באים מחדש בסוד תוספת, ואינם מושרשים שם תמיד. וזהו הטעם שבכל נה"י בכל מקום באים בסוד תוספת ואינם עיקריים, וכן הענין כאן, כי מיסוד דעתיק יומין נתפשטו נה"י דא"א, וכן הענין בכל נה"י שבכל האצילות, **וזכור כלל זה**.

שער מאמרי רשב"י, אדרא זוטא דנ"א ע"ג – ואמנם ענין זה שאמרנו, כי נתרבה השפע ונעשו גם כן נה"י דאבא ואימא, צריך ביאור רחב, ובו יתבאר הקדמה מוכרחת לדעת אותה, **בענין הנצח וההוד והיסוד בכל מקום שהם הם בסוד תוספת, ואינם עיקרים קבועים תמיד**. וצריך לדעת מה זה היה ענין נצח והוד ויסוד שתמיד באים בסוד תוספת, ואמרו בזוהר בפרשת בראשית שהם לבר מגופא. וטעם הדבר הוא אל זה כי להיות שלעיל ביארנו, שאי אפשר אל אריך אפין להלביש את עתיק יומין בתוכו, **אלא השבעה תחתונות שבו בלבד**. וכיון שמתחילת רום האצילות נהיה כן, נמצא שאין קיום והארה אל א"א אלא לשבעה ראשונות שבו, **ושלשה אחרונות שבו, שהם נצח הוד ויסוד שבו, אין להם הארה וקיום**. ולכן צריכין לבא בסוד תוספת, ונמצא שמשם ואילך, בכל שאר הפרצופין של האצילות, היה על הסדר הזה, כיון שאין העליון מתלבש בתחתון, אלא שבעה התחתונות שבו בלבד, וכל הנה"י של כל הפרצופין כולן באים בסוד תוספת, **וזכור ענין זה**.

מבוא שערים ש"ג ח"ב פ"ב דכ"ב ע"א – כי כל בחינות נה"י של איזה פרצוף מן הפרצופים, הם באים תמיד בסוד תוספת, ואינם עיקרים, כי לכך נקרא לבר מגופא, והטעם כי בראש פרצופי האצילות שהוא א"א, אשר בו מתלבשים ונאחזים כל שאר פרצופי האצילות כנזכר לעיל פ"י, **אין לנה"י שלו** על מה שיסמוכו בו בעתיק יומין, לפי שהשבעה תחתונות נתלבשו לבד נתלבשו בשבעה ראשונות דאריך, **ואין בנה"י דאריך רק הארה מועטת לבד**, היוצאת מיסוד דעתיק ומתפשט בהם. **ולכן נמשך העניין הזה בכל נה"י של כל שאר הפרצופים.**

כלל – סדר[40] כניסת הצלמים.

כלל – בדעת[41] דז"א יש חמשה חסדים, וחמשה גבורות.

כלל – כתר[42] הוא עתיק וא"א, חכמה אבא, בינה אימא, ו"ק ז"א, ומלכות נוקבא.

כלל – שם[43] ס"ג מעלה מ"ן מהבינה, ושם ע"ב מוריד מ"ד מהחכמה. שם ב"ן מעלה מ"ן מהנוקבא, ושם מ"ה מוריד מ"ן מז"א.

כלל – מהתפארת[44] תמיד נעשה כתר.

כלל – שם[45] הוי"ה הוא באבא, ושם אהי"ה באימא.

כלל – עטרת[46] היסוד הוא סוד המלכות.

הקדמה – כאשר[47] הרב ז"ל כותב **שמעתי ממורי זלה"ה**, הכוונה ששמע באופן אישי מהאר"י ז"ל. וכאשר הוא כותב שמעתי **מפי מורי זלה"ה**, הכוונה ששמע מהחברים. וכן מזהיר הרב ז"ל בהקדמה זאת, לא ללמוד בספרי החברים.

40

ע"ח ש"ל פ"ז מ"ב דצ"ט ע"ב – וצריך שתדע **כלל אחד** בכל הצלמים דנר"ן ח"י, והוא כי בחינת נפש של הצלם ההוא, באה תחלה. ואחר כך רוח דו"ק של הצלם. ואחר כך כל ג"ר ביחד, שהם נשמה חיה יחידה, כי ג"ר חשובות כאחד. אמנם הם נכנסין אחד אחד, שהוא תחלה נכנס הנשמה, אחר כך חיה, אחר כך יחידה.

41

ע"ח ח"ב שכ"ה דרוש ב' מ"ב ד"ז ע"ב – בדעת דז"א יש חמשה חסדים וחמשה גבורות, והם עשר הוי"ת, גימטריא ק"ל ק"ל, שתי פעמים עי"ן, כמנין ס"ר לראות, **כי משם נמשכת ראיה אל העינים, היושבים ממש כנגד הדעת.**

42

ע"ח שי"ב פ"א מ"ת דנ"ו ע"ב – כלל העולה, כי בעולם אצילות יש בו עשר ספירות. והכתר הוא עתיק וא"א, וחכמה הוא אבא, ובינה היא אימא. וו"ק הם חג"ת נה"י הוא ז"א, ומלכות הוא נוקבא דז"א. וכל בחינות אלו נעשה עצמותן משתי בחינות, מ"ה וב"ן, וכל בחינת הדכורים הם ממ"ה, והנוקבא מב"ן כנזכר לעיל.

43

ע"ח שט"ל דרוש י' כלל י"ד מ"ב דע"ו ע"ב – שם ס"ג מעלה מ"ן דבינה, ושם ע"ב מוריד מ"ד דאבא. ושם מ"ה מוריד מ"ד דז"א, ושם ב"ן מעלה מ"ן דנוקבא. [הגהה - צמח מ"ן דנוקבא קודם למ"ד דז"א].

44

ע"ח שי"ג פ"ו מ"ת דס"ה ע"ב – ואם תדקדק תמצא, כי תמיד תפארת נעשה ממנו הכתר, שהוא גלגלתא. כי תפארת עתיק תמן גלגלתא דאו"א, שהוא סוד בינה דא"א. ומתפארת]נ"א וכן ת"ת[דא"א, נעשה כתר וגלגלתא דז"א. וכן מתפארת דז"א, נעשה כתר וגלגלתא דנוקבא.

45

ע"ח שי"ג פי"ב מ"ב דס"ח ע"א – והענין כי הנה **הוי"ה אהי"ה, הם או"א.**
ע"ח שט"ז פ"ד מ"ק דפ"א ע"א – ונחזור לענין, כי לפי ששתי מזלות הח' והי"ג, הח' **הוי"ה** דיודי"ן, והי"ג **אהי"ה** דההי"ן, כנזכר במקומו. לכן מצדן הם או"א, האחד **הוי"ה**, והשני **אהי"ה**, והדעת המזווג יאההויה"ה, **והבן.**

46

ע"ח שט"ז פ"ג מ"ק ד"פ ע"א – אמנם נעריך עתה ערכים אלו, כי הלא סוד עטרת היסוד, הוא שליש שיעור של היסוד, והוא סוד המלכות.

47

ע"ח, הקדמה ד"ו ע"א – להרב חיים ויטאל, דע כי קצת מחברינו כתבו להם ספרים, מה ששמעו ממורי זלה"ה, וזולתו על שמו. וכולם כתבו הדברים בתוספת וגרעון, כפי בחינת הכותבים, וידיעתן, ובהבנתן, הניחו מקום למה קושיות. **לכן אין לסמוך על אותן הספרים, וצריך להרחיק מהם.** ודע כי כל מה שכתבתי כאן הכל

הקדמה – מ"ק, דרושים אלו הם מספר הדרושים או משער ההקדמות.

הקדמה – מ"ת, דרושים אלו מספר אוצרות חיים.

הקדמה – מ"ב, דרושים אלו מספר קהילת יעקב או ספר אדם ישר.

הקדמה – אין[48] שום ספירה, או מידה שאין לא שלוש פרקים

הקדמה – פשוט שאין[49] למעלה אלא אורות דקים בתכלית הרוחניות, בלתי נתפשים. עם כל זאת מתיר לנו הרב ז"ל לצייר ציורים ואותיות, רק כדי לשכך את האוזן.

הקדמה – דרכו[50] של הרב ז"ל להלביש דברים אף על פי שאינו כן.

הקדמה – כל[51] הוי"ה כוללת עשר ספירות

הקדמה – תיקון[52] הוא אינו אלא היות האור מתלבש בכלי.

הקדמה – חיצוניות[53] הפרצוף העליון נעשה פנימיות הפרצוף התחתון.

הקדמה – שם[54] ס"ג הוא בבינה.

שמעתי ממורי זלה"ה, לכן כתבתי הכל בחיבור אחד, לבד ומה ששמעתי מהחברים, משם מורי זלה"ה, מה שדרש וגילה להם קודם שלמדתי עמו, הכל כתבתי גם כן לבדו, ועל שם אמרו **מפי מורי זלה"ה.**
48

ע"ח ח"ב של"ה פ"ב מ"ק דנ"א ע"ב – כי אין לך שום מדה שאין לה שלוש פרקים.
49

ע"ח ש"א ענף ד' מ"ק די"ד ע"ג – ואמנם דבר גלוי הוא כי אין למעלה גוף ולא כח גוף חלילה. וכל הדמיונות והציורים אלו לא מפני שהם כך חס ושלום. **אמנם לשכך את האוזן**, לכשיוכל האדם להבין הדברים העליונים הרוחניים, בלתי נתפסים ונרשמים בשכל האנושי, **לכן ניתן רשות לדבר בבחינת ציורים ודמיונים**, כאשר הוא פשוט בכל ספרי הזוהר. וגם בפסוקי התורה עצמה כולם כאחד עונים ואומרים בדבר הזה כמו שאמר הכתוב עיני הוי"ה המה משוטטים בכל הארץ. עיני הוי"ה אל צדיקים. וישמע הוי"ה. וירא הוי"ה. וידבר הוי"ה. וכאלה רבות. וגדולה מכולם מה שאמר הכתוב - ויברא אלהי"ם את האדם בצלמו, בצלם אלהי"ם ברא אותו, זכר ונקבה וגו'. ואם התורה עצמה דברה כך גם אנחנו נוכל לדבר כלשון הזה, עם היות שפשוטו הוא **שאין שם למעלה אלא אורות דקים בתכלית הרוחניות, בלתי נתפשים שם כלל**. וכמו שאמר הכתוב כי לא ראיתם כל תמונה, וכאלה רבות. ואמנם יש עוד דרך אחרת כדי להמשיך ולצייר בה הדברים העליונים, והם בחינת **כתיבת צורת אותיות**, כי כל אות ואות מורה על אור פרטי עליון, וגם תמונת זו דבר פשוט הוא, כי אין למעלה לא אות, ולא נקודה, וגם זה **דרך משל וציור לשכך את האוזן כנזכר**. ולכן נבאר עתה ההקדמה הנזכר, על דרך ציור האותיות, גם כן ובבחינת ציורים אלו, **הן ציור האדם, והן ציור אותיות**, שתיהן מוכרחים להבין ענין האורות העליונים, כאשר תראה ספרי הזוהר בינים על שתי בחינות הציורים האלה.
50

תורת חכם דל"א ע"א - אף על פי שדברי הרב ז"ל **מורים להפך**, אין להשגיח, כי כן דרכו ז"ל **להלביש הדברים אף על פי שאינו כן.**
51

ע"ח ח"ב ש"מ דרוש י"ג מ"ב דפ"ה ע"ג - וכל הוי"ה מהם כוללת כל עשר ספירות של היכל ההוא, **כנודע שאין הוי"ה שאינה כוללת עשר ספירות.** כי קוץ של י' כתר של אותו היכל, י"ה או"א, ו' ו"ק, ה' מלכות.
52

ע"ח ש"ט פ"ד מ"ת דמ"ד ע"ד – והנה נודע כי **כל תיקון אינו אלא היות האור מתלבש בכלי**, כדי שיוכלו לקבל התחתונים אור העליון.
53

ע"ח שי"ט פ"י מ"ב דצ"ה ע"ד – כי כבר ידעת כי **חיצוניות עליון נעשה פנימית תוך פנימיות שלמטה ממנו**, ואז החיצונית התחתון מוכרח לירד להיעשות פנימיות אל שלמטה הימנו יותר, **והבן זה היטב.**
54

הקדמה – אין[55] לך אור שאינו משאיר רשימו במקומו אחרי הסתלקותו משם.

הקדמה – אברהם[56] ושרה הם בסוד או"א, ויצחק ורבקה הם בסוד ישסו"ת.

הקדמה – גם[57] לא"ק יש עצמות דנרנח"י וכלים.

הקדמה – ז"א[58] שהוא ו' קצוות, נקרא בשם תפארת.

הקדמה – הכלי[59] הוא תולדה של הכאה של אור מקיף באור פנימי.

הקדמה – מקום[60] עמידת עולם האצילות הוא באותו מקום של עמידת עולם הנקודות.

ע"ח שי"ד פ"ט מ"ב דע"ד ע"א – דע כי אימא עילאה יש לה הוי"ה דס"ג, והוא נוקבא אל אבא, שהוא הוי"ה דע"ב. והנה הוי"ה זו דס"ג נקודתה בנקודת אלהי"ם כנודע, כי הבינה יֱלֹהִי"ה בניקוד אלהי"ם כנודע.
שער מאמרי רשב"י דל"ה ע"א – וכבר ידעת כי **שם ס"ג**, דיו"ד ה"י וא"ו ה"י, **הוא בבינה**.
55

ע"ח שי"ו מ"ת דכ"ו ע"ד – והנה יש **בטבע האורות** להשאיר רושם שלהם למטה, במקום שהיו שם בראשונה, ולכן כל האורות האלו בעת עלותם **הניחו רשימו** למטה, במקום שהיו שם בראשונה.
ע"ח שי"ט פ"א מ"ת דפ"ט ע"ד – כנודע אצלינו בהקדמה, שאין לך שום אור, שאינו **מניח רשימו** במקומו, אף אחר **הסתלקותו** משם.
ע"ח שי"ט פ"א מ"ת ד"צ ע"א – עם כל זאת הרושם של מקום הנזכר לעיל נשאר שם, כנודע אצלינו בהקדמה - **שאין לך שום אור שאינו מניח רשימו במקומו**, אף אחר הסתלקותו משם.
מבוא שערים ש"ב ח"ב פ"ה ד"ח ע"ב – כי מטבע האורות הרוחניים, **להישאר רשימו במקומם**, אף אחד הסתלקותם משם.
56

ספר הליקוטים, פרשת תולדות דט"ז ע"ב – ויהי יצחק בן ארבעים שנה. כבר ידעת כי **יצחק ורבקה הם בסוד ישסו"ת, ואברהם ושרה הם בסוד או"א**, כנזכר רעיא מהימנא. והנה כבר ידעת מה שמבואר בסוד - חכם בבינה, כי ישסו"ת שניהם נקראים בינה, ולכן היה יצחק בן ארבעים שנה, בסוד בן ארבעים לבינה.
57

ע"ח ח"ב ש"מ דרוש י"א מ"ב דפ"ה ע"א – וכן על דרך זה בא"ק, יש שתי בחינות, פנימיות וחיצוניות. **הפנימיות הוא העצמות שבתוכו, והחיצוניות הם הכלים**. אף על פי שעדיין בערך שאר העולמות אינם נקראים כלים, **רק בערך פנימיות עצמו נכנה אותם בשם כלים**. ויש בכל אחד מהם כל הבחינות הנזכרות לעיל, והם בכללות נקרא יחידה וכתר בערך כללות כל העולמות.
58

ע"ח ש"א ענף ה' מ"ב די"ד ע"ד – עוד צריך שנקדים לך הקדמה אחת, והוא כי כל העשר ספירות הכוללות כל עולם ועולם, הנה בכללות יחד כולם כאחד, בחינת הוי"ה אחת בכל מקום, שהוא בין בכללות, בין בפרטות כנזכר לעיל. יוצא מכל אות ואות מהם הוי"ה אחת, והנה קוצו של יו"ד שבאותיות הוי"ה, הוא ספירת כתר. ויו"ד עצמה, הוא בחינת חכמה. וה' ראשונה, בינה. והו' **הוא התפארת, כולל שש ספירן, אשר כללותם נקרא בשם ז"א**, כמו שנבאר במקומו בע"ה. והה' אחרונה מלכות הנקרא אצלינו נוקבא דז"א. וכל זה הוא בדרך הוי"ה הכוללת החמשה פרצופים יחד כנזכר לעיל.
מבוא שערים ש"ג ח"ב פ"ט דכ"ו ע"ב – התפארת נקרא ו'.
רב פעלים, אורח חיים, ח"א ש"א ד"א ע"ד – גם עוד דע, כי באמת כל העשר ספירות נרמזו בשם הוי"ה ב"ה, דהיינו הכתר בקוץ היו"ד, והחכמה ביו"ד, והבינה בה"א ראשונה, **וחג"ת נה"י באות וא"ו**, והמלכות בה"א אחרונה. **אמנם עיקר הרמז דאות וא"ו דשמא קדישא, הוא נקרא על שם התפארת, ולכן מכנים ורומזים לאות וא"ו דשם הוי"ה בשם התפארת** דוקא.
59

ע"ח שי"ה פ"ד מ"ת דנ"ח ע"ג – גם צריך שתדע הקדמה אחת, והוא כי **אי אפשר להיות בחינת הכלים**, אלא על ידי הכאת האור מקיף באור פנימי, **ומשם נעשה בחינת כלי מתולדת הכאה ההיא**, וזכור זה.
60

הקדמה – כל[61] מקום שנזכר פאה, הכוונה למלכות.

הקדמה – התבונה[62] היא מלכות דבינה.

הקדמה – יניקת[63] הקליפות והחיצוניים היא מהנה"י.

הקדמה – כל[64] פרצוף כולל מ"ה וב"ן, שהם נפש ורוח דאותו פרצוף.

הקדמה – כל[65] פרצוף נקרא זו"ן, שהוא ו"ק, בערך לפרצוף שמעליו.

הקדמה – אין[66] הדין נמתק אלא בשורשו.

הקדמה – מלוי[67] האותיות הוא בחינת דין.

מבוא שערים ש"ב ח"ב פ"ה ד"ז ע"ג - וענין זה צריך ביאור רחב, ונקצר בו, והענין, כי כבר ביארנו בחלק א' פרק א', **כי עולם הנקודים הוא הוא עולם האצילות, ומתחילין מטיבור א"ק עד סיום רגליו בקירוב**, כמבואר בשער א' ח"א פ"ב, עוד יתבאר בשערים הבאים בע"ה. כי הנקודה האחת של העשרה נקודות, אשר ממנה נעשה כתר האצילות, הוא א"א, והוא מתפשט עד סיום האצילות אחד התיקון, וכל שאר הפרצופים דאצילות מקיפים ומלבישים אותו, זה על גבי זה.
61

ע"ח שי"ג פי"א מ"ק דמ"ז ע"א – כי בכל מקום, פאה היא מלכות.
62

ע"ח שי"ד פ"ט מ"ב דע"ד ע"א – ודע כי הבינה היא בחינת תשע ספירות הראשונים, והתבונה היא בחינת המלכות של הבינה הנזכרת לעיל.
63

ע"ח שי"ח פ"ד מ"ת דפ"ז ע"ד – ועתה תבין ותראה, איך נשארו הכלים של נה"י בלתי ניצוצין עצמן, ולכן יניקת הקליפות הוא מהם.
64

ע"ח ח"ב ש"ם דרוש ו' מ"ב דפ"א ע"ב – ובזה תבין איך בכל פרצוף מחמשה פרצופים **יש בחינת מ"ה וב"ן**, בין בזכרים בין בנקבות, והם **בחינת נפש ורוח** של אותו פרצוף.
65

רחובות הנהר ד"ג ע"ג – הרי נתבאר היטב מה שמבואר, כי כל פרצופי כל העולמות, **הם נקראים זו"ן, שהם ו"ק**. כל פרצוף נקרא בן, שהוא זו"ן, בערך הפרצוף העליון שעליו.

גמרא נידה דכ"ד ע"ב – תניא אבא שאול אומר ואיתימא רבי יוחנן, קובר מתים הייתי פעם אחת רצתי אחר צבי, ונכנסתי בקולית של מת, ורצתי אחריו שלש פרסאות וצבי לא הגעתי, וקולית לא כליתה, כשחזרתי לאחורי אמרו לי של עוג מלך הבשן היתה. תניא אבא שאול אומר קובר מתים הייתי, פעם אחת נפתחה מערה תחתי, ועמדתי בגלגל עינו של מת עד חוטמי, כשחזרתי לאחורי אמרו אין של אבשלום היתה. ושמא תאמר אבא שאול נס הוה, אבא שאול ארוך בדורו הוה, ורבי טרפון מגיע לכתפו. ורבי טרפון ארוך בדורו הוה, ורבי מאיר מגיע לכתפו. רבי מאיר ארוך בדורו הוה, ורבי מגיע לכתפו. רבי ארוך בדורו הוה, ורבי חייא מגיע לכתפו. ורבי חייא ארוך בדורו הוה, ורב מגיע לכתפו, רב ארוך בדורו הוה, ורב יהודה מגיע לכתפו. ורב יהודה ארוך בדורו הוה, ואדא דיילא מגיע לכתפו. פרשתבינא (שם של איש) דפומבדיתא קai ליה לאדא דיילא עד פלגיה, וכולי עלמא קאי לפרשתבינא דפומבדיתא עד חרציה (עד מותניו).
66

ע"ח שי"ג פי"א מ"ב דס"ז ע"א – וכבר ידעת כי מציאת הדיקנא כולו דנין, ועל ידו אתכפין דינין דלתתא, כי **אין הדין נמתק אלא בשרשו**.
67

ע"ח ח"ב של"ח פ"ב מ"ת – והנה ז"א נקרא אדם, כי הוא סוד מ"ה, שהוא הוי"ה דמילוי אלפי"ן, גימטריא מ"ה, ואד"ם. ונודע כי פשוט של הוי"ה, הוא העיקר. **כי המלוי הוא בחינת נקבה לפי שכולה דינין, ומלוי גימטריא אלהי"ם**, וגם נקרא מלוי מפני שכל כח הנוקבא ועצמות אורותיה וכחותיה כולם גנוזים תוך הז"א, כי עטרא דגבורה הוא תוך ז"א, ואחר כך יוצא חוץ ממנו.

הקדמה – בכל[68] מקום כאשר הפרצוף התחתון עולה לפרצוף העליון, ונכלל בו, העליון הוא בחינת הפנים, והתחתון עומד שם בבחינת האחוריים.

הקדמה – בכל[69] מקום שהבינה נקראת בשם אלהי"ם, מדובר בתבונה.

הקדמה – כל[70] אור מקיף הוא שם אהי"ה.

הקדמה – אבא[71] הוא הוי"ה, ואימא היא אהי"ה.

הקדמה – אבא[72] או חכמה הוא אוירא דכיא, ואימא או בינה הם אשא דכיא.

הקדמה – בתיקון[73] רגלי כל הפרצופים והספירות, מסתיימים בקרקע האצילות.

הקדמה – אבא[74] הוא כללות או"א עילאין, ואימא היא כללות ישסו"ת.

הקדמה – חיצוניות[75] הפרצוף העליון נעשה פנימיות הפרצוף התחתון.

שער מאמרי רשב"י דמ"ג ע"ג – והענין הוא במה שהודעתיך, כי כל המילויים הוא בחינת דין, כי כן מלוי בגימטריא אלהי"ם.
68

ע"ח שט"ו פ"ו מ"ב דע"ח ע"א – והטעם הוא עם הקדמה שנקדים לך, בענין הכללות הנזכר בכל מקום, כי כל מקום אשר התחתון עולה למעלה במקום העליון, להיותו נכלל שם עמו, **הוא שהעליון עומד בבחינת פנים, והתחתון עומד שם בבחינת אחוריים שלו.**
69

ע"ח שט"ו פ"ו מ"ב דע"ח ע"א – ודע כי בכל מקום שנמצא בזוהר, **שהבינה נקרא אלהי"ם, היא בתבונה** זאת היוצאת מאחוריים של הבינה, שהם אלהי"ם.
70

ע"ח שי"ז פ"ד דמ"ב דפ"ה ע"ב – ואלו המקיפים הם בחינת אהי"ה, כי **כל אור מקיף הוא שם אהי"ה.**
71

ע"ח שט"ז פ"ו מ"ק דפ"א ע"ב – נמצא איך מזל השמיני מתלבש במזל הי"ג, בסוד **הוי"ה אהי"ה.** לכן הוא על דרך זה באו"א, אשר הם יונקים מאלו, **הוי"ה באבא, אהי"ה באימא, והבן כל זה.** ולכן על ידי שני מזלות אלו, נכללין או"א, ומזדווגים על ידו.
72

שער מאמרי רשב"י, אידרא רבא דמ"ה ע"ב – דע כי אוירא דכיא ואשא דכיא הם סוד אבא ואימא, לפי שסתם אוירא הנזכר בלשון פרטי הוא החסד, אבל כשמזכיר אוירא דכיא אז הוא כינוי אל **החכמה**, וכן אשא סתם הוא גבורה, אבל אשא דכיא היא **בינה.**
73

ע"ח שי"ג מ"ת דמ"ח ע"ד – אבל מה שנשתנה עתה מבראשונה בעת יציאת נקודות העינים, הוא זה, כי אז היתה נקודת הכתר במקומה לבד בפני עצמה, ואחריה נקודת החכמה לבדה בפני עצמה, וכן על דרך זה היו כל העשר ספירות. **אבל עתה נתוסף תיקון גדול**, והוא כי נקודת הכתר נמשכה ונתפשטה ממקומה, עד למטה קרוב אל סיום רגלי א"ק, כמו שנתבאר בע"ה. וזה ההתפשטות הוא כל שיעור הנקרא בשם עולם אצילות, ונקודה זו היא נקראת נוקבא)ב"א נקודת( )דעתיק יומין, וכן על דרך זה עתיק יומין דדכורא, הנעשה מטעמים דמ"ה כנזכר לקמן, גם הוא מתפשט לשיעור הנזכר לעיל. וכן עשו כל השאר א"א ונוקבא, ואו"א, וזו"ן, והלבישו זה את זה, עד בחינת זו"ן, **באופן שכל רגלי הפרצופים דאצילות, בין דעתיק, בין דא"א, בין דאו"א, בין דזו"ן, כולן שוין בסיומם, והם מסתיימים יחד מעט למעלה מסיום רגלי א"ק, ושם הוא סיום האצילות כולו.** ועל ידי כך נעשה נשמה זה לזה, וזה מלביש לזה. וגם כי על ידי זה יוכלו הנבראים לקבל אורות העליונים שהם עתה מכוסים, ומתלבשים זה תוך זה.
74

ע"ח שי"ט פ"ח מ"ב דצ"ד ע"ג – הרי נמצא כי כפי האמת אבא הוא כללות או"א עילאין, יו"ד שבשם. ואימא היא כללות ישראל סבא ותבונה, ה' ראשונה שבשם.
75

הקדמה – הצד[76] השוה בכל פרצופי האצילות.

הקדמה – י'[77] דהוי"ה הוא או"א עילאין, ה' הראשונה דהוי"ה הוא ישסו"ת.

הקדמה – היסוד[78] של הפרצוף העליון, הוא הדעת של הפרצוף התחתון.

הקדמה – בכל[79] האצילות, שם מ"ה הוא זכר, ובחינת רוח. ושם ב"ן הוא נקבה, ובחינת נפש.

הקדמה – תמיד[80] אנחנו מדברים על צלם דאימא, וממנו יתבאר צלם דאבא.

הקדמה – שם אדם[81] הוא תמיד זכר ונקבה.

הקדמה – האדם[82] התחתון כולל כל עשר ספירות דאצילות, מא"א עד הנוקבא דז"א.

ע"ח שי"ט פ"י מ"ב דצ"ה ע"ד – כי כבר ידעת, **כי חיצוניות עליון נעשה פנימית תוך פנימיות שלמטה ממנו**, ואז החיצונית התחתון מוכרח לירד להעשות פנימיות אל שלמטה הימנו יותר, **והבן זה היטב.**
76

ע"ח שי"ט פ"ט מ"ב דצ"ה ע"א – והנה דוגמת או"א הם ז"א ורחל השוין בקומתן, ודוגמת ישראל סבא ותבונה הם יעקב ורחל הקטנים מהחזה דז"א ולמטה, **והבן זה**. ודע כי יש יעקב שהוא חצי תחתון דז"א, והוא המזדווג עם רחל הקטנה. ויש יעקב ולאה בחינת האחוריים דאו"א. **כלל העולה** כי יש עתיק וא"א, ועתיק וא"א דב"ן, וכנגדן ממש אבא וישראל סבא דמ"ה, בינה ותבונה דב"ן. וכנגדן ממש ז"א ויעקב דמ"ה, רחל ולאה)ס"א רחל(דב"ן. הרי)הם( )שלוש בחינות,)שהם ארבע, ארבע, ארבע(. כי כך הוא א"א דכורא לגבי עתיק דכורא, כמו ישראל סבא לגבי אבא, וכמו יעקב לגבי ז"א. וכן כך הוא נוקבא דא"א לגבי נוקבא דעתיק, כמו תבונה לגבי בינה, וכמו רחל הקטנה לגבי רחל עלאה. נמצא כי כשנחבר כל הבחינות, יהיה שלושה בחינות דזכר ונקבה, והם **אחד** עתיק ונוקבא, ובהם נכללין א"א ונוקבא. **שני** או"א, ובהם נכללין ישסו"ת. **שלישי** זו"ן, ובהם נכללין יעקב ורחל. וכשתחברם באופן אחר, יהיה א"א ונוקבא דעת הכולל חו"ג, מכריע בין החו"ב שהם עתיק ונוקבא. וכן ישסו"ת הם תפארת, מכריע בין או"א, שהם חסד וגבורה. וכן יעקב ורחל הם יסוד, המכריע בין נצח הוד, שהם זו"ן כנודע, דאיהו בנצח, ואיהי בהוד, **והבן זה מאוד.**
77

ע"ח שט"ו פ"ד מ"ד דע"ז ע"ג – והרי נתבאר כי באות י' של הוי"ה, יש בחינת **או"א עילאין**. ובאות ה' ראשונה של הוי"ה, יש בחינת **ישראל סבא ותבונה**, שהם תתאין.
78

שער הלקוטים, פרשת אמור דרל"א ע"א – כי הדעת מקבל אור גדול מחו"ב, שמתרבה אורה בדעת, חוץ ממה שבא לו בקו ישר, לעצמו כידוע במקומו. וכשתקדק בענין תמצא, **שיסוד לעולם הוא דעת**, שיסוד עתיק דעת לאריך, ויסוד דאריך לאו"א, ויסוד דאו"א לזעיר, ויסוד זעיר דעת למלכות. נמצא, **שהיסוד הוא דעת**, וזה נעלם וזה נעלם. ולזה נקרא אילנא רברבא.
79

ע"ח שי"ט פ"ה מ"ב דצ"ב ע"א – הנה כל האצילות שהם חמשה פרצופין, נעשין משני בחינות, שהם שם מ"ה וב"ן.... **וזכור זה**. שם מ"ה זכר, ושם ב"ן נוקבא, וזה רוח, וזה נפש.
80

ע"ח ח"ב שכ"ה דרוש א' מ"ב ד"ב ע"ג – נמצא כי שתי צלמים, זכר ונקבה, זו בחינת חיה, וזו בחינת נשמה. וצלם אבא נעשית נשמה אל צלם דאימא, ומתלבש בתוכו, ונעלם שם. **לכן תמיד אין אנו מדברים אלא בצלם דאימא**, וממנו יתבאר צלם אבא. **וזכור ואל תשכח.**
81

שער ההקדמות בדרושי א"ק די"א ע"א – ועתה יתבאר ענין אחד נמשך מן האמור והוא כי הנה שם אדם אינו נקרא אלא הזכר והנקבה שהם זו"ן, שהם מ"ה וב"ן, ונמצא כי א"ק הוא בחינת זו"ן מ"ה וב"ן בערך הקודם אליו, ודי בזה, ויש בו כללות ע"ב ס"ג מ"ה ב"ן, וכן בחינת אורות היוצאים ממנו כולם יחד הם זו"ן כלול מע"ב ס"ג מ"ה ב"ן.
82

שער מאמרי רשב"י, אדרא זוטא דנ"ב ע"ד - אמנם האדם התחתון רומז אל כל העשר ספירות דאצילות, הכוללות כל האצילות ביחד, מרום אריך אנפין, עד סיום נוקבא דז"א.

הקדמה – הבינה[83] נקראת גבורות.

הקדמה – הדעת[84] אינה ספירה בפני עצמה.

הקדמה – ו"ק[85] נקרא אלהי"ם בערך א"א הנקרא הוי"ה.

הקדמה – כל[86] אור כלול מפנימי ומקיף.

הקדמה – כל[87] אור מקיף הוא שם אהי"ה.

הקדמה – פרצוף[88] המלכות הוא לפחות שלוש ספירות.

הקדמה – לכל[89] ספירה וספירה יש את כל הבחינות דאבי"ע. ובחינת העשיה דאותה ספירה היא בחינת החיצוניות שלה.

הקדמה – ז"א[90] נאצל בבחינת שני פרצופים חיצון ואמצעי.

הקדמה – שלושה[91] פרצופי ז"א נקראים פנימי אמצעי וחיצון, והם פרצוף אחד, ובתוכם נר"ן.

83

ע"ח שי"ד פ"ב מ"ת ד"ע ע"ד - גם בזה תבין מה שכתוב בזוהר, על פסוק - מי ימלל גבורות הוי"ה, כי בינה נקרא גבורות, בסוד - ואם בגבורות שמונים שנה. וכן אמרו בזוהר כי הבינה דינין מתערין מינה, כנזכר פרשת אחרי מות, ופרשת ויקרא. וכן בהרבה מקומות, והטעם הוא לפי שכולה אינה נעשית ונבנית, אלא מגבורות לבדם.

84

ע"ח ח"ב שכ"ה דרוש שישי מ"ב די"ב ע"ג – כי הנה הדעת אינה ספירה בפני עצמה. אמנם הוא בחינת היסוד המזווג ומכריע בין חו"ב. ונמצא כי הדעת נחלק לחצאין, חציו הימני עטרה דחסד, מצד חכמה. וחציו השמאלי עטרה דגבורה, מצד הבינה.

85

ע"ח ח"ב שכ"ז פ"ד מ"ב די"ח ע"א – ודע כי השתי בחינות ראשונים, כיון שאין בהם רק ו"ק, נקרא אלהי"ם, **כנודע כי כל בחינת ו"ק נקרא אלהי"ם, כי כן ז"א להיותו ו"ק של כללות עולם האצילות, נקרא אלהי"ם בערך א"א הנקרא הוי"ה**, כנזכר באדרא. נמצא כי הו"ק דז"א נקרא אלהי"ם, והמוחין הוי"ה.

86

שער מאמרי רשב"י דנ"ד ע"א – כי כבר הודעתיך, כי כל אור כלול מפנימי וממקיף.

87

שער מאמרי רשב"י דנ"ו ע"ד - כמו שהודעתיך, כי כל אור מקיף הוא שם אהי"ה.

88

ע"ח ח"ב ש"ל דרוש ב' מ"ב דכ"ו ע"ד – פרצוף של המלכות, אין פחות משיעור זה, בסוד וירא והנה באר בשדה, והנה שם שלשה עדרי צאן רובצים עליה, שהם נה"י, כנזכר בזוהר. ופחות משלוש ספירות אין נקרא פרצוף.

89

ע"ח ח"ב ש"מ דרוש ב' דע"ט ע"ד – כי החיצוניות של כל עולם ועולם, הוא בחינת חלק העשיה שיש בכל עולם. כנודע כי כל אחד מארבעה עולמות אבי"ע כלול מכל חלקי אבי"ע, **ולא זו לבד אלא אין לך כל ספירה וספירה, שאין בה ארבע חלקי אבי"ע. ובפרטות, בחינת חיצוניות הספירה ההיא, הוא בחינת עשיה אשר בה.**

90

ע"ח ח"ב ש"ל דרוש א' מ"ת דכ"ו ע"ב – ודע כי כשנאצל ז"א, נאצל בשני הפרצופים, **חיצון וגם האמצעי**, הנקרא בחינת ו"ק, נה"י וחג"ת. אמנם בעיבור ראשון שבעת התיקון כנודע, אז לא נתקן רק פרצוף החיצון כשיעור קומתו לבד, שהוא שיעור נה"י, ואז גם פרצוף השני היה מלובש בתוכו, והיה שוה כקומת החיצון, **כי אי אפשר לז"א שיהיה פחות מו"ק**, אלא שעדיין לא נתקן. וזה סוד תלת כליל בתלת. ואחר כך על ידי היניקה, נתקן גם פרצוף השני, ואז הראה כחו ועצמותו, ואז נגדל הז"א כשיעור קומתו של פרצוף השני, שהוא קומת ו"ק, נה"י חג"ת, ונתגדלו שני הפרצופים.

91

הקדמה[92] – כאשר הרב ז"ל מבאר את בחינת אימא ותבונה, נבין כי אותה מערכת היא גם באבא וישראל סבא. ר"ל מאימא נבין את אבא.

הקדמה[93] – יש חמשה חילוקים בין או"א לזו"ן.

הקדמה[94] – מציאות ובחינת א"ק הוא א"א.

הקדמה[95] – סוד הצמצום הוא הוא גילוי שורש הדין.

ע"ח ח"ב ש"ל דרוש ד' מ"ב דכ"ח ע"א – והרי נשלם עתה ז"א שלם בכל חלקיו, שהם שלוש גופות תוך זה, וראשון **נקרא פרצוף דאחור, ונקרא נה"י לבד**, כי כל ספירות הפרטיות כלולות מנה"י לבד, אשר על כן זה פרצוף גבוה שליש הקומה. ופרצוף השני **נקרא חג"ת, נקרא אמצעי**, כי כל ספירות הפרטיות נכללין מחג"ת נה"י, וזה גובה שליש האמצעי של קומת ז"א, יותר מראשון. ופרצוף השלישי **נקרא פנימי, ונקרא חב"ד**, יען כל ספירות הפרטות כלולות מתשע ספירות, חב"ד חג"ת נה"י, ועל כן הוא גדול הקומה שליש יותר. וכל שלוש אלו הם שלושה לבושין, ושלשתן יחד נקרא גוף שלם גמור אל הז"א, וזה גבוה מזה, וזה גבוה מזה, **הכל ביחד הוא פרצוף אחד**, ובתוכם נר"ן.

[92]

ע"ח ח"ב שכ"ה דרוש ד' מ"ב ד"י ע"א – הנה נודע כי הם בינה ותבונה ולפעמים נכללין בפרצוף אחד, ולפעמים נחלקים. והנה בעת זווגם דאו"א להוציא צלם המוחין אלו, נכללין בינה ותבונה, ועל דרך זה אבא וישראל סבא, ואין להאריך. **כי מאימא נבין את אבא.**

[93]

שער מאמרי רשב"י, אדרא זוטא דנ"ט ע"ג – דע כי חמשה חילוקים יש בין אבא ואימא אל זוג ז"א ונוקביה. **האחד** הוא, כי אבא ואימא הם תמיד שום בקומתם, מה שאין כן בז"א ונוקביה, כי הנוקבא לא יצאת עד אחר שיצא ז"א, עד חצי התפארת שבו. ואחר כך יצאת היא משם ולמטה, ובערך בחינה זו אמר כחד נפקין. **השני** הוא, כי אבא ואימא מן העת שנתקנו ואילך, תמיד היו פנים בפנים, אבל ז"א ונוקביה אף גם אחר התיקון, שבא אחר מיתת המלכים כנודע, אינם פנים בפנים אלא לפעמים, ובערך בחינה זו אמר כחד שריין. **השלישי** הוא, כי אבא ואימא זווגייהו תדיר ולא אתפרשן, מה שאין כן בז"א ונוקביה, שזווגם הוא לפרקים, ובערך בחינה זו אמר לא אפסיק דא מן דא, **אבל צריך שתדע** כי שני מיני זווגים הם האחד הוא להאציל נשמות חדשות לתחתונים, והשני הוא לתת חיות ומזון אל העולמות, וזה הזווג השני של חיות העולמות, אינו נפסק לעולם מן אבא ואימא, כדי שלא יתבטלו ויחרבו העולמת כולן ח"ו אם יפסק רגע אחד, אבל הזווג האחר נפסק לפעמים, אפילו מאבא ואימא כמו שהודעתיך במצות שלוח הקן ועיין שם. אבל בז"א ונוקביה אפילו זה הזווג השני של החיות נפסק לפעמים, וזה מה שאמר הכתוב - לא ידון רוחי באדם לעולם, רוצה לומר לא ימשך רוח החיות העליון באדם העליון, הנקרא ז"א, לעולם, כי אם יהיה נמשך תמיד לעולם, יאריכו הרשעים ימים רבים ויהיו תמיד ברשעם. אמנם מראותם שאינם מאריכים ימים, יחזרו בתשובה, ולכן - לא ידון רוחי באדם לעולם, אלא שיהיה נפסק, מה שאין כן בזווג אבא ואימא כנזכר לעיל. **הרביעי** הוא, כי אבא ואימא הם רחמים, כי אפילו אימא שאמרו בספר הזוהר - דדינין מתערין מינה, היינו אחר שיצאו ממנה ז"א ונוקביה, אבל בהיותם למעלה, הכל הם רחמים. מה שאין כן בז"א ונוקביה, שלפעמים הם רחמים, ולפעמים הם דין, וזה מה שכתוב בספר הזוהר בפרשת חיי שרה בדף קכ"ג ע"א, על מאה שנה ועשרים שנה ושבע שנים, כי בכתר ובאבא ואימא, שהם בחינת מאה, ובחינת עשרים, נקט לשון שנה, דלית בהו דינא ורחמי, אבל בז"א ונוקבא שהם בחינת שבעה, נקט לשון שנים רבים, דמתפרשן בדינא וברחמי. **החילוק החמישי** הוא כי אבא ואימא אין בחינת החיבוק נפסק מהם, והם כתרין רחימין דמתחבקאן דא בדא, כנזכר בספר הזוהר, מה שאין כן בז"א ונוקביה. **עוד יש חילוק אחר** זולת החמשה החילוקים הנזכרים, והוא כי אבא ואימא אינון חד גופא ממש, מתדבקן דא בדא פנים בפנים, מה שאין כן בז"א ונוקביה, שהם תרין גופין.

[94]

ע"ח שט"ז פ"ה מ"ק דפ"א ע"ג – זה נרמז בזוהר פרשת תרומה דף קס"ז, בסוד אדם קדמאה אגליף ציורא דיליה גו משחתא וכו', שפירושו **כי א"ק הוא מציאות א"א.**
רחובות הנהר ד"ט ע"ב – ואף על פי ששם לא נזכר כי אם עד בחינת א"א, **כבר נודע כי בחינת א"א המוזכר בדברי הרב ז"ל, הוא בחינת א"ק שהוא א"א הכולל**, ודוק.

[95]

הקדמה – הקדושה[96] משאירה רושם בכל מקום.

הקדמה – כל[97] בחינת נה"י הם בסוד תוספת.

הקדמה – בחינת[98] הכלים היה בכח באור.

הקדמה – האותיות[99] הם בחינת נפש.

הקדמה – כל[100] דבר שבקדושה שורשו אינו נעקר.

הקדמה – חיה[101] נקראת נשמה לנשמה, ההוא מן החכמה.

מבוא שערים ש"א ח"א פ"א ד"א ע"ב – וזהו ענין מה שאמרו רז"ל, כי תחילה ברא השם יתברך העולם במידת הדין, ואחר כך שיתף עמו מידת רחמים. הכוונה, **כי בעת עשיית המקום על ידי הצמצום, היה המדת הדין**, ואחר שנאצלו העולמות בתוך המקום. ואור הא"ס נתלבש בתוכם, כמו שנבאר בע"ה, אז היה מדת רחמים. **והנה גם אשר צמצום הזה היה דין**, נקרא מקלקל על מנת לתקן, **כי היה בהכרח להתגלות שורש הדין אז תחילה**, כי כל כוונת האצילות העולמות היה לברר העולמות, כנזכר במבוא שערים. והנה זה היה הצמצום הראשון של אצילות כל העולמות. ונראה לעניות דעתי כי הנקודה האמצעית של הא"ס, **שם היה כח שורש הדין**, שנתגלה אחר כך למטה, וממנה נעשה המקום שהוא דוגמת הכלי. וממה שסובב על הנקודה ההיא, נמשכו חיצוניות העולמות, ומהיותר סובב נמשך פנימיות. **ודי בזה שלא נחטא**. והזהר שאל תחשוב כי שם בנקודה ההיא היה גילוי דין ח"ו.
96

שער המצות, פרשת שמיני ד"כ ע"א – עם כל זה נודע כי כל בחינת קדושה, נשאר ממנה רושם אחד קיים, בכל מקום שהולך.
97

ע"ח שי"ג פ"ז מ"ב דס"ד ע"ד – ונחזור לענין, כי שבעה תחתונות דעתיק, אף על פי שאמרנו שהם מתלבשין בשבעה דגלגלתא דא"א, עם כל זה, בהכרח הוא שיתפשטו בכל קומת א"א, ועיקר מה שהם ברישא דא"א, אינם אלא שנים, שהם חסד וגבורה, חסד ברישא בגלגלתא, גבורה במוחא, כי גלגלתא ומוחא הם תרין רישין תתאין, והם שרשים לכל מציאות רישא. אבל שאר המתגלין בשבעה דרישא, אינם רק הארה בעלמא. אך עיקר התלבשותם למטה בשאר שיעור קומה דא"א. כיצד, תפארת בבינה דא"א, שהוא גולגלתא דא"א, נצח הוד בחסד גבורה דא"א, שהם מוחין לאו"א. ואחר כך מהיסוד מתפשט הארה בתפארת ונה"י דא"א. **כי כבר ידעת כי לעולם כל נה"י הם באים מסוד תוספת, ואינם עיקרין, לכן הם באים תמיד בדרך הוספה ולא שורש ועיקר.** לכן מסוד יסוד עתיק מתפשטין נה"י דא"א, וכן הענין בכל נה"י דאצילות.
98

ע"ח ש"ו פ"ג מ"ת דכ"ה ע"ד – והענין הוא כי בודאי **שבחינת הכלים היה בכח, אף כי לא היה בפועל בתוך האור**, כי היה בבחינת האור היותר עב וגס, רק שהיה בו מחובר בעצם היטב, ולכן לא נגלה בחינתו.
99

ע"ח ש"ה פ"ג מ"ב דכ"ב ע"ד – נמצא כי שורש חמשה מוצאות, נעשה מחמשה גבורות דמנצפ"ך, ואז יצאו מחמשה מוצאות כל הכ"ב אותיות, בסוד אחע"ה כו', הנחלקים לחמשה חלקים, ויען הם נמשכין מגבורה שהם בחינת מלכות, הנקרא נפש, ולכן **האותיות נקרא נפש** כנודע.
100

ע"ח ח"ב של"ד פ"ג מ"ב דמ"ז ע"ד – וזהו הענין האשה עולה עמו ואינה יורדת עמו, כפי השתנות הזמנים מקומותיה משתנים בקו אמצעי, **ולעולם נשארין שרשים קיימין שם כנודע, כי כל דבר שבקדושה אינו נעקר שרשו משם.** ובזה אל תתמה בכמה בחינות שנמצאו אל המלכות, כי הנה תחלה היתה מקומה בעטרה שתחת היסוד, ושם היא רמוזה המלכות, ואחר כך נגדלה)ועמדה(ונעקרה משם ועלתה על התפארת שבו, כמו בתפלת השחר. ואחר כך נתקנית לגמרי וחוזרת עמו פנים בפנים, **ולא מפני זה נעקרה שרשים הראשונים, ושם נשארין קיימין לעולם.** אשר זהו הענין האשה עולה עמו ואינה יורדת עמו, כי בכל גידול של הז"א גם היא היתה נגדלת עמו, **ונשארין שרשיה קיימין בו.**
101

ע"ח ש"ו פ"ה מ"ק דכ"ז ע"ד – בכל בחינה ובחינה יש ארבעה מציאות. שהם אחד - כלים. שני - נר"ן פנימים. שלישי - חיה מקיף. רביעי - יחידה מקיף אל מקיף. ושתי בחינת אלו האחרונים, **הראשון נקרא חיה,**

הקדמה – לכל[102] שיעור קומה יש פרסא

הקדמה – לכל[103] יציאת אורות ועולמות חדשים, נעשה על ידי צימצום.

הקדמה – כל[104] תחתון יש בו כח העליון המתפשט בו.

הקדמה – ענין[105] מ"ן.

הקדמה – מלכות[106] היא בחינת חשבון וגימטריא, של מספר האותיות דהזכר.

הקדמה – אין[107] דבר בעולם שאין בו פנימיות וחיצוניות.

הקדמה – אבא[108] הוא בחינת או"א עילאין, ואימא היא בחינת ישסו"ת.

הקדמה – לעולם[109] זו"ן מקבלים מוחין שלהם אך ורק על ידי ישסו"ת.

שהוא מקיף ראשון, ונקרא נשמה לנשמה, והוא מן החכמה, בסוד - והחכמה תחיה את בעליה, וכן חיי"ם גימטריא חכ"ם. והשני שהוא מקיף השני, נקרא יחידה, והוא מן הכתר.
102

מבוא שערים ש"ב ח"א פ"ב ד"ב ע"ג – והענין, **כי בכל שיעור קומה, יש חד פרסא באמצעות**, אשר עליה נאמר - יהי רקיע בתוך המים.
103

מבוא שערים ש"ב ח"א פ"ב ד"ג ע"א – כי בכל יציאת אורות מחודשים, ועולמות נוספים, **אינו אלא על ידי צמצום אור**, כי כן היה צמצום הא"ס להוציא א"ק, וא"ק להוציא הנקודות.
104

ע"ח שי"א פ"א מ"ק ד"נ ע"ג – כי כל **דבר תחתון יש בו כח עליון** בהכרח המתפשט בו.
105

ע"ח שי"י פ"א מ"ת דמ"ז ע"ג – אמנם בחינת המ"ן שאמרנו לעיל שעלו, לצורך הזווג העליון הוא עצמו, ענין עליית שבעה אורות למעלה בבינה, **וזכור הקדמה זו מה הוא ענין העלאת מ"ן**. והנה בזווג זה צריך שיתוקנו כל העשר ספירות מכתר עד מלכות. כי אפילו ג"ר אינן מתוקנים, ולכן בחינת העלאת מ"ן אלו היה **למעלה בע"ב ס"ג דא"**ק, כמו שנבאר בע"ה. ועל ידי זווג ועיבור זה, נתקן כל עולם האצילות כולו, מעתיק יומין עד מלכות.
106

ע"ח שי"ד פ"ה מ"ב דע"ב ע"ב – נמצא כי כל מה שהוי"ה הולכת ומתמלאת, הוא יותר דין, ועצמותם בפשיטותם הוא תכלית הרחמים. והנה ג"ר אלו דאבא הפנים שלהם הם מ"ב אותיות של התשע ראשונות שבכל אחד ואחד מן השלשה, שהם זכרים. וזה סוד שם מ"ב דאיהי ברישא, כנזכר בתיקונים קל"ב. **וגם בשלוש מלכיות, שבהם יש מ"ב אתוון עצמן, אלא שהם בסוד מספר**, וזה סוד - **עיניך בריכות בחשבון**, כנזכר בזוהר פנחס - **דכל חשבון וגימטריא אינון במלכות**. ר"ל במלכיות של כל ספירה וספירה, **כי היא בחינת מספר** של הזכר שלה.

ע"ח שי"ד פ"י מ"ב דע"ב ע"ד – והנה הבחינה ההוא **הנקרא חשבון לעולם הוא בבחינת המלכות בכל מקום שתהיה**, על דרך משל, במלכות דאבא הנזכרת לעיל יהיה בחינת חשבון הוי"ה דיודי"ן בבחינת היותה חשבון ע"ב. וכן במלכות דאימא הוא חשבון הוי"ה דס"ג. ועל דרך זה בכל שמות שבעולם. **הנה חשבונם הוא במלכות שבאותו בחינה, וזכור הקדמה זו.**
107

ע"ח שי"ד פ"ט מ"ב דע"ד ע"א – שאין לך דבר בעולם שאין בו פנימית וחיצונית.
108

ע"ח שי"ד פ"ה מ"ב דע"ב ע"א – הנה תבין היטב **כי אבא הוא כללות או"א**, והם הוי"ה ע"ב, ואהי"ה דיודי"ן, בפנים וכן באחוריים. **ואימא כוללת ישראל סבא ותבונה**, והם הוי"ה דס"ג, ואהי"ה דיודי"ן, בפנים שלהם וכן באחוריים.
ע"ח שי"ט פ"ח מ"ב דצ"ד ע"ד – נמצא כי כפי האמת אבא הוא כללות או"א עילאין, יו"ד שבשם. ואימא היא כללות ישראל סבא ותבונה, ה' ראשונה.
109

הקדמה – הכתר[110] הוא שורש המוחין.
הקדמה – לפעמים[111] מונים את הכתר ולפעמים את הדעת.
הקדמה – עצמות[112] וכלים הם גוף ונשמה.
הקדמה – חילוק[113] היסוד דאבא לשלוש שלישים.

ע"ח ש"ח פ"כ פ"ה מ"ב דצ"ח ע"א – אמנם לפעמים לוקח כולם על ידי בינה הכללית, שהם בחינת ישראל סבא ותבונה. ולפעמים עולה יותר, ולוקח כולם ממקום החכמה הכללית, שהם או"א עילאין. ולפעמים עולה יותר, ולוקח כולם ממקום הכתר הכללית, שהוא א"א ונוקבא. **אמנם דע כי לעולם אי אפשר שיקחם אלא על ידי ישסו"ת, כי הרי הם עליונים ממנו.** אך הענין הוא כי אי אפשר לעלות למעלה ממדרגתו, כי הרי אין מקום פנוי וחלל, אמנם צריך שתחלה תתעלה ישראל סבא ותבונה למקום או"א, ואז זו"ן יעלו למקום ישראל סבא ותבונה, ויעלו או"א למקום א"א ונוקבא, ויעלה א"א ונוקבא למדרגה שעליו, וכן על דרך זה עלייה למעלה מעלייה, **עד שיתנענע ויתחלפו כולם ממקומם.** נמצא כי בעלות ישראל סבא ותבונה למעלה, במקום או"א, הנה נמצא זו"ן במדרגת ישראל סבא ותבונה. וכשעלו ישראל סבא ותבונה למעלה בא"א ונוקבא, יעלו זו"ן במקום או"א עצמם, ונמצא כי הרי הם נקרא או"א עצמן. **אמנם אינם מקבלים הארה והמוחין שלהם, אלא על ידי ישסו"ת,** שגם הם עלו, **ודי בזה.**

110

ע"ח שכ"ג פ"ז מ"ב דק"ח ע"ג – ודע שהכתר כולל כל מה שיש במוחין, וכללות הראש, לכן כל בחינת ארבעה מוחין הם בכתר לבדו, **ששם שורש המוחין.** ואחר כך המוחין כוללים כל מה שיש בגופא כנודע, שהרי הם מתפשטין בהארתם בשלוש קוי הז"א.

ע"ח ח"ח שמ"ב פ"א מ"ב דפ"ט ע"ג – הכלל היוצא מזה, כי האמת הוא שהנאצל אין בו רק ארבעה מדרגות, שהם ארבעה אותיות הוי"ה, והם אבי"ע, והם חכמה ובינה, תפארת ומלכות, כי לכן התורה התחילה מבראשית, ואין ראשית אלא חכמה, כמארז"ל ואמרו כן בלשון שלילה, כדי לשלול את הכתר. אמנם יש בחינה אמצעית כולל שתי בחינות, **מאציל ונאצל, והוא הנקרא כתר, וכתר זה יש בו כללות כל מה שלמעלה ממנו,** ואף אם הוא קטן מכולם, ויונק מכולם, **ויש בו שורש כל העשר ספירות הנאצלים, והוא משפיע בכולם.** ובזה אל תתמה אם לפעמים אנו אומרים כי עשר ספירות דאצילות נחלקים לארבעה אותיות הוי"ה, ופעמים אנו אומרים שנחלקין לחמשה פרצופים, והוא כשאנו אומרים שהוא ארבעה הוא מנין הנאצלים ממש בפועל, וכשאנו מונין חמשה פרצופים **הוא שאנו מונין שורש המאציל עם הנאצלים עצמם.** ודע כי על דרך זה הוא בכל העשר ספירות שבכל עולם ועולם, וכן בפרטות בכל פרצוף ופרצוף, כי לעולם כל בחינה ובחינה נקרא עליונה מאציל, ותחתונה נאצל, ואי הנאצל מארבע אותיות הוי"ה אפילו בעשר ספירות פרטיות, ופרטי פרטיות. ויש בחינה אמצעי ביניהן, **הנקרא כתר,** והבן זה מאד, כי בו יובנו כל הדרושים שנבאר. וזהו אני ראשון ואני אחרון, כי הכתר הוא ראשון והוא אחרון, והוא אי"ן והוא אנ"י, והוא אי"ן אנ"י, כי בבחינת מלכות של מאציל אשר בו הוא אחרון, ונקרא אנ"י, שהוא המלכות. **ובבחינת שורש הנאצלים, אשר בו שהוא בחינת כתר,** הוא הראשון, ונקרא אי"ן, שהוא אותיות אנ"י.

111

ע"ח שכ"ג פ"ח מ"ב דק"ט ע"ג – ואמנם החיצוניות דכתר נטלו הדעת דז"א, הנעשה משתי שלישים ראשונים דתפארת דז"א, כנזכר במקומו. ולכן הדעת משלים לעשר ספירות במקום הכתר, וזהו בחינת חיצוניות, אך בבחינת הפנימיות הכתר, הוא מכלל העשר ספירות דז"א. **לכן אל תתמה אם אנו מונין לפעמים הדעת במנין עשר ספירות, ולפעמים הכתר,** כי זה בחיצוניות וזה בפנימיות.

נהר שלום, דרוש הדעת דמ"א ע"ב – ולפי שהכתר אינו מכלל העשר ספירות, והושם ספירת הדעת במקומו, לכן נרמז בקוץ היו"ד, ולא באות ממש.

112

ע"ח ח"ב ש"ל דרוש ב' מ"ב דכ"ו ע"ד – ואחר זה צריך שתדע כי כל פרצוף מאלו החמשה, **יש לו עצמות וכלים, הנקרא גוף ונשמה.** אמנם האור שלו הנקרא נשמה, גם הוא נחלק לחמשה מיני אורות, כמספר חמשה פרצופים, והם נרנח"י, והם הם ענין כח"ב, ודעת, ושישה קצוותיו, ומלכות. האמנם בענין **הגוף וכלים** אשר לו לא היה רק שלוש חלקים דכלים לבד, כי כנגד חיה ויחידה אין כלי יכול לסובלו.

הקדמה – כל[114] טיפה כלולה מעסמ"ב.

הקדמה – כל[115] אחד מעולמות אבי"ע כלול מכל חלקי אבי"ע, כאשר החיצוניות דכל עולם הוא בחינת העשיה. וכן כל ספירה כלולה מאבי"ע, והעשיה שבה הוא בחינת חיצוניות הספירה.

הקדמה – עולם[116] הבא תבונה, ולעתיד לבוא בינה.

הקדמה – הכלי[117] נעשה על ידי הכאת האור המקיף באור הפנימי.

ע"ח ח"ב של"א פ"ג מ"ת דל"ד ע"ב – אבל היסוד אף על פי שנחלק לשלוש חלקים, אינו רק שתי פרקים לבד. ונמצא כי כאשר השליש העליון של היסוד נעשה ממנו תפארת בעת ההגדלה כנזכר לעיל, אין השליש ההוא בחינת פרק שלם בפני עצמו, ולסבה זו אף על פי שנעשה ממנו תפארת, עדיין נקרא יסוד, כי לא נפרד, ויש לו התקשרות עם היסוד. וזה סוד מה שמבואר פרשה פנחס רכ"ג דגוף וברית חשבינן חד. **ונחזור לענין לבאר ענין היסוד של אבא כי הנה יש בו ב"פ יסוד ועטרה בו והנה היסוד ארוך יותר מן העטרה ולכן היסוד עצמו נחלק לב' חלקים א' הוא שורש היסוד המושרש ומונח בין ב' ראשי הירכיים שהם נ"ה אשר שם מחוברים יחד שלשתן יחד שלשתן הנה"י ומקושרים יחד שלשתן ומבחי' חלק יסוד זה נעשה דז"א דמצד אבא כי הוא מחובר עם חו"ב שבריכשי ירכין שהם נ"ה של אבא. ושיעור התפשטות חלק זה העליון של יסוד אבא הנה הוא נמשך עד סיום שליש עליון דת"ת דז"א שהוא עד החזה והוא ממש כשיעור התפשטות סיום היסוד ועטרה של אמא כנ"ל וחלק תחתון של יסוד אבא הוא בחי' היסוד אחר התפרדו מן הירכיים שהם נ"ה ונבדל בפ"ע ושיעור התפשטותו מן החזה דז"א עד סיום הת"ת שהוא הגוף דז"א ובזה תבין כי כמו שמן החזה ולמטה נבדל ונפרד היסוד מן נ"ה דאבא בתוך הז"א כן הז"א עצמו עד החזה היו ב' זרועותיו מתדבקין עם גופו ומהחזה ולמטה נפרדי קוי הזרועות ימין ושמאל מן הגוף שהוא קו האמצעי והבן זה. והנה העטרה של יסוד אבא היא מתלבשת תוך יסוד ז"א ושיעור עטרה זו בסיום)נ"א כשיעור(כל היסוד כולו דז"א

114

ע"ח ח"ב שט"ל דרוש ה' מ"ב דע"א ע"א – הנה נודע שאין שום טפה כלולה מע"ג ס"ג מ"ה ב"ן.

115

ע"ח ח"ב ש"מ דרוש ג' מ"ב דע"ט ע"ד – כי החיצוניות של כל עולם ועולם הוא בחינת **חלק העשיה שיש בכל עולם.** כנודע כי כל אחד מארבעה עולמות אבי"ע כלול מכל חלקי אבי"ע. **ולא זו לבד**, אלא אין לך כל ספירה וספירה שאין בה ארבעה חלקי אבי"ע, ובפרטות בחינת חיצוניות הספירה ההיא, **הוא בחינת עשיה אשר בה.**

116

ע"ח שט"ו פ"ה מ"ב דע"ז ע"ד – והטעם כי הנקבות נקראות עולם, כמו שכתוב בזוהר ויחי על פסוק - מן העולם ועד העולם. וזה **התבונה נקרא עולם הבא**, עלמא דאתי, לפי שהיא יורדת למטה ומתגלית תמיד. אבל בינה עליונה נשארת למעלה ואינה יורדת, לכן בינה נקראת לעתיד לבוא. כי המוחין עליונים דז"א המלובשים בנה"י דבינה עליונה, הם עתידין לבוא אחר כך, כאשר יתגדל מעלתו, ויהיה לו מוחין עליונים יותר מן בינה, ולא מן התבונה, ואז יהיה לעתיד לבוא. אבל מוחין דנצח הוד יסוד דתבונה, הם נמשכין בו תמיד, ולעולם הם נמשכין, ובאין. וזהו פירוש עולם הבא. עלמא דאתי, כי תמיד נמשך ובא. **וזהו ההפרש שיש בין עולם הבא ובין לעתיד לבוא, כי זהו בתבונה, וזהו בבינה**, בבחינת הנצח הוד יסוד שבהם, הנעשין מוחין דז"א. וזהו מה שכתוב בספר הבהיר, ששאלו התלמידים לרבי רחומאי - מהו עולם הבא, אמר להם - **עולם שכבר בא.**

ע"ח ח"ב שמ"ג פ"ג מ"ב דצ"ז ע"ב – החילוק שיש בין עולם הבא ובין לעתיד לבוא, **ששניהן באימא,** אך יש בינה ותבונה, והתבונה היא נכנסת בבחינת מוחין גו רישא דז"א, **ותבונה זו נקרא עולם הבא.** כנודע שהנוקבא נקרא עולם, ואמנם עולם התבונה זו בא תמיד בסוד מוחין, ונמשך אל רישא דז"א תמיד, וזה שכתוב בספר הבהיר, שאלו תלמידיו - מהו עולם הבא, אמר להם - עולם שכבר בא. פירוש, שכבר נמשך ובא ברישא דז"א ותמיד, נמשך ובא עולם הבא, כתרגומו עלמא דאתי, ופירוש דאתי - תדיר ואתמשיך ברישא דז"א. **אך בינה נקרא לעתיד לבוא**, שעדיין לא בא, אמנם עתידין לבוא אחר כך, שאז יגדל מעלת ז"א ויהיה לו תמיד מוחין דבינה, ולא מתבונה, וזהו ענין אמרם לעתיד לבא.

117

הקדמה – אבא[118] עילאה נקרא הוי"ה דע"ב, ואימא עילאה נקראת אהי"ה דקס"א.

הקדמה – בחינת[119] הבינה היא רחמים, והתבונה היא דינין.

הקדמה – בז"א[120] יש מ"ה וב"ן, ובנוקבא יש מ"ה וב"ן.

הקדמה – באין[121] סוף אין תמונה, ציור, אות או הרהור.

הקדמה – ישסו"ת[122] הם נשמה, בינה. ואו"א עילאין הם חיה, חכמה. א"א יחידה, כתר.

ע"ח שי"ב פ"ד דנ"ת מ"ת דן"ח ע"ג – גם צריך שתדע שהקדמה אחת, והוא כי אי אפשר להיות בחינת הכלים, **אלא על ידי הכאת האור מקיף באור פנימי**. ומשם נעשה בחינת כלי מתולדת הכאה ההיא, **וזכור זה**.
[118]

ע"ח שט"ו פ"ו מ"ב דע"ח ע"א – והנה בינה עליונה ואבא עלאה הם שתי שמות, **אבא נקרא הוי"ה ע"ב דמילוי יודי"ן. ואימא נקראת אהי"ה דיודי"ן, גימטריא קס"א.**
[119]

ע"ח שט"ו פ"ו מ"ב דע"ח ע"א – כי הנה זאת התבונה יוצאת מן האחוריים של בינה עליונה, ואותן האחוריים של בינה הם שמות דאלהי"ם, כמו שנבאר בע"ה. כי כל האחוריים הם שמות אלהי"ם, וזה שכתוב בזוהר פרשת אחרי מות דף פ"ה - **כי הבינה נקראת רחמים בלחודוהי**, אך מסטראה דינין מתערין. ופירוש מסטראה, ר"ל מצדדיה, שהם האחוריים שלה, שהם הדינין. **אבל היא עצמה בבחינת הפנים שלה היא רחמים**. ודע כי בכל מקום שנמצא בזוהר **שהבינה נקרא אלהי"ם, היא בתבונה זאת היוצאת מאחוריים של הבינה, שהם אלהי"ם.**
[120]

ע"ח שי"ז פ"ג מ"ב – כי בז"א לבדו יש מ"ה וב"ן, וכן בנוק' לבד יש מ"ה וב"ן.
[121]

דעת ותבונה פי"ט דס"ו ע"א – כתב רבינו מהרח"ו זלה"ה בשערי קדושה חלק ג', וז"ל - הנה המאציל העליון אשר האציל כל העולמות, **נקרא אין סוף, ואין בו שום תמונה, לא בשם, ולא באות**, ואפילו בקוצי האותיות כלל. ולכן **אפילו ההרהור אסור בו**.
[122]

ע"ח ש"כ פ"ח מ"ב דצ"ט ע"ג – וביאור הדבר כי תחלה היה לו בחינת עצמו, שהוא רוח, ובחינת נוקבא הכוללת בו, והוא נפש. ובלקחו מישראל סבא ותבונה כל אותן הצלמים, אז יש לו **נשמה שלימה**, כי הרי **ישראל סבא ותבונה נקרא בינה** כנודע. ובלקחו אותם שנית מן **או"א עלאין הנקרא חכמה**, יש לו חיה בשלימות. ובלקחו אותן)ג' כלים מא"א **הנקרא כתר, נשלם בו יחידה בשלימות.**

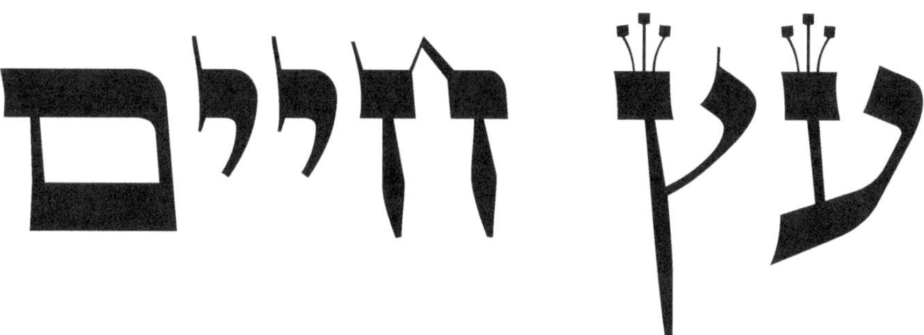

עץ חיים

לרבינו חיים וויטאל

שקיבל ממרן האר"י זלה"ה

שער ט'

שער שבירת הכלים

פרק זז'

חלק התרשימים טבלאות וציורים

שמות חיים

68

סדר שמות שמות ההיכלות והשערים בעץ חיים

שם היכל	שער	שם השער	פרקים															
אדם קדמון	א	עיגולים ויושר	א	ב	ג	ד	ה											
	ב	השתלשלות י"ס דרך עגו'	א	ב	ג													
	ג	סדר אצילות למהרח"ו	א	ב	ג													
	ד	אח"פ	א	ב	ג	ד	ה											
	ה	טנת"א	א	ב	ג	ד	ה	ו	ז									
	ו	עקודים	א	ב	ג	ד	ה	ו	ז	ח								
	ז	מטי ולא מטי	א	ב	ג	ד	ה											
נקודים	ח	דרושי נקודות	א	ב	ג	ד	ה	ו										
	ט	שבירת הכלים	א	ב	ג	ד	ה	ו	ז	ח								
	י	תיקון	א	ב	ג	ד	ה											
	יא	מלכים	א	ב	ג	ד	ה	ו	ז	ח	ט	י						
הכתרים	יב	עתיק	א	ב	ג	ד	ה											
	יג	א"א	א	ב	ג	ד	ה	ו	ז	ח	ט	י	יא	יב	יג	יד		
או"א	יד	או"א	א	ב	ג	ד	ה	ו	ז	ח	ט	י						
	טו	זווגים	א	ב	ג	ד	ה	ו										
	טז	הולדת או"א וזו"ן	א	ב	ג	ד	ה	ו	ז									
ז"א	יז	ז"א	א	ב	ג	ד												
	יח	רפ"ח נצוצין	א	ב	ג	ד	ה	ו										
	יט	אנ"ך	א	ב	ג	ד	ה	ו	ז	ח	ט	י						
	כ	המוחין	א	ב	ג	ד	ה	ו	ז	ח	ט	י	יא	יב				
	כא	לידת המוחין	א	ב	ג													
	כב	מוחין דקטנות	א	ב	ג													
	כג	מוחין דצלם	א	ב	ג	ד	ה	ו	ז	ח								
	כד	פרקי הצלם	א	ב	ג	ד	ה	ו	ז									
	כה	דרושי הצלם	א	ב	ג	ד	ה	ו	ז	ח								
	כו	צלם	א	ב	ג	ד												
	כז	פרטי עי"מ	א	ב	ג	ד												
	כח	עיבורים	א	ב	ג	ד	ה											
	כט	נסירה	א	ב	ג	ד	ה	ו	ז	ח	ט							
	ל	פרצופים	א	ב	ג	ד	ה	ו	ז									
	לא	פרצופי זו"ן	א	ב	ג	ד	ה											
	לב	הארת המוחין	א	ב	ג	ד	ה	ו	ז	ח	ט							
	לג	אונאה	א	ב	ג	ד	ה											
נוק' דז"א	לד	תיקון הנוקבא	א	ב	ג	ד	ה	ו	ז									
	לה	הירח	א	ב	ג	ד	ה											
	לו	מעוט הירח	א	ב	ג	ד												
	לז	יעקב ולאה	א	ב	ג	ד	ה											
	לח	לאה ורחל	א	ב	ג	ד	ה	ו	ז	ח	ט							
	לט	מ"ן ומ"ד	א	ב	ג	ד	ה	ו	ז	ח	ט	י	יא	יב	יג	יד	טו	
	מ	פנימיות וחצוניות	א	ב	ג	ד	ה	ו	ז	ח	ט	י	יא	יב	יג	יד	טו	
	מא	חשמל	א	ב	ג													
אבי"ע	מב-א	דרושי אבי"ע	א	ב	ג	ד	ה	ו	ז	ח	ט	י	יא	יב				
	מב-ב	כללות אבי"ע	א	ב	ג	ד												
	מג	ציור עולמות אבי"ע	א	ב	ג	ד												
	מד	שמות	א	ב	ג	ד	ה	ו	ז									
	מה	מקיפין	א	ב	ג	ד												
	מו	כסא הכבוד	א	ב	ג	ד	ה	ו										
	מז	סדר אבי"ע	א	ב	ג	ד	ה	ו										
	מח	קליפות	א	ב	ג	ד												
	מט	קליפת נוגה	א	ב	ג	ד	ה	ו	ז	ח	ט							
	נ	קיצור אבי"ע	א	ב	ג	ד	ה	ו	ז	ח	ט	י						

טבלת ערכים

עולמות	אדם קדמון	אצילות	בריאה	יצירה	עשיה
פרצופים	ע"י וא"א	אבא	אמא	ז"א	נוקבא
ספירות	כתר	חכמה	בינה	חג"ת נה"י	מלכות
הוי"ה	קוץ של י'	י	ה	ו	ה
אורות	יחידה	חיה	נשמה	רוח	נפש
מלוי	שורש הוי"ה	ע"ב - יוד הי ויו הי	ס"ג - יוד הי ואו הי	מ"ה - יוד הא ואו הא	ב"ן - יוד הה וו הה
טנת"א	שורשים	טעמים	נקודות	תגין	אותיות
נקודות	קמץ	פתח	צרי	סגול, שוה, חולם חיריק, קבוץ, שורוק	אין ניקוד
אדם	גולגולתא	מוח ימין	מוח שמאל	גוף וברית	עטרת היסוד
מל"צ	מ - מקיף, יחידה	ל - מקיף, חיה	מוח	לב	כבד
שנגל"ה	שורש	נשמה	גוף	לבוש	היכל
י"ב פרצופים	ע"ב ואו"ן	או"א עלאין	ישסו"ת	זו"ן	יעו"ר
כל צמא	אורות	מוחין	צלמים	לבושים	כלים
אברים	מוח	עצמות	גידין	בשר	עור
חושים	מוח	ראיה	שמיעה	ריח	דיבור
מחצבים	א"ס	ספירות	נשמות	מלאכים	חושך
צלם	מ' מקיף ב'	ל' מקיף א'	צ' מוח	צ' לב	צ' כבד
דחצב"מ	אלוקות	מדבר	חי	צומח	דומם
יסודות	יולי	מים	אש	רוח	עפר
רקיעים	ערבות	ערבות	ערבות	מכון, מעון, זבול שחקים, רקיע	וילון
גלגלים	גלגל השכל	גלגל היומי	מזלות	ככבים	לבנה
היכלות	קודש קודשים	קודש קודשים	קודש קודשים	אהבה, זכות, רצון, נוגה, עצם השמים, לבנת הספיר	לבנת הספיר
מלוי הוי"ה		מו - וד י יו י	לז - וד י או י	יט - וד א או א	כו - וד ה ו ה
אהי"ה		קס"א - אלף הי יוד הי	קס"א - אלף הי יוד הי	קמ"ג - אלף הא יוד הא	קנ"א - אלף הה יוד הה

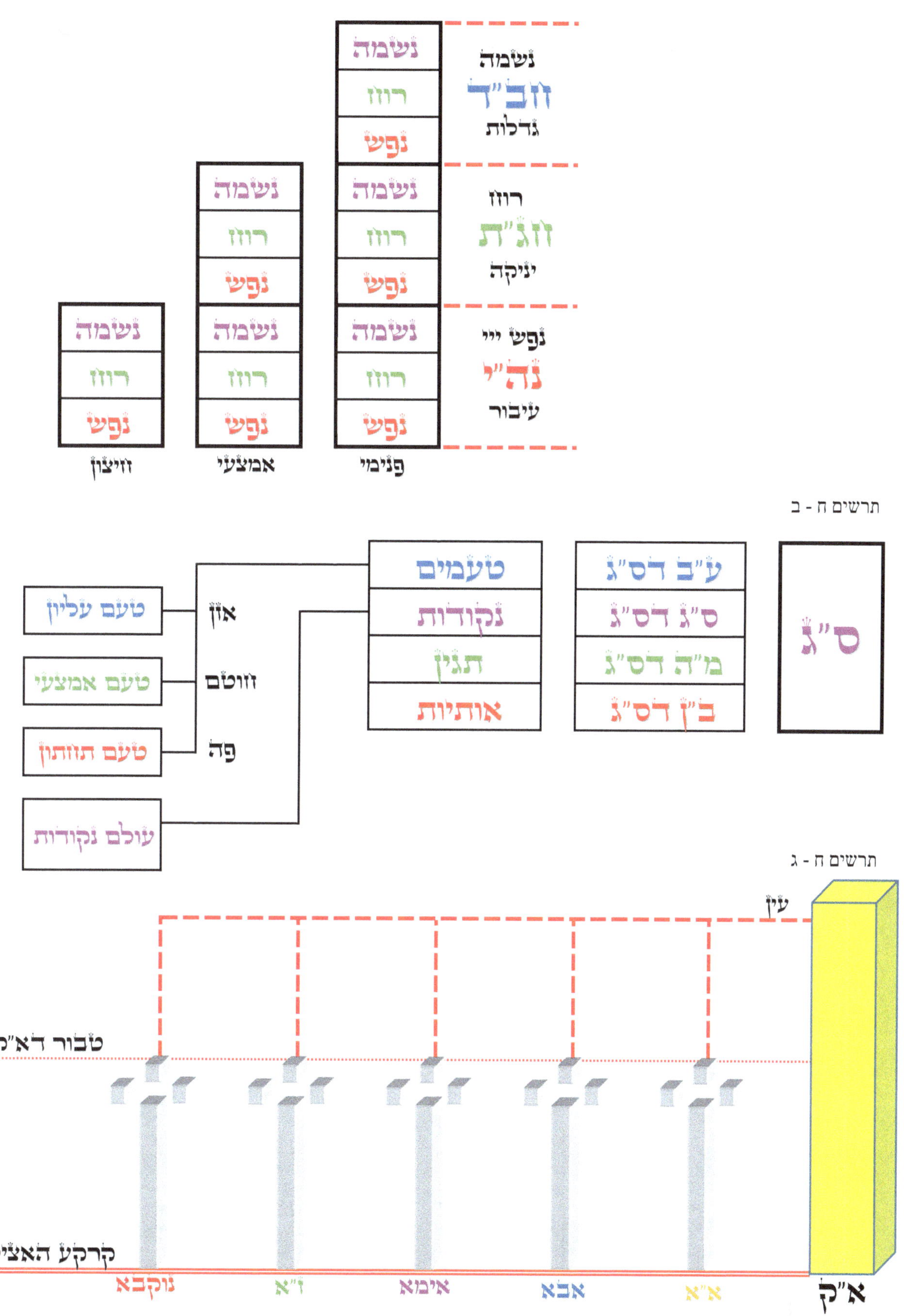
תרשים ח - א
נשמה
זזב"ד
גדלות
רוזז
זזג"ת
יניקה
נפש' ייי
נה"י
עיבור
נשמה
רוזז
נפש'
נשמה
רוזז
נפש'
נשמה
רוזז
נפש'
נשמה
רוזז
נפש'
נשמה
רוזז
נפש'
נשמה
רוזז
נפש'
זזיצון
אמצעי
פנימי

תרשים ח - ב
טעם עליון
טעם אמצעי
טעם תזזתון
עולם נקודות
אזן
זזוטם
פה
טעמים
נקודות
תגין
אותיות
ע"ב דס"ג
ס"ג דס"ג
מ"ה דס"ג
ב"ן דס"ג
ס"ג

תרשים ח - ג
עין
טבור דא"ק
קרקע האצילות
נוקבא
ז"א
אימא
אבא
א"א
א"ק

נקודה אחת מהחמש נקודות

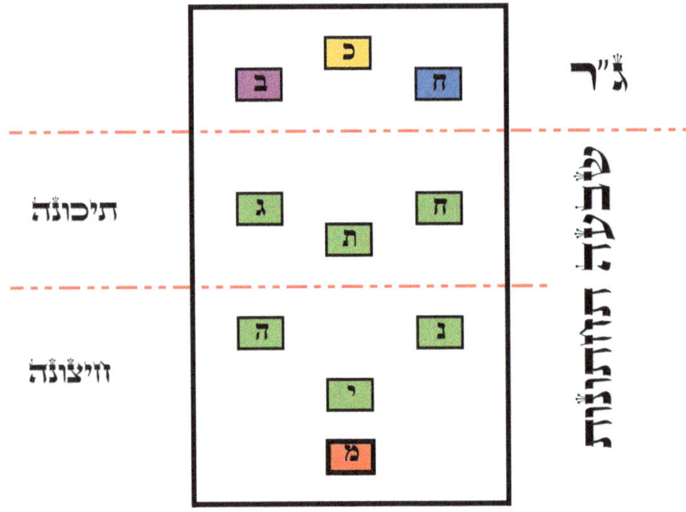

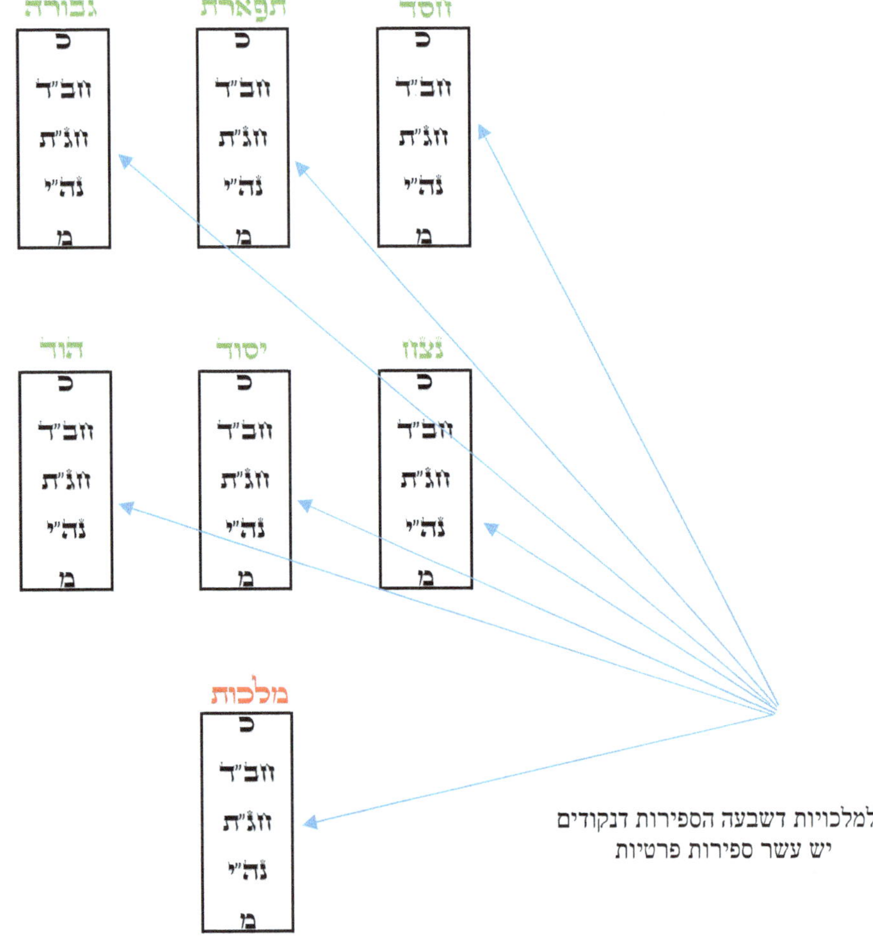

למלכויות דשבעה הספירות דנקודים
יש עשר ספירות פרטיות

תרשים ח - ו

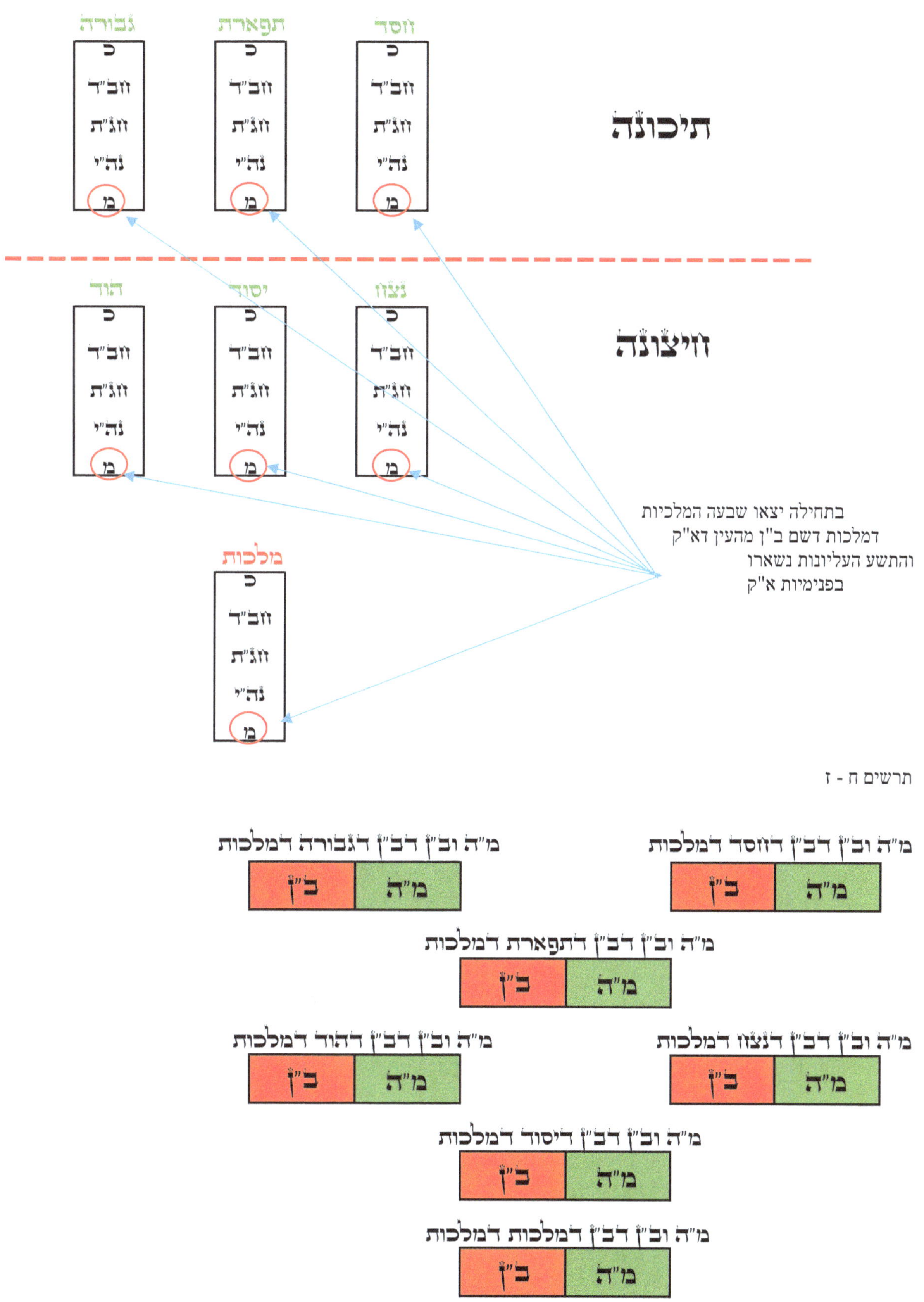

תרשים ח - ז

תרשים ח - ח

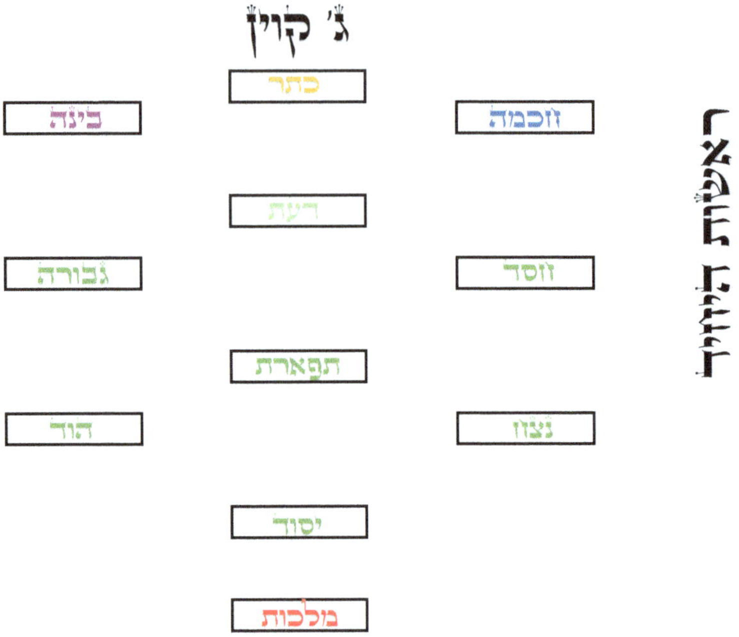
ג' קוין
כתר
חכמה
בינה
דעת
חסד
גבורה
תפארת
נצח
הוד
יסוד
מלכות
ראשות היחוד

תרשים ח - ט

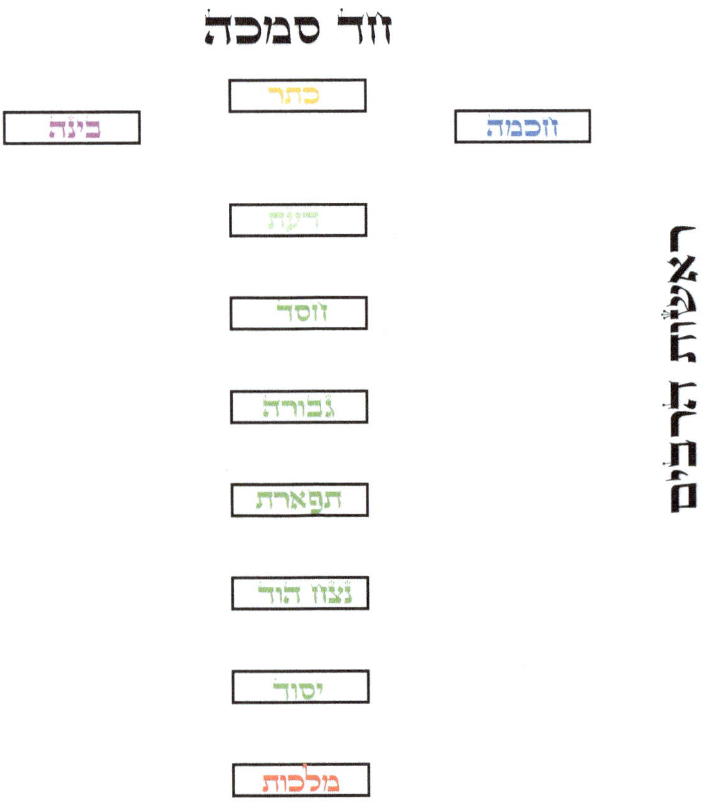
חד סמכה
כתר
חכמה
בינה
דעת
חסד
גבורה
תפארת
נצח הוד
יסוד
מלכות
ראשות הרחים

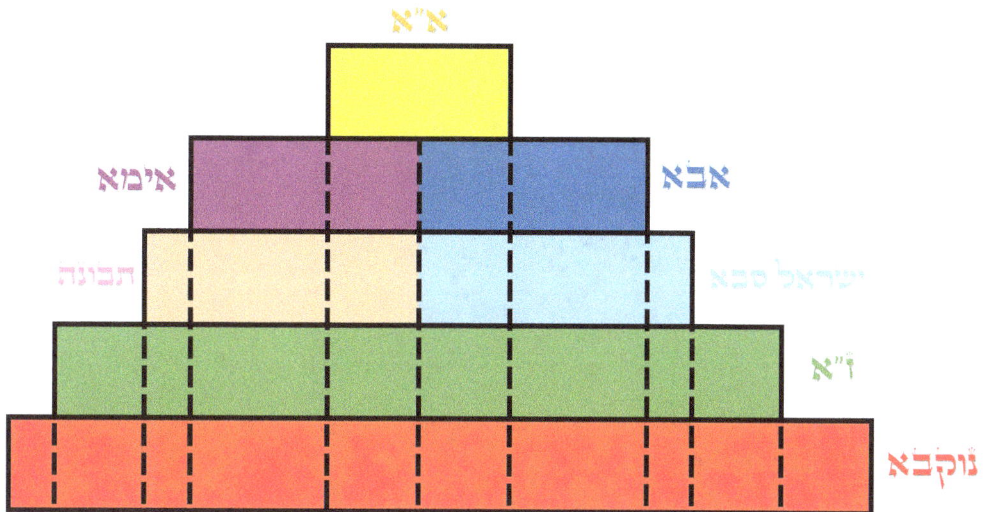

תרשים ח - י"א

<table>
<tr><td align="center">

ב"ן
עיגולים
מ"ה ובי"ן דב"ן

כתר
חכמה
בינה
דעת
חסד
גבורה
תפארת
נצח
הוד
יסוד

מלכות

עיגולים דעיגולים
בי"ן דב"ן
נפש דנפש

</td><td align="center">

מ"ה
יושר
מ"ה ובי"ן דמ"ה

כתר
חכמה
בינה
דעת
חסד
גבורה
תפארת
נצח
הוד
יסוד

מלכות

עיגולים דיושר
בי"ן דמ"ה
נפש דרוח

</td></tr>
</table>

תושבע"פ על פי הסוד

תרשים ח - י"ב

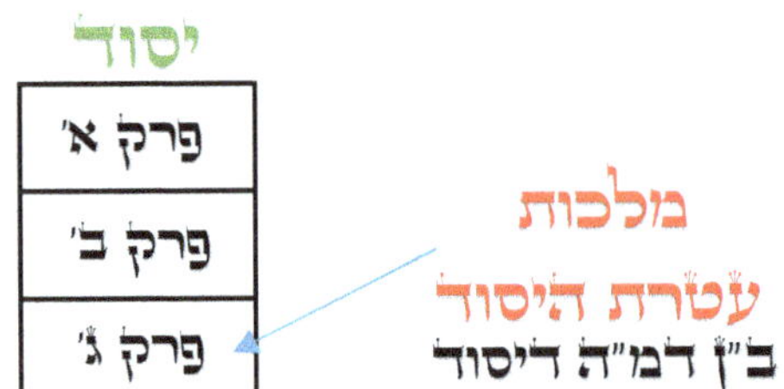

יסוד
פרק א'
פרק ב'
פרק ג'
מלכות
עטרת היסוד
ב"ן דמ"ה דיסוד

תרשים ח - י"ג

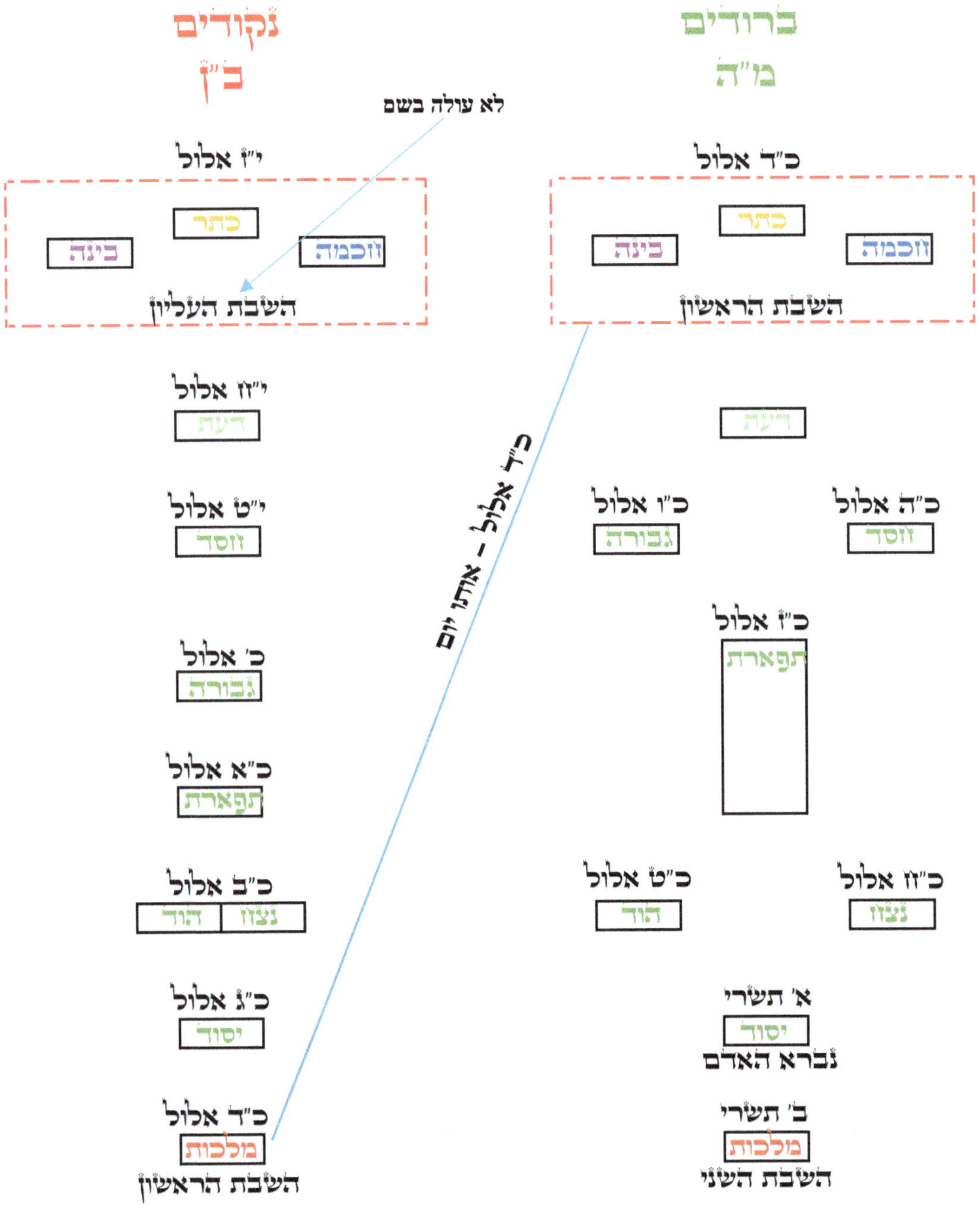

נקודים
ב"ן

ברודים
מ"ה

לא עולה בשם

י"ז אלול
כתר
בינה
חכמה
השבת העליון

כ"ד אלול
כתר
בינה
חכמה
השבת הראשון

י"ז אלול
דעת

דעת

כ"ד אלול - אתם יום

י"ט אלול
חסד

כ"ו אלול
גבורה

כ"ה אלול
חסד

כ' אלול
גבורה

כ"ז אלול
תפארת

כ"א אלול
תפארת

כ"ב אלול
נצח   הוד

כ"ט אלול
הוד

כ"ח אלול
נצח

כ"ג אלול
יסוד

א' תשרי
יסוד
נברא האדם

כ"ד אלול
מלכות
השבת הראשון

ב' תשרי
מלכות
השבת השני

תרשים ח - י"ד

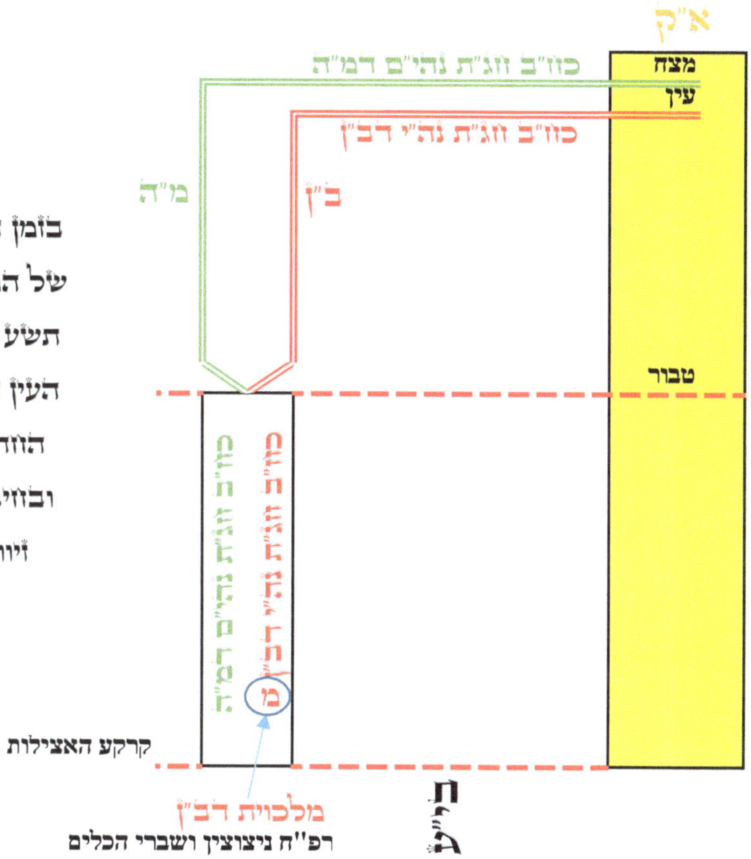

א"ק

מצח

כוז"ב זג"ת נהי"ם דמ"ה

עין

כוז"ב זג"ת נה"י דב"ן

מ"ה

ב"ן

טבור

בזמן התיקון עולים מבי"ע הבחינות
של המלכוית דב"ן, ומתחברים עם
תשע הספירות דב"ן היוצאים דרך
העין דא"ק, ועשר הספירות דמ"ה
החדש, היוצאים מהמצוז דא"ק.
ובחינות אלו יוצאים מא"ק על ידי
זיווג העליון דע"ב וס"ג דא"ק

קרקע האצילות

מלכוית דב"ן

רפי"ח ניצוצין ושברי הכלים

ת"ת

תרשים ח - ט"ו

סידור הרש"ש

לזווג מו"כ דמ"ק

יוד ה"י ויו ה"י   יוד ה"י ואו ה"י

איההיוהה

להוליא ט"ס עליונות דב"ן מעינים דא"ק עס י"ס דמ"ה ממלא דא"ק להמשיכס לנה"י
לכתר דבינה דמ"ה וכ"ן דזו"ן דא"ק ולזווגם, ולהמשיכס לפר' נה"י לכתר דבינה
דעתיק ואז ננקע היסוד דעתיק ומתגלים כל החו"ג ומתחברים אבא עס יש"ס לפרלוף אחד,
ואימא ותבונה לפרלוף אחד,

זהשיבים שלו ע ק ז

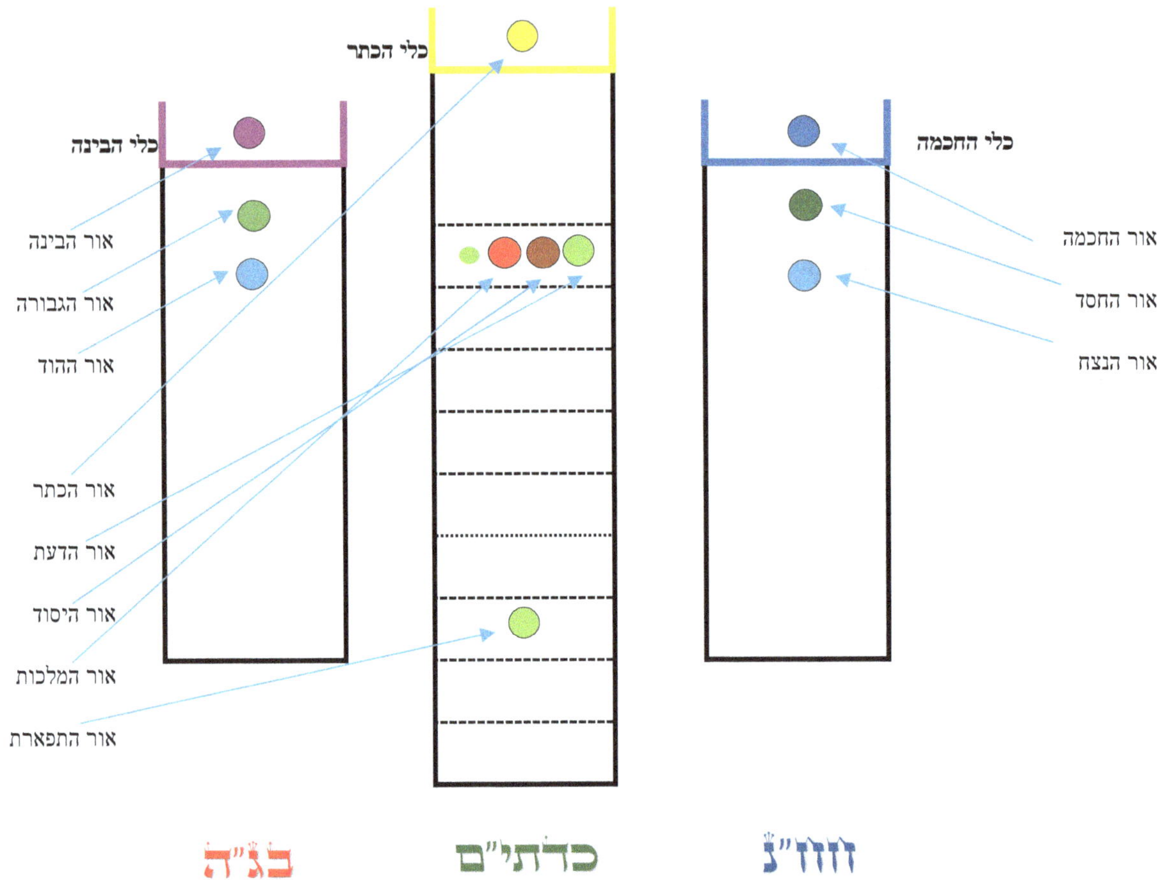
תרשים ח - ט"ז
כלי הכתר
כלי הבינה
כלי החכמה
אור הבינה
אור הגבורה
אור ההוד
אור הכתר
אור הדעת
אור היסוד
אור המלכות
אור התפארת
אור החכמה
אור החסד
אור הנצח
בג"ה
כדתי"ם
חזהו"ן

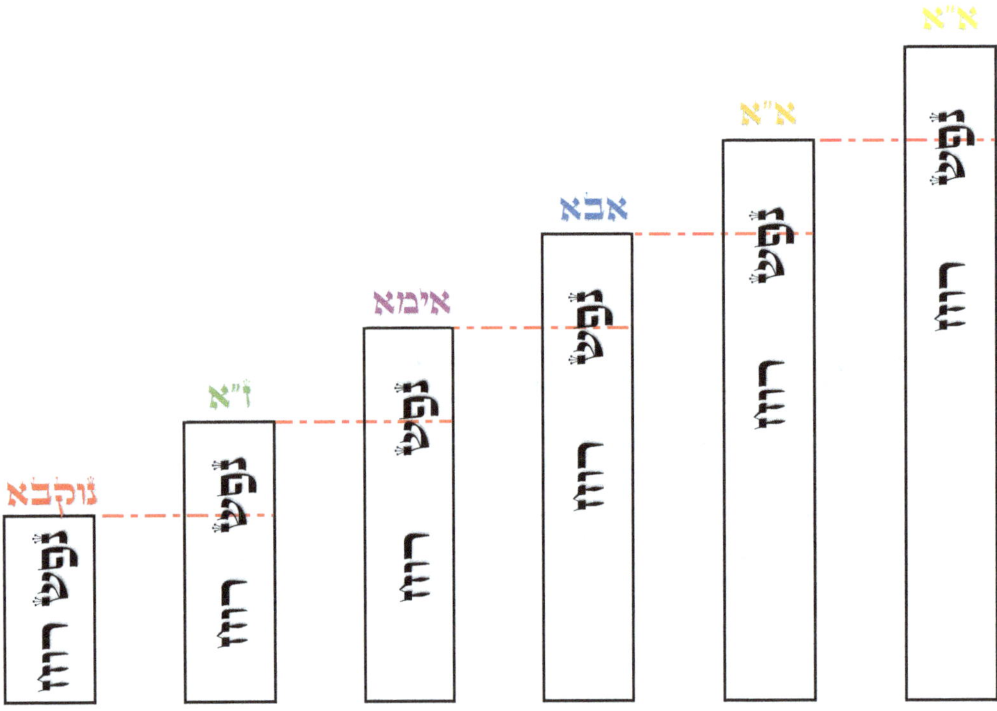
תרשים ח - י"ז
א"א
א"א
אבא
אימא
ז"א
נוקבא

לפני קבלת מוחין

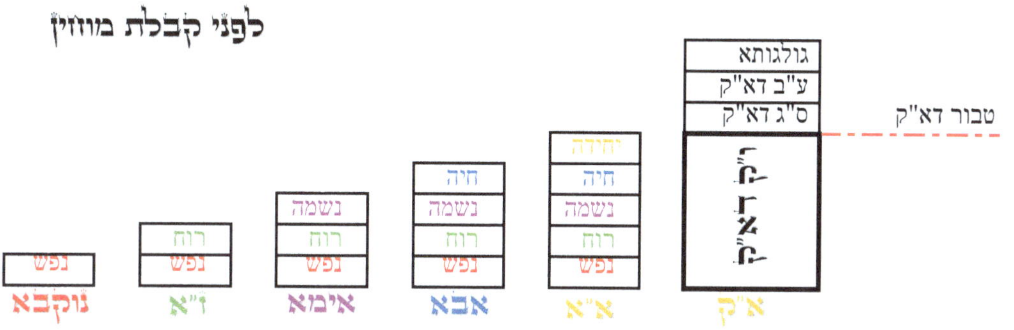

קבלת מוחין דגדלות א'

קבלת מוחין דגדלות ב'

קבלת מוחין דגדלות ג'

אזורי קבלת מוחין דגדלות

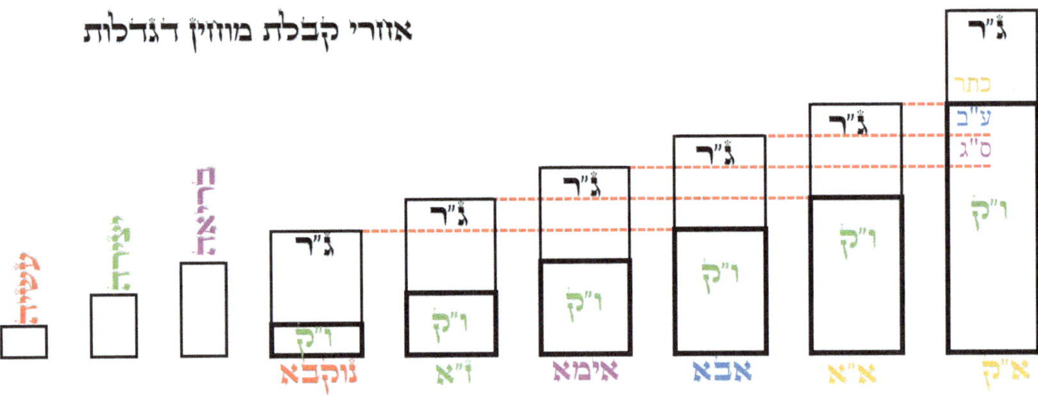

כללות ז"א ט' ספירות

חכמה

פנימי	אמצעי	חיצון
קֹ	י	א

דעת

פנימי	אמצעי	חיצון
שֹ	ל	ג

בינה

פנימי	אמצעי	חיצון
ר	כ	בֹ

חסד

פנימי	אמצעי	חיצון
ת	מ	ד

תפארת

פנימי	אמצעי	חיצון
ם	ס	ו

גבורה

פנימי	אמצעי	חיצון
ר	נֹ	ה

נצח

פנימי	אמצעי	חיצון
ןֹ	ע	ז

יסוד

פנימי	אמצעי	חיצון
ץֹ	צֹ	ט

הוד

פנימי	אמצעי	חיצון
ףֹ	פ	ח

כללות ז"א כ"ז ספירות

פנימי	אמצעי	חיצון	
קֹ	י	א	**חכמה**
ר	כ	בֹ	**בינה**
שֹ	ל	ג	**דעת**
ת	מ	ד	**חסד**
ר	נֹ	ה	**גבורה**
ם	ס	ו	**תפארת**
ןֹ	ע	ז	**נצח**
ףֹ	פ	ח	**הוד**
ץֹ	צֹ	ט	**יסוד**

כאן נרמז מיתת המלכים, והם אנשי אמונה. ר"ל ספי' הנוק' דב"ן הנק' אמונה, אכדו ונפל מהם ניצוצות שהם הרפ"ח לבי"ע. וגם הג"ר הרמ"חים בג' אלפין לר"ת וכי"ז לס"ת, היה נהם פגס וכתול, ועתם הסבירה הוא, כי כלו האורות לכלליהם בכח, והם היו גבורים מלד הגבורות שהוא שם כ"ן. לעמוד בפרק, שהיו שמעים פרולים, ולא היו כמלים זה בזה ומלבישים זה את זה כבזמן התיקון. והטעם שהולרכו לכך הוא, לתת שכר טוב לצדיקים שמקיימים את העולם, וזהו היו לנו לחומה.

אלפא ביתא זו בנוק' דעתיק

אַנְשֵׁי אֱמוּנָה אָבָדוּ.
חח"ן דחכמה דפר' פנימי דנוק' דע"י

בָּאִים בְּכֹחַ מַעֲשֵׂיהֶם:
בג"ה לבינה דפר' פנימי

גִּבּוֹרִים לַעֲמוֹד בַּפֶּרֶץ.
דת"י לדעת דפר' פנימי

דּוֹחִים אֶת הַגְּזֵרוֹת:
חח"ן דחסד דפר' פנימי

הָיוּ לָנוּ לְחוֹמָה.
בג"ה דגבורה דפר' פנימי

וּלְמַחֲסֶה בְּיוֹם זַעַם:
דת"י דת"ת דפר' פנימי

זוֹעֲכִים אַף בְּלַחֲשָׁם.
חח"ן דננח דפר' פנימי

חֲזָמָה עָצְרוּ בְּשַׁוְעָם:
בג"ה דהוד דפר' פנימי

טֶרֶם קְרָאוּךְ עֲנִיתָם.
דת"י דיסוד דפר' פנימי

יוֹדְעִים לַעְתּוֹר וְלַרְצוֹת:
חח"ן דחכמה דפר' אמנעי

כְּאֵב רוֹחֵמְתָּ לְמַעֲנָם.
בג"ה לבינה דפר' אמנעי ובג"ה דגבורה דפר' חיטן

לֹא הֵשִׁיבוֹתָ פְּנֵיהֶם רֵיקָם:
דת"י לדעת דפר' אמנעי

מֵרֹב עֲוֹנֵינוּ אֲבַדְנוּם.
חח"ן דחסד דפר' אמנעי ודת"י דת"ת דפר' חיטן

נֶאֶסְפוּ מֶנּוּ בַּחֲטָאֵינוּ:
בג"ה דנכו' דפר' אמנעי וחח"ן דננח דפר' חיטן

סָעוּ הֵמָּה לִמְנוּחוֹת.
דת"י דת"ת דפר' אמנעי

עָזְבוּ אוֹתָנוּ לַאֲנָחוֹת:
חח"ן דננח דפר' אמנעי

פָּסוּ גוֹדְרֵי גָדֵר.
בג"ה דהוד דפר' אמנעי ובג"ה דהוד דפר' חיטן

צָמְתוּ מְשִׁיבֵי חֵמָה:
דת"י דיסוד דפר' אמנעי ודת"י דיסוד דפר' חיטן

קָמִים בַּפֶּרֶץ אַיִן.
חח"ן דחכמה דפר' חיטן

רְאוּיִם לִרְצוֹתְךָ אָפְסוּ:
בג"ה לבינה דפר' חיטן

שׁוֹטַטְנוּ בְּאַרְבַּע פִּנּוֹת.
דת"י לדעת דפר' חיטן

תְּרוּפָה לֹא מָצָאנוּ:
חח"ן דחסד דפר' חיטן

שַׁבְנוּ אֵלֶיךָ בְּבֹשֶׁת פָּנֵינוּ. לְשַׁחֲרְךָ אֶל בְּעֵת סְלִיחוֹתֵינוּ:

ז״א בעובי פ״א ספירות

חיצון

פנימי	אמצעי	חיצון
א	י	ק
ב	כ	ר
ג	ל	שׁ
ד	מ	ת
ה	נ	ך
ו	ס	ם
ז	ע	ן
ח	פ	ף
ט	צ	ץ

אמצעי

פנימי	אמצעי	חיצון
א	י	ק
ב	כ	ר
ג	ל	שׁ
ד	מ	ת
ה	נ	ך
ו	ס	ם
ז	ע	ן
ח	פ	ף
ט	צ	ץ

פנימי

פנימי	אמצעי	חיצון	ספירה
א	י	ק	חכמה
ב	כ	ר	בינה
ג	ל	שׁ	דעת
ד	מ	ת	חסד
ה	נ	ך	גבורה
ו	ס	ם	תפארת
ז	ע	ן	נצח
ח	פ	ף	הוד
ט	צ	ץ	יסוד

ז״א באורך פ״א ספירות

פנימי → פ
אמצעי → א
חיצון → ח

ח	א	פ
ק	י	א
ר	כ	ב
ש	ל	ג
ת	מ	ד
ך	נ	ה
ם	ס	ו
ן	ע	ז
ף	פ	ח
ץ	צ	ט
ק	י	א
ר	כ	ב
ש	ל	ג
ת	מ	ד
ך	נ	ה
ם	ס	ו
ן	ע	ז
ף	פ	ח
ץ	צ	ט
ק	י	א
ר	כ	ב
ש	ל	ג
ת	מ	ד
ך	נ	ה
ם	ס	ו
ן	ע	ז
ף	פ	ח
ץ	צ	ט

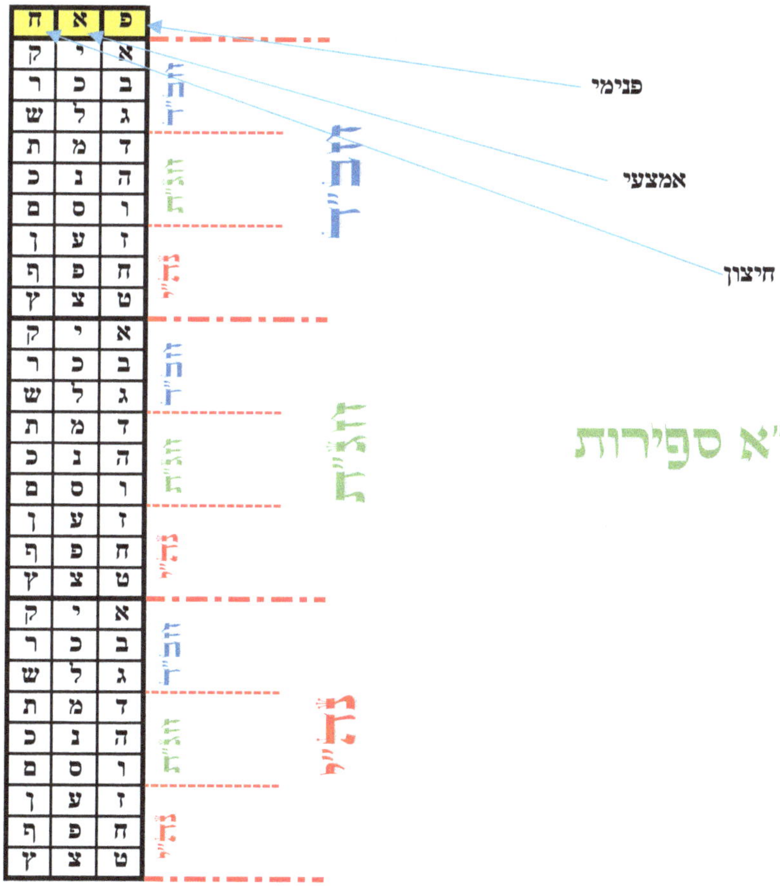

כללות ז"א רמ"ג אברים

חיצון   **אמצעי**   **פנימי**

פנימי

ח	א	פ
ק	י	א
ר	כ	ב
ש	ל	ג
ת	מ	ד
ך	נ	ה
ם	ס	ו
ן	ע	ז
ף	פ	ח
ץ	צ	ט
ק	י	א
ר	כ	ב
ש	ל	ג
ת	מ	ד
ך	נ	ה
ם	ס	ו
ן	ע	ז
ף	פ	ח
ץ	צ	ט
ק	י	א
ר	כ	ב
ש	ל	ג
ת	מ	ד
ך	נ	ה
ם	ס	ו
ן	ע	ז
ף	פ	ח
ץ	צ	ט

אמצעי

ח	א	פ
ק	י	א
ר	כ	ב
ש	ל	ג
ת	מ	ד
ך	נ	ה
ם	ס	ו
ן	ע	ז
ף	פ	ח
ץ	צ	ט
ק	י	א
ר	כ	ב
ש	ל	ג
ת	מ	ד
ך	נ	ה
ם	ס	ו
ן	ע	ז
ף	פ	ח
ץ	צ	ט
ק	י	א
ר	כ	ב
ש	ל	ג
ת	מ	ד
ך	נ	ה
ם	ס	ו
ן	ע	ז
ף	פ	ח
ץ	צ	ט

חיצון

ח	א	פ
ק	י	א
ר	כ	ב
ש	ל	ג
ת	מ	ד
ך	נ	ה
ם	ס	ו
ן	ע	ז
ף	פ	ח
ץ	צ	ט
ק	י	א
ר	כ	ב
ש	ל	ג
ת	מ	ד
ך	נ	ה
ם	ס	ו
ן	ע	ז
ף	פ	ח
ץ	צ	ט
ק	י	א
ר	כ	ב
ש	ל	ג
ת	מ	ד
ך	נ	ה
ם	ס	ו
ן	ע	ז
ף	פ	ח
ץ	צ	ט

הערות צד (חוזרות לכל קבוצת שורות): חב"ד   חג"ת   נה"י

ה' תבונה שלישית שהיא רביעית

ה' מתלבשת בתוך ז"א
בסוד מוחין
ז"א בן רמ"ח אברים

חיצון

ח	א	פ
ק	י	א
ר	כ	ב
ש	ל	ג
ת	מ	ד
כ	נ	ה
מ	ס	ו
ן	ע	ז
ף	פ	ח
ץ	צ	ט
ק	י	א
ר	כ	ב
ש	ל	ג
ת	מ	ד
כ	נ	ה
מ	ס	ו
ן	ע	ז
ף	פ	ח
ץ	צ	ט
ק	י	א
ר	כ	ב
ש	ל	ג
ת	מ	ד
כ	נ	ה
מ	ס	ו
ן	ע	ז
ף	פ	ח
ץ	צ	ט

אמצעי

ח	א	פ
ק	י	א
ר	כ	ב
ש	ל	ג
ת	מ	ד
כ	נ	ה
מ	ס	ו
ן	ע	ז
ף	פ	ח
ץ	צ	ט
ק	י	א
ר	כ	ב
ש	ל	ג
ת	מ	ד
כ	נ	ה
מ	ס	ו
ן	ע	ז
ף	פ	ח
ץ	צ	ט
ק	י	א
ר	כ	ב
ש	ל	ג
ת	מ	ד
כ	נ	ה
מ	ס	ו
ן	ע	ז
ף	פ	ח
ץ	צ	ט

פנימי

ח	א	פ
ק	י	א
ר	כ	ב
ש	ל	ג
ת	מ	ד
כ	נ	ה
מ	ס	ו
ן	ע	ז
ף	פ	ח
ץ	צ	ט
ק	י	א
ר	כ	ב
ש	ל	ג
ת	מ	ד
כ	נ	ה
מ	ס	ו
ן	ע	ז
ף	פ	ח
ץ	צ	ט
ק	י	א
ר	כ	ב
ש	ל	ג
ת	מ	ד
כ	נ	ה
מ	ס	ו
ן	ע	ז
ף	פ	ח
ץ	צ	ט